방송문화진흥총서 69

그때 번역이 내게로 왔다

영상 번역, 소통의 미학

박찬순 지음

한울
아카데미

이 도서의 국립중앙도서관 출판시도서목록(CIP)은 e-CIP홈페이지(http://www.nl.go.kr/ecip)에서
이용하실 수 있습니다. (CIP제어번호: 2005001505)

책머리에

화면 속 배우와 입을 맞추느라 한 줄의 대사를 열 번도 넘게 소리 내어 읽어보았다. 원문의 뜻을 살릴 절묘한 표현이 떠오르지 않아 밤새워 고민도 했다. 한 편 한 편이 항상 새로운 싸움의 연속이었다. 모든 것을 잊고 몰두해야만 한 편이 끝나는 작업이었기에 언제나 숨이 턱에 차는 느낌이었다. 작품마다 새롭고 모르는 것 투성이어서 손 들고 싶은 적도 많았다. 30년 가까이 어떻게 지속할 수 있었는지 내 자신도 의아할 정도이다.

그러나 지금 나의 머릿속엔 영화 <아메리칸 뷰티(American Beauty)>에서 주인공 레스터가 하던 대사가 떠오른다. "세상엔 아름다운 것이 너무나 많아, 화만 내고 있을 순 없다(It's hard to stay mad, when there's so much beauty in the world)."

요즘엔 원고를 이메일로 띄워 보내지만, 예전에 번역 대본을 갖고 방송국으로 달려갈 때면 산고와 같았던 번역작업의 고단함은 어느새 사라지고 아련한 이미지와 가슴을 치는 대사들만 남아있었다. 아무리 오래 해도 지치지 않는 영화 번역의 신비로움이 아마도 거기에 있지 않을까? 그 신비로움에 빠져 오늘도 밤을 새고 있을 후배들을 위해 단지 경험을 정리해 보고 싶었다. 수많은 시행착오를 통해서 얻은 생각들을 이론과 접목시켜 보고자 했다.

작가 폴 오스터는 작가의 일을 "빵 굽는 타자기"라고 말한 적이 있다. 이젠 모두 타자기 대신 컴퓨터 자판을 두드리지만, 영상 번역 작가의 일은 빵도 구워주고 세상의 아름다움도 함께 보여주는 마법의 타자기였다고 감히 말하고 싶다.

이 글을 쓰고 있는 지금, 문짝이 덜렁거리는 지프차를 타고 가던 맥가이버가 내게 뭔가 얘길 하려고 차를 멈추었고, <하버드대학의 공부벌레들>의 호랑이 교수 킹스필드는 강의하다 말고 안경 너머로 날 노려보고 있다.

"당신의 번역 인생에서 우리 얘기를 빼면 김빠진 맥주지"라는 듯이.

번역에 대해 뜨거운 논쟁을 벌이며 고민을 나누었던 민병숙 선배를 비롯한 많은 동료들과, 전달의 중요성을 강조하며 방송도 번역도 소통의 미학임을 일깨워준 PD, 성우 등 외화 팀 식구들, 그리고 격려와 조언을 잊지 않았던 시청자와 관객이 있어 긴 세월 외롭지 않았다.

2013년 8월
박찬순

차례

3부　언어와 문화의 차이, 그 긴장과 갈등의 극복

1부 번역, 그 소통의 미학

1. 번역, 그 소통의 미학

　TV 앞에서 또는 영화관에 관객들과 함께 앉아 자신의 번역 작품이 나오기를 기다릴 때의 심정을 뭐라 표현할 수 있을까? 설렘과 뿌듯함만이 아닌 야릇한 불안감을 느끼는 번역자들이 많을 것이다. 30여 년간 외화를 번역해 온 필자 역시 아직도 그 불안감에서 자유롭지 못하다. 자신은 최선을 다해 번역하고 입을 맞추었다고 자부하지만 행여나 번역한 대사가 관객들에게 전달이 잘 안 되면 어쩌나, 더 좋은 표현은 없을까, 대사가 짧아 소리 없는 붕어 입은 나오지 않을까, 원작과 뉘앙스가 다르게 나오지는 않을까, 배역은 알맞게 잘 되었을까, 온갖 걱정이 앞서기 때문이다.

　영화제의 마니아 관객들과 함께 객석에 자리하고 있을 때면 그 불안의 심도는 더 깊어진다. 이 예민한 예술 영화를, 뜻의 전달은 물론이고 감독과 작가의 의도에 맞게 제대로 번역해 냈을까? 예리한 관객의 반응과 숨소리 하나하나에 신경이 곤두서게 된다. 이럴 때면 번역이란 "무대 없는 연주(performing without stage)"[1]라는 말이 실감이 난다. 무대에 오르지 않았을 뿐 관객에게 작품을 선보이는 것은 마찬가지이기 때문이다. 같은 모차르트의 바이올린 협주곡을 막심 벤게로프가 연주할 때와 정경화가 연주할 때, 또는 서툰 초보 음악도가 연주할 때 확실히 다른 점이 느껴지듯, 내 번역이 이제 또 하나의 연주로 평가받게 되는 것이다. 그 다른 점으로 인해 연주가는 존재가치가 있다. 결국 나의 번역은 예민하게 반응해 주고 때로는 환호를, 때로는 혹독한 비판을 해주는 관객이 없다면 매우 공허한 작업이 되고 만다. 그래서 번역, 그 중에서도 영상 번역(미디어 번역)은 소통(疏通)의 미학이라는 생각이 점점 굳어져간다. 원작의 감동과 미적인 아름다움이 그대로 전달되지 않으면 번역은 노이즈(noise, 잡음)에 불과하고, 결국 누군가에게 가서 닿지 못한 번역이 되고 마는 것이다. 피터 뉴마크(Peter Newmark)가 커뮤니케이션이 중시되는 번역본의 지향 목표를 좋은 번역본(happy version)을 만드는 데 있다²)고 한 것도 같은 맥락에서 이해할 수 있다.

그렇다면 무엇을 소통의 미학이라고 부를 수 있을까? 미학이라는 말에는 주관적인 요소가 담겨있는 것으로 생각되기 쉽다. 따라서 번역자가 주관적으로 심미적인 표현을 썼을 때는 그것이 타당한 근거를 갖고서 객관적으로도 용인이 되는 어떤 지점을 찾아야 할 것이다. 이 책은 주관이라는 한 손과 객관이라는 다른 손이 만나 손뼉 소리가 나는 지점을 찾고자 하는 노력이라고 할 수 있다. 오랜 경험을 바탕으로 몇 가지 기준을 세워본다면 다음과 같다.

첫째, 전달을 중시하되 원작을 진실되고 정확하게, 이국적인 표현은 가능하다면 수용자가 낯섦에서 오는 새로움을 즐길 수 있게 표현해야 한다. 전달을 핑계 삼아 자의적으로 개작하거나 미화나 각색, 또는 왜곡을 해서는 안 된다는 뜻이다. 물론 코미디물의 경우 웃음의 정서가 달라 많은 각색이 요구되기도 하지만, 그 역시 원작에 대한 충실성(fidelity)을 확보하기 위한 것이어야 한다.

둘째, 같은 뜻의 말이라도 가장 절제되고 미학적으로 정제된 언어를 구사해야 한다. 번역이 단순한 뜻풀이를 넘어서서 문학적으로 승화된 문장이나 대사가 되어야 한다는 뜻이다. 문학적으로 승화된 문장이라는 말도 여러 가지로 해석될 수 있겠지만 원화의 뉘앙스니 분위기를 영화라는 장르에 알맞도록 잘 살리는 번역을 뜻한다. 악당의 대사, 순박한 촌로의 대사, 발랄한 도시 청춘남녀의 대사 모두 각각 그 특징이 드러나게 번역해야 한다.

셋째, 원래의 의미를 진실하고 정확하게 살리되 전달 기능을 따져 보아야 한다. 수용 문화 속에서 매스 미디어의 수용자인 일반 대중들에게 쉽게 다가갈 수 있느냐에 대해 고민해 보아야 한다.

그것은 어쩌면 번역이 적합성(adequacy)과 용인성(acceptability)의 두 축 사이를 오가는 작업이라고 말한 기드온 투리(Gideon Toury)의 "번역에서의 규준" 이론과 맥을 같이 하는 방법론이 될 수도 있겠다. 그는 원문 중심적 번역을 적합성으로, 수용 문화 중심적 번역을 용인성으로 표현했다.[3)]

수용자층을 고려할 때 평균적인 일반 대중의 대표가 누구인가에 대해서도 이론이 있을 수 있다. NHK에서는 TV 외화의 대표적인 시청층을 19세 여성으로 잡고 있다. 우리나라의 경우도 영화관이나 TV 시청자의 경우 대충 그와 비슷해서 10대 시청층을 겨냥하지 않을 수 없을 것이다. 영화 번역에서 어려운 개념적인 언어나 특수한 전문용어, 한자어 등을 피하라는 권고를 받는 이유가 거기에 있다. 광고로 유지되는 방송의 경우는 시청층에 대해 보다 많은 연구가 이루어져야 할 것이다.

작품 그 자체만을 위해

이와는 달리 번역은 수용자층을 고려하지 않고, 오로지 작품 그 자체만을 위해 번역되어야 한다는 이론이 있다. 주로 문학 번역에서 거론되는 이 이론에서는 정보의 전달만을 위한 번역을 가장 나쁜 번역이라고 말한다. 발터 벤야민은 「번역가의 과제(The Task of Translator)」[4]라는 논문에서 언제 모차르트나 피카소가 관객을 의식하고 작품을 만들었느냐고 반문한다. 끓어오르는 예술적인 욕구에서 표현된 작품이 예술이니만큼, 번역가도 관객을 의식하지 말고 오로지 작품 그 자체만을 위해 번역해야 한다고 말하고 있다. 언어로 표현되지 않은 원작의 신비스러운 분위기와 음악성을 살려주지 못하고 단지 뜻풀이(paraphrase)에 지나지 않게 될 때 번역은 가치 없는 일이 되고 만다는 것이다.

국내에도 이와 같은 엄격한 문학 번역 이론을 내세우는 번역가가 있다. 수백 권의 역서를 냈고 그 자신이 유명 소설가이기도 한 안정효는 "한 문장은 목숨 걸고 한 문장으로 번역해야 한다"고 주장한다. 너무 길어서 독자가 읽기 힘든 문장이나, 또는 어색할 만큼 짧은 문장이라 해도 원작자가 의도하는 바가 있어 그렇게 썼다는 것이다. 그는 또 자의적인 과장과 미화, 또는 덧붙이기를 용납해선 안 된다고 말한다.[5] 또, 번역자는 '유리 같은 존재'가 되어야 한다고 주장하면서 기자가 객관적으로 기사를 쓰듯 단어 하나라도 엄격하게 있는 그대로 번역해야 한다고 역설한다. 그래서 영화 <바람과 함께 사라지다(Gone With The wind)>에 나오는 스칼렛의 그 유명한 대사 "After all, tomorrow is another day"는 "내일은 내일의 태양이 떠오르고"가 아니라 "오늘만 날인가"로 번역해야 옳다는 것이다. 이것을 그는 비유를 들어 설명한다. "수돗물에 아무리 좋은 약품을 많이 풀어 넣는다 해도 산골의 맑고 투명한 물만 못하다."

번역은 튼튼하고 아름다운 다리

이 이론은 아직도 유효할까? 벤야민과 안정효의 번역에 대한 이러한 엄격한 주장과 정신은 시대를 초월해 반드시 간직해야 할 중요한 번역가의 명제이다. 사실 누군들 원문의 길이를 그대로 살려서 번역하고 싶지 않은 번역가가 있을까? 하지만 때로 그렇게 해서는 전달이 불가능하거나 뜻이 미흡해지기도 하고, 독자나 수용자가 텍스트를 접할 때 매우 불편을 느낄 수 있으므로, 실제 출판과정이나 방송용 더빙과 영화 자막 제작과정에서 도착언어의 자연스러움과 소통을 위해 그러한 이상(理想)은 유보될 수밖에 없게 되는 것이다.[6] 또한 현대는 벤야민이 말하는 고독한 문학 번역가의 시대와는 다르다. 문학도 이제 소수 엘리트의 전유물이 아닌 수많은 독자를 대상으로 하고 있다. 출판, 영화, 음악 모두 대규모 산업이 되어 불특정 다수의 대중 — 예술 향유자, 문화 소비자 — 들에게 다가가고 있는 것이다.[7] 이런 시대에 어떻게 사회적인 소통에 대해 생각하지 않을 수 있을까.『열녀춘향수절가』와 황석영의 소설『손님』등을 불어로 번역한 한불 문학 번역가 최미경에 따르면, A. 베르만과 H. 메쇼닉 등 원전 중심의 이론가가 시도한 성경 등의 번역에서 극단적으로 이국적인 요소의 수용을 시도한 결과, 도착어에 이식(移植)된 출발어의 흔적으로 인해 도착어 텍스트는 최소한의 가독성(可讀性, readability)마저도 결여된 결과물이 되고 말았다고 밝히고 있다.[8] 따라서 필자는, 번역자는 독자나 관객을 의식해 정확한 의미의 전달에 힘을 쏟는 동시에, 표현에서도 미적 즐거움을 주도록 노력해야 한다는 뜻에서 번역 활동을 '소통의 미학'으로 부르고자 한다. 영화와 TV 영상물의 번역에 대한 연구로 널리 알려진 더크 델라바스티타(Dirk Delabastita)도 영상 번역에서는 언어 자체의 문제보다도 이를 받아들이는 수용 문화 쪽의 기능적 필요에 크게 좌우

될 수밖에 없다고 보았다.[9]

번역의 철학적 배경이 되는 해석학에서는 번역행위를 "세계와 세계, 지평과 지평을 이어주는 다리"[10]라고 말한다. 다소 추상적인 개념이어서, 보다 구체적인 연구가 뒷받침되어야 할 명제이다. 따라서 텍스트의 지평과 해석자의 지평 사이에 놓인 갈등과 긴장을 창조적으로 극복하는 사례들을 짚어보고자 한다. 그렇게 해서 만들어진 다리(번역 작품)는 마음 놓고 건너갈 수 있는 튼튼한 다리(전달)이면서 동시에 아름다운 예술작품(미적인 즐거움)인 체코, 프라하의 카를 대교[11]가 되어야 한다. 그런 뜻에서 영상 번역은 소통의 미학이다. 그 다리를 만들기 위해 때로는 이국적인 문화를 낯설게 그대로 살려주는 이질화(foreignize)를, 전달이 안 될 때는 이국적인 문화를 수용 문화 속에 동화시키는 동일화(domesticate)를 지향하게 될 것이다. 경계해야 할 것은 지나치게 이질화시켜서 수용자를 불편하게 하는 것 못지않게, 극단적으로 동일화시키는 바람에 외국 문화 속에 깃든 타자성(他者性, otherness)[12]이 제거되어 독자나 수용자가 번역본을 통해 적극적으로 외국 문화를 누리고 싶은 소망을 원천적으로 봉쇄하는 것이다. 특히 타자성이 중요한 가치로 대두되고 있는 포스트모더니즘 이후의 세계에서는 더욱 그러하다. 그런 면에서 본다면 두 개의 다른 문화 사이의 지평의 융합인 번역작업은 양쪽의 문화를 조금이라도 덜 훼손시키려고 애쓰면서 적절한 선에서 타협을 하는 아슬아슬한 외줄타기 묘기가 아닐까 생각된다.

덕수궁 출입문과 등가 이론

1960년대에 접어들면서 개발된 번역 이론 중에 등가 이론(等價理論, equivalence theory)이 있다. 종래의 '원문에 충실한 번역이냐 자유로운 번

'안이냐' 하는 이분법에서부터 언어간에 대칭되는 등가물 찾기로 바뀐 이론이다. 독일의 빌스(Wolfram Wilss), 나이다(Eugene Nida), 그리고 캣포드(J. C. Catford) 등이 주도했다. 학자에 따라 조금씩 내용이 다르긴 하지만 나이다에 따르면 첫째는 의미의 관점에서, 둘째는 문체의 관점에서 원본 언어 메시지에 가장 근접된 자연스러운 등가를 도착언어에서 재생산하는 일이다.[13)

하지만 등가 이론의 초기에는 무엇을 단위로 해야 할 것인가에 대해 의견이 분분했다. 단어인가 분절인가, 그보다 더 긴 문장인가? 그러자 번역단위(translation unit)라는 개념도 생겨났다. 번역단위란 대체로 단어와 문장 그 사이에 있는 응집력 있는 분절(segment)로 이해되었다. 그 다음엔 그 분절에 맞는 목표언어의 등가물 찾기가 시작되었다.

그렇다면 어떤 것이 등가를 이루는 번역이 되며, 단어 대 단어로 대응했을 때와 문장 대 문장으로 대응했을 때 어떤 차이가 날까? 한불 번역가 최미경은 이것을 아주 쉽게 설명해 주고 있다.

현재 보수공사가 진행 중인 덕수궁 정문 앞을 지나다가 다음과 같은 표지판을 보게 되었다.

* 정문 출입문이 변경되었습니다.
* The main gate is changed.

번역문만 보아서는 '문을 바꿨다'는 뜻인지 '이전했다'는 뜻인지 모호하다. 그러나 현재 수리 중인 정문 앞에 붙어 있는 것으로 보아 정문에 출입문이 있었는데 임시로 그 문 대신 다른 곳이 출입문이 되었다는 뜻임을 알게 되었다. 따라서 한국어의 뜻을 등가적으로 표현하려고 했다면 위의 번역문보다는 다음과 같은 문장이 더 명확하지 않을까 한다.

*The main entrance is moved.[14)

또 영어 표현에서 문(gate)보다는 출입문(entrance)의 개념을 더 살렸어야 한다고 그는 주장한다. 한국 문학 번역 출판 국제워크숍에서 발표된 이 주장에 대해 외국인에게 충실한 안내가 되도록 여기에다 '임시로(temporarily)'라는 부사가 들어가는 것이 어떠냐는 제안도 나왔다. 여기서 등가란 어떤 단어나 현상, 개념 등에 대해서 문맥 상황에 따라 적절한 의미를 추구하는 방식으로 번역하는 것임을 알 수 있다. 단어 대 단어로 대응하지 말고 문장 전체로 등가 번역을 진행해야 한다는 뜻이다. 최 교수의 번역은 등가 이론을 매우 생산적이고 효과적으로 사용한 경우로서 수용자에 대한 고려가 중시되는 영상 번역에 시사하는 바가 크다고 하겠다.

1950년대에 기계 번역에 필수적인 것으로 도입되었던 등가 이론은 한때 언어학자들 사이에서 재고되어야 한다는 의견이 대두되기도 했다. 언어 사이에 마치 완벽한 대칭이 존재하는 것으로 생각하고 단어 대 단어로 대응하려는 움직임이 있었을 때 피터 뉴마크는 '번역단위'라든가, '번역등가'와 같은 말은 이미 죽은 개념이라고 말했다.15) 언어에는 개념이 표준화된 제한된 분야를 제외하고는 1대 1로 완벽하게 대칭되는 경우란 그리 많지 않고, 또 인간이 하는 번역에서는 이론가들의 허를 찌르는 어떤 계산할 수 없는 요소, 즉 창조성이 개입되기 때문이다.16)

영화 <죽은 시인의 사회(Dead Poets Society)>에 나오는 "The world is your oyster"라는 표현을 예로 들어보자. 단어 대 단어로 대응해서 등가를 찾는 식의 직역을 하면 '세상은 너의 굴이다'가 된다. 이 말은 영화 속에서 키팅 선생이 재학생들에게 죽은 선배들의 사진을 보여주며 하는 말이다. '죽고 나면 하고 싶은 일이 있어도 할 수가 없으니 살아 있을 때 열심히 일하라'는 뜻이다. 따라서 옮기기 어려운 문화적 요소라 하더라도, 그 단어나 표현이 지칭하는 대상이나 현상을 명확히 이해하고 그것을 도착어의 대응표현이나 다른 적절한 재표현으로 처리해 준다면 문화적 요소는 이국 문화에도 전달이 되는 것이라는 최미경의 주장은 상당한 설득력이 있는 것으로 보인다. 그래서 이 말은 '세상이 너의 무대다', '세상이 너의 마당이다' 혹은 더 적극적으로 번역한다면 '세상은 넓고 할 일은 많다'로 번역할 수도 있는 것이다. 세계적인 통신회사의 광고 카피로 쓰였을 때는 '세상을 당신의 손안에', 이런 뜻이 될 것이다. 쓰인 상황에 따라 창조적으로 표현할 수 있는 좋은 사례이다. 여기서 우리는 언어를 고립된 현상으로 보지 않고 주변세계와 관련된 것으로 보고 언어보편성의 이론보다는 문화의 차이에 주목하는 독립된 번역학의 가능성을 찾게 된다. 번역은 결국 교차문화연구(Cross-Cultural Studies)와 뗄 수 없는 관계인 것이다. 이런 의미에서 문화적인 요소가 많이 담겨 있는 영상 번역은 대사 하나하나의 등가적인 표현도 중요하지만 크게 보아서는 원작이 주는 것과 똑같은 등가의 감동을 번역본에서 생산해내는 것이 요건이라고 하겠다.

2. 번역 작가가 행복할 때

　토요일에 <주말의 명화>가 나간 뒤, 또는 <프렌즈>나 <과학수사대>, <E. R>과 같은 시리즈가 방영되고 난 뒤, 버스나 지하철에서 10대 여고생이나 여대생들, 또는 어느 찻집에서 중년 부인들이 어젯밤에 본 영화 이야기를 할 때 그들의 대화를 엿듣는 번역 작가는 흐뭇하다. 때로 명민한 시청자가 '어떤 내용을 그렇게 번역했을까' 하고 의문을 가질 때는 더 말할 나위 없이 행복하다. 심지어 그들의 대화에 뛰어들고픈 충동을 느끼기도 한다. 필자도 <맥가이버>와 <하버드대학의 공부벌레들>을 번역할 때 시청자가 보내는 반응에 산고와 같은 번역작업의 피로가 단숨에 풀리는 것을 경험하기도 했다. 번역 작가는 그런 반응 ― 때로는 매서운 비판까지도 합해서 ― 덕분에 다시 그 고된 번역을 할 힘을 얻는다.

　어느 카페에서 중년 부인이 간밤에 본 영화 대사를 친구에게 전해주고 있었다. "남편과 열애에 빠졌던 제자인 여대생에게 A학점을 주면서, '다시 돌아와 활기찬 모습 보여줘야지' 하고 편지를 써 보내는 여교수가 정말 멋지더라." 그 영화에서 여대생은 시골집으로 돌아가 학업을 포기할까 고민하고 있을 때였다. "'상처가 아물 수 있을까요?'

<실비아> 아펙스 엔터테인먼트 제공. 강변의 소들을 보며 휴즈가 '소가 똑똑하다'고 말하자 실비아가 소들에게 초서의 시를 암송해 주고 있다.

하고 엄마 품에 안겨 울먹이는데 어떤 대사를 그렇게 번역했을까?"

하버드대 여학생이 여교수 집의 보모로 출입하다가 교수의 남편을 사랑하게 되면서 겪는 아픔을 그린 <첫사랑(The First Affair)>이라는 영화가 나가고 나서 엿들은 대화였다.

헨리 폰다와 캐서린 헵번 주연의 <황금연못(On Golden Pond)>이 나가고 나서는 어느 30대 여성의 전화를 받았다. 그 여성은 영화를 보고 이제까지 미워만 하던 아버지를 받아들이게 됐다고 했다. 겉으로 버럭 화나 잘 내고 징도 줄 줄 모르는 아버지였지만, 인생의 황혼기에 이르러 마음속 깊은 곳에 딸을 사랑하는 여린 감성이 있음을 발견하는 주인공에게 감화를 받은 것이다. '영화 자체가 가슴을 찡하게 해주지만 어쨌든 번역으로 대사 전달이 잘 되었구나' 하는 느낌이 들었다.

지난 2004년 10월 부산영화제에서 처음 상영된 영국 영화 <실비아 (Sylvia)>에서는 여주인공(기네스 펠트로)이 남편을 유혹하는 듯이 보이는 여자 손님에게 몹시 화가 나서 '쾅'하고 테이블에 음식접시를 올려 놓으며 자기 심정을 쏟아내는 장면이 나온다. 간밤에 아이들 돌보고 공부도 하고 집안일도 해야만 했다고 말이다. 그러자 남자 손님이 "I am sorry"라고 말한다. 이것을 영화의 흐름을 탈 줄 아는 번역 작가(홍주희)는 "죄송합니다" 또는 "유감입니다"로 번역하지 않고 "힘드셨겠군요"로 번역해 놓았다. 대사와 대사 사이의 간극을 메우는 일이 번역 작가의 일임을 작가는 놓치지 않았다.

역시 부산영화제에서 <2046>이라는 중국 영화를 보면서 필자도 다른 사람의 번역이 말 그대로 내 가슴에 와 닿는 경험을 한 적이 있었다. 원어는 중국어였지만 가로로 영어 자막이 나오고 세로로 우리말 자막이 떴다. 호텔 사장의 딸들이 손님으로 투숙 중인 손님인 량차오웨이(梁朝偉)에게 반해 틈만 나면 달려가 키스를 하려고 했다. 어느 날 딸은 드디어 입맞춤에 성공하고서 말했다. 중국어는 뭐라고 했는지 모르지만 영어 자막은 "I like it"이었다. 번역 작가(김은주)는 "짜릿한데"라고 맛깔스럽게 번역해 놓았다.

이런 번역 작가들을 만나면 좋은 음악 연주자를 만난 것처럼 즐거워진다. 번역 작가가 그 무대에는 없지만 그는 번역을 통해 연주를 하고 있는 것이다. 이때 번역이 내게 정말 다가오는 것을 느낄 수 있다.

때로는 예리한 시청자에게 한 수 배우는 경우도 있다. 필자가 <미국의 시저, 맥아더>라는 다큐멘터리 시리즈를 번역할 때였다. 2차대전 때 연합군의 전략 요충지였던 필리핀의 'Coregidor'를 '코레기도르'로 별 의심 없이 음역한 적이 있었다. 방송이 나가고 이튿날 진해의 전사 담당 장군이 호된 질책을 해왔다. 그 도시는 스페인어로 부르느니만큼 '코레히도르'로 음역해야 한다는 것이었다. 고유명사는 그 나라 언어의 발음을 존중한다는 원칙을 잠시 잊었던 것이다. 북경을 베이징으로 바꾸어 부르는 것과 마찬가지다. 이런 고마운 시청자가 있어 번역 작가는 사소한 실수 하나라도 할까봐 늘 긴장을 하게 된다.

영상 번역은 어떻게 보면 롱펠로우의 시 「화살과 노래」[17)에 나오는 구절처럼 "허공을 향해 부르는 노래"이거나 "허공을 향해 쏘아 올린 화살"과 같은 것인지도 모른다. 전파를 타고 불특정 다수를 향해 날아가는 것이므로. 그러나 롱펠로우의 시구처럼 노래는 어느 날 친구의 가슴속에서, 화살은 어느 날 뒷동산 참나무에 부러지지 않고 그대로 박혀있는 것을 발견하게 되는 것이다.

3. 번역 — 언어에 대한 영원한 동경

영화든 소설이든 우리의 인생을 다루고 있는 텍스트이니만큼 번역자는 텍스트 속의 주인공을 사랑하고 이해하고, 텍스트의 형식과 문체를 즐기며, 더 나아가 전파하고 싶다는 욕구를 느낄 수 있어야 한다. 『잃어버린 시간을 찾아서』의 저자 마르셀 프루스트도 번역가였다. 그는 영국의 문예비평가 러스킨의 평론집 『참깨와 백합』을 번역할 때 자신의 번역행위를 이렇게 토로했다.

당신은 내가 얼마나 러스킨을 좋아하는지 알고 있습니다. 나는 그리고, 우리 각각은 자기가 특별히 좋아한 영혼들에 대해 짐이 있습니다. 이 짐이란 그 영혼들을 알려지게 하고 사랑받게 하는 책임입니다. 당신은 어떤 손으로 — 조심스러운 — 그렇지만 또 경건하고, 할 수 있는 한 최대로 부드러운 손으로 내가 이 영혼을 만졌는지 알 것입니다.

그는 조르주 고요(Georges Goyau)에게 자신의 번역이 '살아있기'를, 그리고 '사랑과 동정처럼 충실하기'를 원한다고 썼다. 그럼에도 불구하고 출판사 측은 프루스트의 번역에서 수많은 오역을 지적해냈다. 그러나 조르주 고요는 문예지에서 그의 번역작업을 이렇게 평했다.

진정한 예술적 노력으로서, 사람들은 여기서 러스킨의 해설가가 사랑을 가지고, 일종의 애무로서, 자기의 텍스트를 어루만지고, 거기에 섬세하고도 존경 어린 손길로 옷 입히는 것을 본다.[18]

번역에 관한 프루스트의 언급 — 좋아하는 영혼들이 알려지고 사랑받게 할 책임이 있다 — 은 번역이 애당초 누군가에게 보여주고 보다 많이 알려지기 위해 하는 작업임을 말하고 있다. 그리고 다치지 않도록 텍스트를 섬세하고 존경 어린 손길로, 애무로써 어루만지고 옷 입힌다고 말함으로써 번역가의 작업이 어떤 것임을 잘 보여주고 있다. 필자도 실제로 30년간 외화 번역을 하면서 한 작품을 가지고서 몇 번이나 고치고 또 고치고 입맞춰보고 다듬었는지 모른다. 어떻게 보면 번역은 정확한 뜻을 파악한 다음에는 미적인 표현을 위해 지극한 정성으로 다듬어나가는 과정이라고 해도 과언이 아닐 것이다.

제아무리 번역에 대한 이론이 구구하고 번역작업의 불충분함으로 인해 지탄받는 일이 허다하다고 해도, 괴테의 말대로 "번역은 인간의 보편적인 행위 중에서 가장 고상한 정신 활동"[19]에 속하는 작업이다. 외국 문화를 국내 수용자에게 누릴 수 있게 해준다는 그 실용성에 대해서는 새삼 언급할 필요도 없으려니와, 벤야민의 말처럼 번역이란 작품의 새로운 생명에 점화하는 행위이며, 언어에 대한 영원한 동경[20]을 뜻하기 때문이다.

직역이냐, 의역이냐

직역이라는 말이 나올 때마다 2002월드컵에서 한국팀 감독이었던 히딩크의 어록에서 "I am still hungry"라는 말을 자주 떠올리게 된다. 그의 말이 주목받을 수 있었던 데는 번역자의 역할이 컸다는 생각이 든다. 그 말을 만약 의역을 해서 "나는 아직도 승리에 굶주려 있다"로 번역했다면 그다지 큰 주목을 받지 못했을 것이다. "나는 아직도 배가 고프다"로 직역함으로서 이 말은 명언이 되었다. 16강 진출에 만족하지 않는다며 더욱 좋은 성과를 낼 것을 다짐하던 그의 말은 스포츠맨으로서의 강한 승부욕을 나타내면서 듣는 이에게 깊은 인상을 심어주었다. 그러나 다른 경우를 보자. 자신의 존재를 전혀 인정해 주지 않고 무시하는 남편에게 아내가 대들면서 이런 말을 한다고 치자.

I am your habit.

이것을 히딩크 어록 번역하듯이 해서 '나는 당신의 습관이에요'로 번역한다면 무슨 말인지 알아들을 사람이 없을 것이다. 먼저 자신의 존재를 인정조차 하지 않고 마음대로 행동하는 남편에게 하는 대사라는 상황을 파악해야 한다. 아내를 그저 남편에게 붙박이 가구처럼, 또는 습관처럼 따라다니는 존재로 본다는 뜻이다. 이 대사는 "나 같은 건 안중에도 없지!", "날 발톱의 때만큼도 안 알고" 등으로 번역하는 편이 대사의 원뜻을 잘 살리는 번역이 될 것이다.

이렇게 번역은 때로 직역이 더 재미있는 경우도 있고, 직역을 해서는 전혀 의미를 알 수가 없는 경우도 있다. 그래서 기원전부터 생겨난 이론이 의역이다. 기원전 1세기경에 이미 로마의 키케로는 번역이 글자 따르기 식의 직역보다는 의미전달을 위주로 하는 의역이 되어야 한다고 주장했다. 그 뒤 2천 년 동안 번역 이론은 주로 이 이분법의 논쟁에 국한되어 왔고, 때에 따라 시계추처럼 한쪽에서 다른 쪽으로 왔다 갔다 했다고 할 수 있다.

성서 번역에서는 기원 4세기 경에 성 제롬(St. Jerome, 347~419)이 성령의 영감을 받아 번역되었다는 70인 역에 반기를 들고 히브리어를 원본으로 해서 다시 라틴어 성서를 번역해낸다. 그는 영감으로 이루어진 번역은 존재하지 않는다고 말하면서 성서 번역도 원문에 대한 완벽한 이해와 충분한 언어 지식에 기초해야 한다고 주장했다. 그로부터 약 1천여 년 뒤인 1530년 루터도 역시 성서를 독일어로 번역하면서 교회당국과 논쟁을 벌이게 된다. 루터는 한 걸음 더 나아가 누구든지 언어의 장벽으로 인해 구원에서 제외되는 일은 없어야 하므로 성서 번역은 교회의 사제들이 아닌 일반 시민들을 대상으로 해야 한다고 주장했다.21) 종교개혁을 한 루터다운 발상이었고 이 주장은 현대 번역 이론에도 큰 영향을 미치게 된다. 번역 이론의 중심이 수용자 쪽 (target oriented)으로 옮겨 오게 된 것이다.

그 뒤 충실한(faithful) 번역이냐 자유로운(free) 번역이냐 또는 프랑스에서 유행하던 자유로운 번안이냐 하는 논쟁이 계속되었고, 19세기 초 독일에서 번역이 꽃피기 시작할 때 슐라이어마허(Schleiermacher)의 논문 「번역의 다양한 방법에 대하여(Über die verschiedenen Methoden des Übersetzens)」가 발표되면서 최고조에 달했다.22) 슐라이어마허는 이 논문에서 번역은 원문에 충실해야 한다고 분명히 말했다.

이 논쟁은 20세기까지 계속되었고 극단으로 치달아 성서 번역에서는 행간(行間)번역이 가장 이상적이라는 벤야민의 주장이 나오게 되었다. 행간번역이란 원문과 번역문을 한 행씩 번갈아 써놓는 것이다.

언어의 변이(變異)에 따라 역동적으로 초점을 맞춰야

1940년대 들어 구조주의 언어학과 커뮤니케이션 이론이 번역에 도입되면서 번역 이론은 더욱 활발해 지게 되었다. 1960년대에 들어서 영어권에서는 캣포드(Catford), 나이다(Nida), 태버(Taber)와 같은 학자들이 나오면서 수용자 언어 중심의 번역론이 개발되었다. 특히 나이다의 번역 이론은 성서 번역에 지대한 영향을 미쳤다. 그는 등가 이론을 발전시키면서 형식적인 대응(formal equivalence)과 역동적인 대응(dynamic equivalence)으로 나누어 설명했다. 예를 들어 성서에 나오는 "너희 죄를 눈처럼 희게(white as snow)"라는 표현을 눈을 모르는 열대지방 사람들에게 번역해 줄 때 어떻게 해야 할까? 형식적인 대응을 해서 문자 그대로 '너희 죄를 눈처럼 희게'로 한다면 평생 눈을 보지 못해 눈에 대한 개념이 없는 열대 지방 사람들에게는 전달이 되지 않을 수 있다. 그래서 나이다는 역동적인 대응을 해서 '백조의 깃털처럼 희게' 또는 '백로처럼 희게'로 번역할 수 있다고 말했다. 그러나 "하느님의 어린 양(lamb of God)"의 경우에는 아무리 에스키모에게 번역해 주는 것이라 해도 '양'은 성서에서 순결을 나타내는 중요한 상징이므로 '물개'나 다른 것으로 바꾸어서는 안 된다고 주장했다.[23]

그 뒤로 직역이냐, 의역이냐 하는 이분법에서 벗어나 언어의 변이에 따라 역동적으로 초점을 맞추는 총체적인 접근을 해야 한다는 혼비(Mary Snell-Hornby)의 이론이 나오게 되었다.[24] 그렇게 되면 많은 모순을 안고 있는 언어의 다원적인 성격과 겉으로 드러나는 두 언어 사이의 긴장과 갈등이 번역연구의 기본이 된다. 번역을 단지 고립적인 언어의 문제로 보는 것이 아니라 문화적 배경이 통합된 상황 속의 텍스트를 다루는 작업으로 보는 것이다. 여기서 말하는 텍스트란 정태적인 언어의 집합이 아니라 저자의 의도가 말로 표현된 것이고, 번역이란 이것을 번역자가 다른 문화 속의 수용자를 위해 재창조하는 것이다. 그러므로 번역은 문화와 문화의 만남이 되고 세대가 바뀔 때마다 항상 새로운 번역이 요구된다.

4. 번역자는 유리처럼 투명한 존재인가?

번역이란 모름지기 원래 모국어로 쓰인 작품처럼 자연스럽고 매끈하며 유창한 문장을 지향해 독자가 접근하기 쉽게 해야 한다는 주장은 오랫동안 지지를 받아왔다. 번역이 유리처럼 투명해서 번역자가 보이지 않을수록 저자나 외국 작품의 의미가 더 잘 드러난다는 것이다. 이를 위해서는 문화적인 전이에서 동일화(domesticating method)를 지향해야 한다고 주장한다. 출발언어를 도착언어의 문화와 관념에 맞게 변형시켜 원저자를 도착언어의 문화 속으로 끌어들이는 방법이다. 김억(金億)의 '번역은 제2의 창작'이라는 신념도 이와 비슷하다. 그는 우리말의 어감과 어향(語響)에 맞게 번역함으로써 번역을 통한 한국어의 가능성에 충격을 주기도 하였다(투르게네프 산문시 등).

그러나 로렌스 베누티(Lawrence Venuti)의 『번역가의 투명성』이라는 저서와 앙트완 베르만(Antoine Berman)의 논문 「번역과 이국적 요소의 시련(Translation and the Trials of the foreign)」 등이 나오면서 유창함이라는 담론에 제동을 거는 이론이 등장하게 되었다. 그동안 우리가 유창하면 할수록 좋은 번역이라는 환상에 사로잡혀 있었다고 반성하는 이론가들이다. 유창함(fluency)만이 능사가 아니라는 것이다. 번역자가 유리처럼 보이지 않는 존재가 될 만큼 매끄러운 번역은 원본 문체의 이국적인 분위기를 희생했을 가능성이 많다고 보는 것이다. 다소 껄끄럽고 읽기 힘들더라도 원본의 독특한 결과 문체가 그대로 살아 있으며 이국적인 맛과 분위기가 풀풀 풍기는 번역이라야 한다는 것이다. 도리어 이렇게 원작의 모든 요소를 가감 없이 드러내고 자의적인 해석을 자제할 때 정말 유리처럼 투명한 번역이 된다고 주장한다.

한편 세계화라는 거스를 수 없는 추세로 인해 인류 사이의 커뮤니케이션이 주된 관심사가 된 요즈음에는 독자나 수용자에게 가독성(可讀性, readability)이 떨어져 소통되지 않는 번역은 소음에 불과하다는 주장도 큰 소리로 대두되고 있다. 전달과 표현의 미학을 동시에 추구하는 '소통의 미학'에 대해 생각해 볼 때가 된 것이다. 여기서는 문화와 문화(cross-cultural), 지평(地平)과 지평이 만나 융합되는 데서 의미가 발생한다는 해석학(hermeneutics) 이론이 중요한 역할을 하게 된다. 언어는 진공 속에 갇힌 정태적인 존재가 아니라 언제나 상황에 속한다고 보기 때문이다. 시대에 따라 『햄릿』이 재해석되어 번역되고 21세기형 『햄릿』이 새롭게 탄생할 수도 있는 것이다.

또한 무역과 기업 활동, 법률 자문, 공적 기관 등에서 일하는 번역자들은 단순한 텍스트의 번역에서 벗어나 특수 분야에 대한 전문가로서 컨설턴트의 역할을 해야만 하는 시대로 다가가고 있다. 이런 분야에서는 전문분야에 대한 개념을 확립하고 공적으로 인정된 어휘를 익혀야 하며 표현과 어법의 정확성과 일에 대한 적극성이 요구된다. 1980년대 들어 국제간의 교류와 커뮤니케이션이 활발해 지면서 언어의 장벽을 허물기 위해 번역과 통역을 하나의 독립된 학문 분야로 세우고 (translation studies) 학제간 연구(interdisciplinary)를 통해 이론을 정립하는 경향은 세계적인 추세가 되었다.

번역가들은 번역이 '주관적이고 실천적인 예술 활동이며 일정한 규

칙으로 귀납될 수 없기 때문에 이론으로 좌지우지할 수 없다'고 말한
다. 때문에 번역은 예술 창작 활동이며 과학으로 생각하지 않는 경향
이 있다. 그러나 "번역은 과학이다"라고 주장하는 학자들은 번역은
인간의 사유 활동이기 때문에 일정한 규칙이 있고, 일종의 언어상의
대응으로 볼 수 있어서 과학이라고 주장한다. 번역행위(실천)와 번역
학(이론)의 관계는 문예창작과 문예비평의 관계와 같다고 보는 견해도
있다. 그러나 문예비평이 실제 창작을 규제할 수 없듯이 번역방법론
을 비롯한 이론을 귀납하여 번역 활동을 규제하는 것도 실천적인 예
술 활동이라는 번역의 다양성을 약화시킬 수 있다는 주장이다.[25]

또한 영상매체의 눈부신 발달로 미디어 번역이라는 새로운 장르가
생겨났다. 모든 문화와 정보가 영상화되고 있는 추세로 볼 때 앞으로
영상 번역의 세계는 무한히 확장될 것으로 보인다.

앞서의 몇 가지 번역방법 모두 번역에 대한 지극한 애정과 존재가
치를 인정하는 데서 비롯되는 것이기에, 우리는 그 모두에 귀를 기울
이고 장단점을 취사선택하면서 번역본이 지향하는 다양한 목적에 부
합되도록 역동적인 번역방법을 모색해 보아야 할 것이다.

5. 영상매체를 통한 문학의 확장
— 워즈워드, 셰익스피어의 경우

영상매체가 발달할수록 책이 읽히지 않는다는 주장이 설득력을 얻어가고 있다. 재미있는 영화가 많이 제작되면서 책이 점점 독자의 손에서 멀어져가고 있을 때 영상이 도리어 활자매체의 구원투수가 되어줄 수는 없을까? 원작 소설을 바탕으로 하고 있는 영화를 통해 우리는 그 가능성을 충분히 찾을 수 있다. 수많은 원작 소설이 영화화되어 많은 관객들의 사랑을 받았다. 워즈워드의 시 한 구절에서 영감을 얻어 제작된 <초원의 빛(Splendor in the Grass)>이라는 영화가 있다. 그 뒤로 그의 시는 우리나라에서 대중들에게 유명해지게 되었다. 영문학의 테두리 안에 들어있던 시가 대중문화인 영화를 통해 널리 알려지고 사랑받게 된 것이다. 시의 원래 제목은 「영혼 불멸에 부치는 노래(Ode to the immortality)」지만 영화 제목을 따서 「초원의 빛(Splendor in the Grass)」으로 사람들에게 알려지게 된다.

엘리아 카잔 감독, 윌리엄 인지 각본, 워렌 비티와 나탈리 우드 주연으로 1961년에 제작되어 국내에서도 비슷한 시기에 개봉된 이 영화는 1920년대 미국 공황기, 캔자스의 어느 보수적인 마을에 살던 청춘 남녀의 첫사랑의 아픔을 그린 영화다. 버드(워렌 비티)는 같은 고교에 다니는 디니와 사랑하는 사이다. 하지만 보수적인 가정 출신인 디니는 버드가 자유분방한 다른 여자친구와 관계를 갖는 것을 알고 신경쇠약에 걸려 정신병원에 입원하게 된다. 병원에서 나온 디니는 마지막으로 버드를 찾아간다. 공황으로 파산한 가정형편 때문에 버드는 대학을 중퇴하고 처자가 딸린 목부가 되어 있었다. 버드와 헤어져 돌아오는 길에 차 안에서 여주인공 디니(나탈리 우드)가 읊조리는 워즈워드의 시 때문에 더욱 애틋한 감정을 자아내면서 영화는 큰 사랑을 받았다. 당시의 자막 번역은 필자의 머릿속에 아직도 남아 있다. 대부분의 영문학자들은 그 시를 곧이곧대로 번역하며, 당시의 번역에 불만을 표할지도 모르겠다.

Though nothing can bring back the hour of
Splendor in the grass, of glory in the flower
We will grieve not
Rather find strength in what remains behind.

그 무엇으로도 초원의 빛과
꽃의 영광된 시절을 돌이킬 수 없다 해도
슬퍼하지 않고
뒤에 남은 자취에서 힘을 얻으리.

그러나 1960년대 영화 개봉 당시 첫 구절이 이렇게 번역되었다면 결코 관객들의 뇌리에 아로새겨지지 못했을 것이다. 그때의 번역은 첫 구절이 원문과 달랐다. 번역자는 무엇보다도 첫 구절에서 강한 인상을 주려고 한 듯하다. "그 무엇으로도……"로 시작되는 시구 대신 영화관의 자막은 이렇게 번역되어 있었다.

초원의 빛이여, 꽃의 영광이여

이 시의 첫 구절로 해서 수많은 청춘남녀가 워즈워드란 시인을 알게 되었고, 이 영화는 더욱 사랑을 받았다. 적어도 그 시와 문학은 영화의 덕을 톡톡히 본 셈이다. 그 뒤로 나온 워즈워드의 시집은 제목이 아예 『초원의 빛』으로 출판될 정도였다. 따라서 문학작품을 원작으로 한 영화라 할지라도 효과적인 번역본을 생산하기 위해서는 기존의 문학 번역의 이론만을 따를 수 없는 영상 번역만의 독특함과 전달 과정에 대해 고려해야 할 여러 요소가 있음을 알 수 있다.

영화 제작은 원작 소설을 더욱 유명하게 만들어 재출판을 통해 독자들이 관심을 갖게 되는 계기가 되기도 한다. 『위대한 개츠비』가 그랬고, 『바람과 함께 사라지다』, 『위대한 유산』 등 수없이 많은 영화들이 원작 소설을 바탕으로 한 것이었다. 원작이 있는 영화를 번역할 때는 원작의 깊이를 충분히 이해하고 세심하게 번역해야 하겠지만 또한 영화라는 장르에 맞게 맛깔스럽고 간결하게 번역해 <초원의 빛>의 경우처럼 원작에 대한 강한 인상을 심어주면서 호기심을 불러일으키도록 노력해야 한다. 이렇게 영상 번역 작가는 단지 뜻만 전달하는 것에 만족하지 않고 어떻게 효과적인 번역본을 만들 수 있을까에 대해 늘 연구해야 한다.

또한 학교 수업에서는 영화를 원작과 함께 교재로 사용하면서 작품 자체에 대한 관심을 갖도록 유도할 수 있다. 영화 연구를 문화 연구의 한 장르로 삼아 문학 텍스트와 같이 분석하면서 당대의 가치관과 사회상 등을 유추해내는 학문적인 노력도 필요하다. 그러기 위해서는 문예영화를 번역할 때는 원작에 대한 정확한 이해와 함께 충실한 번역이 이루어져야 한다. 그러나 현실에서는 이런 문예영화들이 부실하게 번역되어 도리어 원작에 폐를 끼치는 예를 흔히 보게 된다(4부 번역 비평의 시대를 위하여 참고).

셰익스피어 영화 번역의 문제

셰익스피어 원작 영화의 한국어 자막 번역 사례를 연구한 조성원의 논문은 이러한 문예물을 번역할 때 번역자가 지켜야 할 몇 가지 규범을 적절하게 지적하고 있다. 그는 「셰익스피어 자막 번역과 무제의 문화(Shakespeare Subtitled, Culture Untitled)」라는 논문에서 기드온 투리(Gideon Toury)의 "용인성"과 "적합성"26)을 바탕으로 셰익스피어 영화 번역의 문제를 짚어보고 있다. 대중성과 상업성으로 인해 수용 문화 중심의 번역(target-oriented translation)으로 이루어지고 있는 영상 번역의 경우에도 셰익스피어 원작일 때는 수용 문화의 요구에 따르기(용인성)는 위축되고 원작과 원문의 의미를 얼마나 잘 살려냈느냐(적합성)가 중요시 된다고 보았다. 이 논문에서 그는 지난 30년 동안의 셰익스피어 자막 번역의 구체적인 현상을 살펴보면서 번역의 수용 문화의 요구에 따르기는 위축되고 의미를 정확히 따지는 '적합성'의 축으로 돌아간 것을 밝혀냈다. 이런 현상을 그는 셰익스피어 영화 속에 내재된 셰익스피어성(Shakespeare-ness)과 무관하지 않다고 보았다. 감독이 아무리 대중적으로 원작을 각색해 제작한다 해도 셰익스피어성을 잃지 않도록 하기 위해 셰익스피어의 언어를 그대로 대사에 사용하고 있기 때문이다. 따라서 그는 셰익스피어 영상 번역 이론의 틀을 이렇게 제시하고 있다.

1. 지나치게 수용언어의 유행에 민감한 언어 표현을 자제하고 관객이 셰익스피어 영화의 셰익스피어성을 놓치지 않도록 적당히 낯설고 이질적인 표현을 사용한다.
2. 이질적인 문화적 요소를 그대로 살리는 "낯설게 하기(alienation)"는 고어와 현대어, 지적인 언어와 비속한 언어, 문학적 표현과 일상적 표현, 시적 어휘와 서술적 어휘 등 다양한 문체의 복합적인 사용으로 얻어질 수 있다.

3. 셰익스피어 영상 번역의 복합적 문체는 또 하나의 새로운 중간 문화(intermediary culture), 셰익스피어도 아니고 한국 문화도 아닌 "무제의 문화(culture untitled)"를 창출한다.[27)]

이 논문은 번역자가 생경한 문화를 번역하면서 흔히 겪는 지평과 지평의 융합을 "무제의 문화"라는 표현으로 재치 있게 정리해 주고 있다. 30여 년에 걸쳐 제작된 여러 편의 영화 <로미오와 줄리엣(Romeo and Juliet)>이나 <햄릿(Hamlet)>이 감독과 시나리오 작가에 따라 장면과 구성 면에서 원작을 자기 나름대로 각색하고는 있지만 언어만은 변함없이 그대로 사용한다는 점을 번역 작가는 명심해야 할 것이다. 언어적인 측면인 대사가 셰익스피어성을 대표하고 있기 때문이다. 이런 "무제의 문화" 창출이 셰익스피어성을 살리는 데 상당히 기여한다는 점은 이해하지만, 그것만으로 충분한지에 대해서는 더 심도 있는 연구가 있어야 할 것으로 보인다. 매우 어려운 일이긴 하겠지만 셰익스피어 작품의 특징인 강약오보격(iambic pentameter)의 운율과 풍부한 비유와 말 재롱, 그리고 인물의 독특한 성격 살리기 등을 통해 셰익스피어성을 확보하는 방법도 찾아야 하지 않을까 한다. 매우 드물게 보는 영상 번역에 대한 이런 연구는 문예물은 물론 대사가 중시되는 영상 작품의 번역에도 시사하는 바가 크다. 셰익스피어성을 살려야 하듯 우디 앨런이나 샘 멘데스, 스티븐 소더버그 같은 감독이 자신의 독특한 미장센을 통해 나타낸 특징과 찰리 카우프만이라는 시나리오 작가만의 개성을 번역본에 반영하는 일은 번역 작가의 매우 중요한 관심사이기 때문이다.

문예물에서는 고전작품을 시대에 따라 재해석하고 각색하는 일 또한 번역 작가의 일이 될 수 있다. 햄릿은 1948년 로렌스 올리비에 주연, 감독 작품에서부터 2000년 에단 호크의 현대판 햄릿에 이르기까지 수없이 변주되었다. <서울 햄릿>이라는 국내 극단의 연극이 세계

무대에서 공연되었듯이 앞으로도 새로운 햄릿이 무궁무진하게 나올 수 있다. 이런 작품들을 원작과 비교 분석하면서 흥미롭게 감상하게 되면 작품에 좀더 가까이 다가갈 수 있을 것이다. 동경대학 대학원에 신설된 통문화 연구 학과(trans-cultural studies)도 영상작품을 통한 문학의 확장을 꾀하고 있는 듯하다.[28] 우리나라에서도 영상문학 학회가 설립되고 몇몇 대학에 영화 관련 강좌가 열리고 있다. 이것은 문학을 전자 테크놀로지를 이용한 영어교재 속에 녹여 즐겁게 접근하도록 돕는 방식이다. 영화 텍스트를 통해 사회의 문제를 찾고 시대 변화를 앞서서 내다보겠다는 것이다. 20세기 중반에 문학은 영화에 튼튼한 스토리를 제공했고 영화예술은 그것을 바탕으로 스펙터클한 대작을 만들어 대단한 볼거리를 제공해 주었다. 이렇게 문학과 영화가 손을 잡을 때 서로를 위협하는 존재가 아닌 상생하는 장르로서 발전해 나갈 수 있을 것이다. 그리고 독자와 관객은 문학과 영상 두 가지 장르 모두에서 이국적인 문화 경험과 풍요로운 삶의 향기를 맛볼 수 있을 것이다.

6. 번역의 사회학

때로는 우리 현실에서 번역 때문에 국가간에, 또는 내국인들 사이에서도 이해 당사자들 사이에 곤란한 일이 발생하기도 한다. 미국 케이토(CATO)연구소 더그 밴도우 아시아분석가의 발언 내용을 <PD 수첩>은 이렇게 번역했다. "불행하게도 한국은 종속적인 국가입니다. 한국은 항상 미국의 종이었으며 미국은 항상 우월한 위치에 있을 것입니다." 원문은 "Unfortunately South Korea is dependent. South Korea will always be in dependent status and America always be superior position"이다. 이 중 '의존적 위치'를 뜻하는 'dependent status'를 '종'으로 옮긴 것을 놓고 논란이 인 것이다. "한국은 미국의 종이었다." 이 말은 곧 논란을 낳았다. 그러지 않아도 반미정서가 일고 있는 시점에 약간 오버한 듯한 이 번역은 반미감정을 조장하려는 의도가 있지 않느냐는 의심을 받은 것이다.

외환위기를 겪고 있던 1997년도에는 주한 미 대사가 구설수에 올랐다. 선거에 패배한 여당 후보를 위로한다고 한 말이 화근이 됐다. "Next five years will be a plague period." 이것을 누군가가 "향후 5년간은 재앙의 시기가 될 것이다"로 번역해 발표했다. 이 번역은 곧 승리에

환호하고 있는 당선자 진영에 재를 뿌리는 듯한 말로 비쳐지면서 큰 반발을 불러 일으켰다. 미국 대사는 자신은 단지 'painful period' 정도로 이야기했을 뿐이라고 해명했다.

얼마 전에는 언론과 갈등을 빚고 있는 정부의 홍보부처 관리가 외국 신문에 기고한 칼럼에서 국내 언론사 기자들을 비방했다고 도마 위에 올랐다. 담당관리는 번역과정에서 오해가 있었다고 해명했다. ≪아시안 월스트리트 저널(AWSJ)≫ 2003년 8월 22일자 "한국에서 언론과 맞서기(Standing Up to the Press in Korea)"라는 기고문에서 그는 "과거 정부는 긍정적인 기사를 기대하며 폐쇄적 출입기자제도, 가판보도를 기초로 한 음성적 기사로비, 향응·촌지 등 비합리적이고 건전하지 못한 방식으로 언론과의 관계를 유지해 왔었다"라는 국문 원고를 이렇게 번역했다.

The officials curried various favors with the media, maintained a select group of supposedly influential reporters at each government agency, wined and dined them, and regularly handed them envelopes of cash.

촌지라는 말은 원래는 'a token of good will' 또는 'a slight token of gratitude' 정도로 번역되어야 하지만 사회의 부패로 인해 언어도 크게 변질되었음을 알 수 있다. 여기서 번역자의 역할과 그 책임, 예민한 사안에 대한 표현 방식의 문제에 대해서도 한번 생각해 볼 필요가 있다(e.g It was known that some influential reporters were treated to a dinner and given a token of gratitude for their articles in the past government. 이 정도로 표현해야 알맞지 않았을까 생각된다). 번역의 사회학, 번역의 정치학이라는 말이 나올 정도로 최근에는 번역으로 인한 문제점이 많이 일어나고 있다.

2003년 노대통령과 정상회담을 하던 부시 미 대통령이 한 말의 통역도 논란이 되었다. "He is easy person to talk to"를 "노 대통령은 말하기 쉬운 상대다"로 번역했기 때문이다. 'easy'에는 '쉬운'이란 말 말고도 '편안한'이라는 의미도 있음을 놓친 것이다. 번역은 이렇게 과장·왜곡되거나 또는 실수로 오역될 경우에 큰 문제를 일으키게 된다.

무심코 실수로 하게 된 오역이 사회적으로 큰 물의와 공포를 일으킬 수 있다. "축산농가가 보유한 전체 소의 15퍼센트가 구제역에 걸렸다"를 "시중에 유통되는 쇠고기의 15퍼센트가 구제역에 걸렸다"로 번역한다면 시민들에게 공포감을 조성하기에 충분하다. 잘못된 번역은 큰 사회문제를 일으킬 수도 있음을 보여주는 사례라고 할 수 있다.

2부 영상 번역이란 무엇인가?

7. 영상 번역이란 무엇인가?

영화 번역에서 번역자가 담당하는 몫은 시나리오이며 그중에서도 대사일 뿐이라고 생각하기 쉽다. 그러나 영화는 이탈리아의 비평가 리치오토 카뉴도의 말처럼 '전체적인 총화의 예술'이기 때문에 영화 번역이란 영화의 한 구성 요소인 대사만 번역하는 것이 아니다. 번역자가 영화를 총체적으로 파악, 대사 속에서 그 작품의 주제, 감독의 연출 의도, 작가의 인생관과 세계관까지도 찾아 해석해 대사 속에 나타내야 한다. 또한 영화 번역은 드라마를 만들어 가는 것이므로 단순한 번역에 그치지 않고 시나리오를 쓰는 작가의 입장에서 번역에 임해야 한다. 20여 년 영화 번역의 외길을 걸어온 번역가 민병숙은 영화 번역을 이렇게 정의했다.

영화 번역이란 외국 문화 소개가 그 목적이 아니라 우리말을 통해 우리나라 사람들에게 같은 인간 조건을 지닌 다른 나라 사람들의 삶의 애환을 전해 줌으로써 언어를 초월해 한 인간가족으로서의 연민과 애정을 느끼게 하는 데 그 목적과 가치가 있다. 외국어 자구 해석을 넘어 대사의 핵심을 옳고 정다운 우리말로 다듬어 표현하는 것이 번역의 황금률이다. 이는 뽕잎을 먹어 실로 뽑아내는 누에의 작업과 같고 일상 언어를 시어(詩語)로 변용시키는 시인의 작업과 같다.

따라서 번역의 필수조건은 인간과 인생에 대한 깊은 통찰과 모국어 구사력이지 단순한 외국어 실력이 아니다. 외국어나 좀 알면 '나도 번역이나 해볼까' 하는 것은 팔다리가 있으니 '나도 발레나 해볼까' 하는 것과 같다.29)

영상 번역(미디어 번역) 작가의 과제

첫째, 영상예술은 일회적이고, 순간적으로 흘러가는 영상을 즐기는 시간예술이다. 따라서 번역자는 관객에게 원작의 뜻이 순간적으로 잘 전달되게 하면서도 미적인 감흥을 주도록 번역해야 한다. 미디어 번역이란 기호체계가 두 개 이상의 것으로 이루어진 작품을 번역하는 작업을 말한다. 번역은 그중 언어로 된 텍스트만을 담당한다. 보통 영화, 다큐멘터리, 애니메이션, 오페라 등을 말하지만 주로 영화로 이루어져 있으므로 영상 번역이란 말로 굳어졌다. 이들 작품들은 대중 매체를 통해 관객에게 전달되고 있다. 따라서 영상 번역(미디어 번역)은 효과적인 전달이 가장 중요하지만 동시에 관객에게 재미와 감동을 느끼게 해주어야만 한다. 즉, 효과적인 전달과 미적 감흥 두 마리 토끼를 잡는 작업이다. 그런 의미에서 소통의 미학이다. 올바른 뜻 전달이 가장 중요하지만 거기서 한 발 더 나아가 대사가 품고 있는 뉘앙스와 분위기를 전달하고 재미를 주도록 해야 한다. 다시 말해 표현의 미학을 살려야 한다는 뜻이다.

영화의 대사는 어떤 종류의 텍스트에 해당할까? 라이스(Katharina Reiss)는 텍스트를 정보적(informative), 표현적(expressive), 실제적(operative), 오디오 비주얼(audiovisual) 텍스트 등 네 가지 종류로 나누고,30) 혼비는 문학, 일반 언어, 특수 언어로 나누었다.31) 라이스는 표현적인 텍스트에는 소설, 시, 연극 등과 같은 작품이 포함되고 이런 텍스트를 번역할 때에는 번역가의 창의성이 요구된다고 밝혔다. 또한 이때에는 언어의 미학적인 차원과 메시지의 형식을 살리는 것이 중요하고, 그것이 성공했을 때 작가나 감독이 두드러지게 드러나게 된다고 덧붙였다. 여기서 피터 뉴마크가 정의한 현대적 의미에서 번역의 두 가지 범주를 살펴보자.

현대적 의미에서 번역의 두 가지 범주[32]

의미의 탐색을 지향하는 번역 (semantic translation)	커뮤니케이션을 위한 번역 (communicative translation)
1. 작가 중심적.	수용자 중심적.
2. 작가의 사고 과정을 추적하고 작가의 사상에 관심을 갖는다.	작가의 의도를 추적하고 그의 발화에 관심을 갖는다.
3. 작가 개인에게 관심을 갖는다.	원본의 사상과 문화적인 내용을 채택한 뒤 수용자에게 더 쉽게 다가가도록 만든다.
4. 의미와 통사 지향. 문장의 길이, 절과 단어의 위치 등을 되도록 보존.	효과를 지향한다. 형식적인 특성이나 원본이 희생될 수 있다.
5. 충실하고 축어적으로.	충실하되 좀더 자유롭게.
6. 사실을 있는 그대로.	효과적으로.
7. 대체로 어색하면서 상세하고 복잡하지만 더 짧다.	쉽게 읽히고 자연스러우며, 단순 명백하고 직접적. 특별한 기능에 맞추고 더 길 수도

8. 개인적이다.

9. 원어에 더 치중.

10. 원본보다 더 구체적일 수 있어서 대체로 over-translate됨.

11. 보다 강력함.

12. 의미의 상실로 인해 항상 원본보다 열등.

13. 시간과 공간을 초월해 영구적.

14. 폭넓고 보편적.

15. 부정확은 언제나 오류임.

16. 번역자에게 원본을 수정할 권리가 없음.

17. 원본의 오류는 각주를 통해서만 지적해야 함.

18. 목표: 참되고 정확한 번역본.

사회적이다.

목표언어에 더 치중.

원본보다 under-translate됨. 전체적인 맥락 중시.

덜 강력함.

의미상 내용의 상실에도 불구하고 힘과 명료성을 얻어 원본보다 더 나을 수도 있다.

정해진 기능과 목표로 인해 생명이 짧음.

수용자를 위해 한 가지 기능만 수행.

윤색과 신중한 조정은 용납됨. 독자에게 인상적일 수도.

번역자가 문장의 논리나 스타일을 개선, 수정할 수 있음. 비속어, 모호성 등.

번역자가 원본의 사실을 수정할 수 있음.

좋은 번역본(happy version). 성공적인 작품.

19. 번역의 단위: 단어, 단어의 배치, 절.	문장과 단락(paragraph).
20. 원본의 표현을 모든 저술에 적용가능.	비개인적인 텍스트에만 적용 가능.
21. 기본적으로 번역작업은 예술.	번역작업은 장인의 솜씨.
22. 대개 1인 번역 작가의 작품.	때로는 번역팀의 산물.
23. 문화적인 상대성이란 입장에서 상대주의 입장 견지.	정확한 번역이 가능할 수 있다는 추정하에 보편주의 입장을 견지.
24. 의미 중심.	메시지 중심.

영화 시나리오는 표현적인 텍스트

원본 텍스트를 라이스나 혼비, 또는 뉴마크의 말대로 분명하게 선을 그어 분류할 수 있을까? 어떤 과학자의 보고서와 증권 귀재의 주식 투자 안내서가 문학작품 못지않게 심미적인 언어를 구사하고 있는 경우를 우리는 종종 발견한다. 그렇다면 뉴마크의 이 두 가지 분류에서 영화 대사는 어디에 해당할까? 영화 시나리오는 불특정 다수를 상대로 하는 매우 사회적이면서도 동시에 시, 소설, 연극적인 요소가 두루 들어가 있어 문학적인 요소가 많이 함유된 텍스트임을 알 수 있다. 라이스나 혼비의 말대로 문학에 더 가깝고 따라서 표현적인 텍스트라고 할 수 있다. 다시 말해 전달과 언어의 심미적 차원의 구사가 동시에 이루어져야 하는 복합적인 텍스트인 셈이다. 특히 뉴마크의 분류

중에서 전달 위주의 텍스트는 메시지가 중심이 되고 효과적인 번역본 (happy version)이 되어서 성공적인 작품이 되는 것이 번역의 목표라고 말한 점은 영상 번역에서 암시하는 바가 크다고 하겠다. 그렇다고 해서 번역자가 원본을 마음대로 바꾸거나 왜곡시켜도 된다는 얘기는 결코 아니다. 거기에도 나름대로의 원칙이 있고, 지켜야 할 한계가 있다. 외국 문화 속의 타자성을 존중해 원작의 향기를 해치지 않아야 하고 뜻과 뉘앙스가 달라지지 않도록 세심한 배려를 해야만 한다.

예를 들어보자. 영화 속에서 오랫동안 방탕한 생활을 하며 떠돌던 탕아가 돌아와 아버지의 임종을 맞으며 하는 "I love you"라는 대사가 있다고 치자. 수십 년간 집에 연락도 하지 않고 지내던 아들이 돌아와 갑자기 "아버지, 사랑해요"라는 대사를 뱉는다면 코미디가 되고 만다. 오랜 세월의 틈을 메우면서 아버지의 마음도 움직이고 보는 이의 콧등을 시큰거리게 하는 대사로 번역되어야 한다. 이럴 때 "아버지, 잘 못했어요" 아니면 "용서하세요" 하는 편이 "I love you"의 뜻을 제대로 번역하는 것이 된다.

코믹 드라마에서 언제나 가부장적인 권위를 내세우는 남편에게 아내가 부부싸움 끝에 이런 대사를 했다. "I am sick of your male chauvinism." 이것을 말 그대로만 번역한다면 "나는 당신의 남성우월주의에 질렸어요"가 된다. '남성우월주의'라는 말은 코믹 드라마에 걸맞은 대사가 아니다. 아마도 여성학 세미나 석상에서 여성학자가 하기에 적당한 말일 것이다. 관객들을 웃길 수 있는 대사로 바꿔주어야만 한다. "당신 잘난 척하는데 정말 질렸어" 또는 "언제 봐도 잘났어, 정말", "아유 저놈의 수탉근성!" 이런 식으로 바꾸면 더 재미있는 코미디가 될 것이다.

관객에게 영합하진 말아야

둘째로는 단순 오락에 치우치는 영화들도 많이 있지만 훌륭한 원작이 노리고 있는 인식의 지평 열기를 수행해 낼 수 있어야 한다. 아무리 오락용이라 하더라도 어느 작품에서나 고개를 끄덕이게 하는 어떤 정신이나 메시지를 갖고 있다. 그 점을 집어내어 잘 살렸느냐가 번역의 완성도를 가늠하는 중요한 잣대가 된다. 그것을 성취해 냈을 경우 감독이 추구했던 인식의 지평 열기를 도와줄 수 있을 것이다. 이 점에서 보면 현재 영상 번역계는 많은 문제점을 안고 있다. 개봉관 또는 비디오 자막 번역의 경우 관객이 따분해질까 두려워서 진지한 영화라도 가벼운 농담조의 대사로 얼버무려 놓는 경우가 많다. 번역의 목적은 오로지 관객을 웃겨서 잡아두려는 목적밖에는 없는 듯하다.

한 가지 예를 들면 비유를 한국의 드라마 주인공에 빗대는 것이다. "저 녀석은 꼭 춘섭이 같아", "심형래하고 똑같이 생겨 갖고는", "난 정주영보다 더 부자야" 이런 번역은 물론 소통은 더 잘 될지 모르지만 지나친 토속화로 인해 영화의 품격을 떨어뜨리는 번역이 되고 만다. "재미있고, 쉽게"만을 강조하다 보면 문예물이나 철학적인 사유가 담긴 영화는 겉핥기 번역에 그칠 우려가 크다. 이것은 머리 아픈 내용을 기피하려는 관객의 취향에 영합하는 것으로 번역가의 책무를 저버리는 것이다. 시청자나 관객의 인식 지평이 자연스럽게 열리기를 기대할 수는 없다. 또한 저급한 욕설이나 선정적인 표현, 속어 등을 남발하는 번역도 관객에게 영합하는 태도라고 하겠다. 어린이용 프로그램, 특히 만화에서 현재 시중에서 쓰이는 속어, "캡이야, 짱이야, 꼴통" 등의 어휘를 남발하는 경우도 흔히 볼 수 있다. 영상 번역 작가는 항상 대중성과 원작의 품위를 잃지 않기, 이 두 가지 사이에서 균형을 잡는 역할을 하게 된다.

더빙이냐, 자막이냐

현재는 지상파 방송에서 외화를 더빙해서 방영하고 있다. 더빙을 하는 이유는 시청률이 자막 방송 때보다 월등히 높고 국민의 소유인 전파를 통해 나가는 방송은 국어로 방송되어야 한다는 믿음 때문이다. 국민들의 언어생활에도 영향을 미친다는 점도 고려된다. 그러나 영화의 오리지널 사운드를 듣고자 하는 마니아층이 늘어나게 되면서 케이블 TV나 위성 방송 등에서는 이미 자막 위주로 방영되고 있고, 지상파 방송에서도 방송 시간이 연장되면 자막 방송이 늘어날 가능성도 있다. 자막 방송은 제작비가 더빙보다 훨씬 적게 든다는 이점이 있지만 잠시만 화면에서 눈을 떼어도 영화의 흐름을 알 수 없다는 단점이 있다. 또한 자막을 보느라 화면을 잘 보지 못해 영화 감상에 방해를 받을 수도 있다.

자막으로 나갈 경우 가장 큰 이점은 배우의 목소리를 오리지널 사운드로 들을 수 있다는 점이다. 그래서 영화 팬들 중에는 지상파 방송도 더빙을 줄이고 자막 방송을 확대하라는 요구를 하는 사람들도 있다. 국민의 교육수준이 더 높아지면 단지 심미적 차원에서 영화를 원음 그대로 감상하고자 하는 욕구도 더 늘어날 것으로 보인다. 그런가 하면 어떤 행정 관료들은 국민들의 영어 공부를 위해 외화를 자막으로 내보내자는 의견을 내놓기도 했다. 이런 발상은 TV 외화에 대한 인식 부족에서 나오는 것이다. TV 외화는 불특정 다수의 국민들에게 값싸고 손쉽게 외국 문화를 접하게 해주는 창구 역할을 톡톡히 하고 있다. 시간적·경제적으로 여유가 닿지 않아 영화관에 갈 수 없는 시청자와 노약자 등 수많은 국민들이 TV 외화를 통해 과거의 명화에서부터 최신 영화에 이르기까지 전 세계인과 같은 문화를 즐길 수 있다. 이것은 대단히 중요한 현대 매스컴의 혜택이고, 그러한 혜택은 광고가 있기 때문에 가능하다. 외화 프로의 앞과 뒤에 엄청난 양의 광고가 붙는 것을 보게 되는데 이 광고가 없다면 비용을 충당할 수가 없고 방송 자체가 불가능해지게 된다. 자막으로 방송되어 시청률이 떨어진다면 광고주는 그 프로그램에 광고 내기를 주저하게 될 것이다.

자막으로 방송하라는 요구는 더빙에 대한 식상함 때문이기도 하지만 우리말에 대한 애정과 이해 부족에서 비롯되는 것인지도 모른다. 프랑스와 이탈리아에서는 외국 영화도 자기나라 말로 더빙을 해야만 제대로 감상할 수 있다고 생각한다. 국민들이 자기 나라말에 대해 애정이 강하기 때문이다. 물론 파리의 대학가에서는 영어를 배워야 한다는 열풍이 불어 요즘은 더빙 대신 자막으로 상영하는 극장도 나오고 있지만 대부분은 불어로 더빙된 영화를 보아야 영화의 맛이 난다고 생각한다. 몇 년 전 KBS에서 중국 영화인 <화양연화>를 자막으로 방송하기로 결정했다가 결국 방송이 임박하여 입장을 바꾼 적이 있다. 외화를 방송에서 내보낼 때 공영방송에서 자막은 있을 수 없다고 생각해 더빙 방송으로 결정한 것이다. 단시일에 번역을 하느라 번역자는 큰 고생을 하였지만 자막 방송보다는 더 많은 시청자가 우리말로 된 영화를 보고 감동을 받았다는 생각을 하면 큰 보람을 느낀다고 했다. 더구나 섬세한 감정과 내면 연기를 감상해야 하는 영화에서는 더빙이 시청자에게 훨씬 더 친절한 방식이라고 생각된다. 영어공부를 위해서 영화를 자막으로 내보내자는 주장은 방송매체에 대한 이해 부족에서 나오는 것이 아닌가 생각된다. 공영방송은 국민의 언어생활에 막대한 책임과 의무를 지니고 있다. 국민에게서 위임받은 전파를 사용해 방송 콘텐츠를 제작해 내보내고 있기 때문이다. 공영방송이 국어를 포기하게 될 때 그 나라 문화에 어떤 영향을 주게 될지는 뻔하다. 그렇지 않아도 영어 열풍이 불고 국어에 대한 관심은 나날이 떨어져 학생들의 영어구사력보다 국어구사력이 오히려 더 부족하다는 평가가 나오고 있는 상황이다. 자막 방송은 그러한 상황을 더욱 악화시키게 될 것이다. 그럼에도 불구하고 배우의 원래 목소리를 들으며 영화를 감상하려고 하는 시청자는 점점 늘어나는 추세가 되고 있다.

물론 더빙에도 여러 가지 문제는 있다. 배역에 맞추지 않고 자기의 목소리만을 자랑하거나, 외국인 흉내를 내는 듯한 이상한 억양, 총알처럼 쏟아 붓기만 해서 전달되지 않는 대사, 어느 배우를 맡든 개성과는 관계없이 늘 주인공 같은 목소리를 내서 식상한 경우 등, 좀더 정교한 더빙으로 감상하기를 바라는 시청자들의 요구에 부응하기 위해서는 다양한 보이스 캐릭터의 개발과 성우에 대한 대우 개선, 더빙 기술의 발달 등이 뒷받침되어야 할 것이다.

더빙을 얘기할 때면 늘 주인공의 개성을 살리기 위해 혼신의 힘을 기울였던 성우 고 최응찬의 경우를 떠올리지 않을 수 없다. 많은 사람들이 <형사 콜롬보> 하면 후줄근한 트렌치코트 차림의 형사와 최응찬을 떠올릴 만큼 그의 목소리는 콜롬보 역인 피터 포크를 실감나게 연기했다. 배우의 제스처와 목소리를 있는 그대로 살리기 위해 그는 담당 PD와 함께 화면을 분석하고 코와 구강구조, 발성법 등을 연구하며 피터 포크의 목소리에 접근하려고 애썼다. 물론 수사물이어서 프로그램 자체가 흡인력이 컸던 작품이었지만 최응찬의 목소리 연기는 또 다른 즐거움을 준 것으로 기억된다.

자막 일색 DVD, 소장용에 대한 차별화된 번역

방송에서만 더빙이 요구되는 것은 아니다. 요즘 점점 확대되고 있는 DVD에서도 더빙을 시도해 보아야 한다. 현재는 만화만 어린이용으로 인식되어 더빙을 채택하고 있지만 영화, 다큐멘터리 등은 자막으로 제작, 배포되고 있어서 그만큼 수용층의 폭을 제한시키고 있다.

어린이나 노인, 시각장애인 또는 영어대사에 대한 감각이 부족한 사람들의 경우 자막을 읽기 어려워 자연히 DVD를 쉽게 접할 수 없게 된다. 우리말로 더빙된다면 눈의 피로를 덜 느끼면서 편안하게 영화를 볼 수가 있을 것이다. 흥미로운 점은 태국에서는 자국내 DVD 타이틀에 자국어 더빙을 포함시키도록 법제화해 놓았다는 사실이다.[33] 문맹률이 높기 때문이라고 볼 수도 있지만 모국어 더빙을 법제화해 놓았다는 점은 프랑스와 이탈리아에서처럼 자국어에 대한 긍지를 엿볼 수 있는 대목이다. 좋은 다큐멘터리와 영화를 더빙된 DVD로 쉽게 감상할 수 있을 때 국민의 교양과 문화생활의 질은 더 높아질 수 있지 않을까.

DVD에 대해 한 가지 제안을 덧붙이자면 소장용에 대해서는 다른 접근을 했으면 하는 것이다. 일회적으로 보는 개봉관이나 방송 더빙용보다는 여러 번 보면서 개인이 자기에게 맞는 학습을 할 수도 있다는 점에서 보다 더 충실한 번역이 이루어지면 좋겠다는 생각이다. 그렇다면 비유라든가, 이국적인 요소 등을 더 많이 살리고 자막으로 설명하는 방식을 채택할 수도 있을 것이다. 예를 들어 "My God, woman, you who could sell sour milk to cows (영화 <진주 귀고리를 한 소녀(Girl with a Pearl Earing)> 중에서)" 라는 대사를 "두 손 들었습니다"로 평범하게 번역하지 않고 "소한테 상한 우유라도 팔 위인이시군"으로 충실하게 번역해 네덜란드의 비유를 접할 수 있게 되는 것이다. "저 녀석은 데이터 같은 녀석이야" 하는 표현도 그대로 살려주고 "감정 칩이 없어 남의 감정을 헤아릴 줄 모르는 스타트랙의 인물"이라는 자막을 달아줄 수도 있다. 그렇게 되면 외국 문화에 대해 시야가 더 넓어지고 외화를 보는 즐거움도 늘어나지 않을까.

TV는 액션 영화 천국

TV 영화가 대부분 액션 영화로 채워지는 점은 개선돼야 할 문제이다. 영어권 영화에 대한 비율을 정해 놓았듯이 액션 영화에 대한 비율도 제한해야 하지 않을까 생각이 든다. 폭탄처럼 쏟아지는 영상의 공세를 계속 받다 보면 스스로 생각하는 힘이 결여되어 상상력이 부족해진다고 발터 벤야민은 일찍이 경고한 바 있다. 자극적이고 현란한 영상이 아니면 채널을 돌려버리는 시청자의 시청 습관도 방송이 조장한 부분이 있다고 할 수 있다. 관조적인 영상도 감상할 줄 알아야만 전 세계에서 제작되는 예술 영화도 TV를 통해 누릴 수 있게 될 것이고 그만큼 국민들이 즐기는 문화의 폭도 넓어질 것이다. 뭔가 사색하게 하는 영화들, 빛나는 대사가 포함된 작품들이 잔잔하기만 하고 자극적인 영상이 부족하다는 점 때문에 영화관에서도 개봉되자마자 막을 내리고 TV에서마저 푸대접 받는다면 국민이 누리는 문화의 다양성과 질은 그만큼 저하될 수밖에 없다. 어떤 홍콩 액션 영화는 삼방사방 째에도 높은 시청률을 보이는 경우가 있다. 시청률이 높다는 것은 나쁠 게 없지만 그만큼 방송 콘텐츠의 다양성에서 시청자가 손해를 보고 있다는 이야기다.

더빙실―불꽃 튀는 목소리 연기의 대결장

어느 날 더빙실 앞에서 승마복을 입은 남자 성우를 만났다. 더빙 끝나고 승마하러 가느냐고 물었다. 그는 오늘 영화 더빙에서 맡은 역할이 기수라고 말했다. 어느 여자 성우는 프릴이 주렁주렁 달린 로맨틱한 드레스를 입고 나타나기도 한다. 그 날의 배역에 따라 분위기를 맞춰보려는 노력이다. 연기를 좀더 잘해 보려고 애쓰는 그들의 눈물겨운 노력은 여기서 그치지 않는다. 목소리를 보호하기 위해 술을 절제하는 것은 물론 좋은 소리는 좋은 몸에서 나온다는 신념으로 몸을 단련하기도 하고, 연기가 녹슬지 않도록 하기 위해 종종 연극 무대에 오르기도 한다. 녹음 스튜디오 안에서는 울고 웃고 분노하는 팽팽한 연기의 대결이 펼쳐진다. 녹음 광경이 TV 화면에는 보이지 않지만 드라마 촬영장 못지않은 흥분과 스릴이 넘친다. 마이크 앞에 선 성우들이 화면의 주인공과 어떻게 그처럼 입을 잘 맞추는지, 그들의 순발력은 놀랄 만하다. 베테랑 성우들은 주인공이 입을 벌리기 3초 전에 이미 입으로 호흡을 시작한다고 말한다. 자연스런 더빙용 구어체가 어떤 것인지 알기 위해서는 더빙실에 들러 성우들의 녹음 광경을 지켜보면 된다. 자꾸만 NG를 내면서 고개를 갸우뚱거리는 성우를 보면 번역이 입에 맞지 않는다는 뜻이다.

시리즈물의 경우 주인공 성우가 정해지면 그 성우의 말투나 속도를 연상하면서 대사를 번역한다. 성우들은 자신이 고정적으로 맡아온 배우에 대한 집착이 대단하다. 담당 PD가 바뀌면서 시리즈물의 배역이 다른 성우로 바뀌게 될 때 성우들은 크게 반발한다. 어느 배우는 자신이 전매특허를 내놓은 것처럼 생각하기도 한다. 연기만 잘한다면 그런 태도는 프로정신으로 높이 사줄 만한 일이 아닐까 한다.

디즈니 사의 만화 더빙은 까다롭기로 유명하다. 국내 프로덕션에서 한 명의 배역에 대해 복수의 성우 음성을 샘플로 녹음해서 보내면 디즈니 본사에서 그 목소리를 듣고 원작의 목소리와 비교한 뒤 성우를 선정한다.

미야자키 하야오의 <하울의 움직이는 성(Howl's Moving Castle)>에서는 주인공 하울 역을 일본 가수 기무라 타쿠야가 맡았다. 외국에서는 만화영화의 주인공을 유명 배우들이 맡는 관례가 많다. 최근에 제작된 만화영화 <샤크(Shark Tale)>에는 윌 스미스, 로버트 드니로, 르네 젤위거, 안젤리나 졸리, 잭 블랙 등 유명 배우들이 대거 더빙에 참여했다. 물론 물고기들의 모습까지 배우들의 얼굴을 닮도록 만들었으니 더빙까지 맡긴 것은 어쩔 수 없는 선택이었을 것이다. 그러나 이것은 전문 성우들에게는 좌절감을 주는 캐스팅이기도 하다. 천문학적인 개런티를 받는 스타와 함께 녹음하는 성우들의 입장을 한번 고려해 볼 필요가 있지 않을까. 애니메이션의 성공을 위해 이미 유명해진 스타에게 의지하기보다는 목소리 캐릭터를 좀더 다양하게 개발하려는 프로덕션 측의 성의가 아쉽다. 성우를 제치고 배우가 더빙까지 하는 것은 승자가 모든 것을 가지는 자본주의 사회의 단면을 보는 것 같아 씁쓸할 때가 많다.

8. 더빙, 우리말로 혼을 불어넣는 작업

1. 그 고독한 입 맞추기

더빙은 화면에 우리말로 생명을 불어넣는 작업이다. 외화 더빙작가는 세상에서 제일 입맞춤을 많이 해보는 사람들인지도 모른다. 그것도 짝사랑의 고독한 입맞춤이다. KBS 외화 더빙 PD인 하인성 국장은 『입 좀 맞춥시다』라는 책을 쓰기도 했다. 번역 작가와 성우, PD, 엔지니어 등 모두들 화면 속 주인공과 입을 맞추기 위해 안간힘을 쓴다. 더빙은 많은 사람들이 참여하는 공동작업이다. 먼저 번역 작가가 대사에서 화면 속의 배우와 입을 잘 맞추어 놓아야 성우와 피디, 엔지니어 모두가 편안하게 작업을 할 수 있다. 수없이 NG가 나면 현장에 있는 번역 작가는 고개를 들 수가 없게 된다. 그것을 알기 때문에 외화 더빙 번역 작가는 한마디의 대사를 갖고서도 두 번, 세 번, 때로 긴 대사일 경우에는 열 번 이상도 입을 맞추느라 숨이 막히고 하얗게 밤을 지새우기도 한다. 입을 맞춘다는 것은 곧 원음을 죽이고 우리말로 다시 혼을 불어넣기 위한 준비작업이다. 속으로 맞춰보는 것만으로는 정확하지 않아 때로는 혼자서 영화 속의 주인공이 되어 모니터 앞에서 큰 소리로 원맨쇼를 하는 사람이 영화 더빙 번역 작가다.

원음을 죽이고 그 위에 번역 대사를 입히는 것이므로 무엇보다도 화면과 맞아야 한다. 주인공들의 입놀림이나 호흡, 대사의 길이가 화면과 일치되어야 함은 물론 제스처나 연기, 뉘앙스까지도 화면에 맞게 번역되어야 한다. 대개의 경우 번역이 길어지게 마련이어서 언어 구사에서 함축과 절제가 필수적으로 요구된다. 그것은 영상 번역가에게는 가장 어렵고 엄청난 시간과 노력이 드는 작업이면서도 도전해 볼 가치가 있는 예술적 행위가 된다. 유진 나이다(E. Nida)도 이점에서 책 번역과는 또 다른 영상 번역의 어려움을 강조했다.[34]

예 1)
<아름다운 세상을 위하여(Pay it forward)>에서 나이트클럽 웨이트리스로 일하는 젊은 엄마 알린(헬렌 헌트)의 대사는 너무 짧은 시간에 한 호흡으로 말하기 때문에 에센스만 골라 압축해야 한다.

Arlene Sorry I wasn't home. I had chance to pick up another shift. So, you know, I didn't have a choice. Are you mad?/

길이에 관계없이 모두 번역해 보면

알린 집에 못 가서 미안. 한 타임 더 뛰어야 하게 됐어. 그래서 있잖아, 어쩔 수가 없었어. 너 화났니?/

다음 대사를 침범하므로 이대로 다 녹음할 수는 없다. 따라서 필요한 부분만 골라내고 나머지는 생략하는 수밖에 없다.

알린 집에 못 가서 미안. 한 타임 더 뛰어야 돼서 그래. 화났니?/

예 2)
말이 빠른 배우들, 이를테면 줄리아 로버츠나 맥 라이언, 빌리 크리스틸의 대사도 역시 많이 압축해야만 더빙이 가능하다.

<미스틱 피자(Mystic Pizza)>에서 데이지(줄리아 로버츠)의 대사도 상상을 초월할 만큼 빠르다.

Daisy I'm poor, and I hate it. I admit it. I even thought I was desperate./
       But I'm not half as desperate as you are./

이걸 다 번역해 보면

데이지 난 가난해. 나도 그게 지긋지긋해. 인정한다고. 내 자신이 절망
       적이라고도 생각돼./ 하지만 너에 비하면 반만큼도 아니야./

이렇게 했을 경우에는 다음에 오는 남의 대사를 갉아먹게 된다. 시간을 측정해 가며 여러 번 맞춰본 결과 다음과 같은 길이로 정리되었다.

데이지 난 가난해, 나도 정말 싫어. 때론 절망적이기도 해./ 하지만 너
       에 비하면 난 아무것도 아니야/

여기서 half는 절반이란 뜻도 되지만 '거의 ~하지 않다'는 뜻으로 해석해야 한다. 구제불능인 '너에 비하면 난 아무것도 아니다'라는 뜻이다.

이런 취사선택의 작업 없이 있는 그대로 모두 번역을 한다면 더빙할 때 성우들이 곤경에 빠지게 된다. 입빠른 연기자가 설사 그것을 모두 구겨 넣는다 해도(번역해 놓은 대사가 너무 길어 총알처럼 빨리 대사를 처리해야 할 때 성우들이 흔히 이 말을 쓴다. "오늘 녹음은 구겨 넣느라고 혼났네") 너무 빨라 전달이 되지 않는다. 또 연기할 시간이 없어 대사를 총알처럼 읽게 되므로 자연스럽고 생생한 영화 대사가 되지 않는다.

물론 속도를 살려야 할 대사도 있다. 빠른 코미디 영화나 소리를 지르면서 떠들어대는 액션 영화의 경우, 대사의 속도감을 가능한 한 살려서 전체적인 흐름을 원작과 맞춰주는 게 중요하다. 속도감이 있

는 영화에서 대사의 가지를 지나치게 치는 바람에 너무 느리게 더빙이 되면 원작의 분위기가 살지 않을 수가 있다. 특히 말이 빠른 배우들이 나왔을 경우에 흐름에 맞추어 속도감을 살려주어야만 한다. 물론 전달이 잘 된다는 조건하에서다.

2. 관계설정과 어미 처리 — 시아버지도 '당신'이라고?

서양언어에는 존칭이 따로 없다. 물론 말끝에 'madam'이나, 'sir'를 붙이거나 이름 앞에 'Mister', 'Miss'를 붙여서 존경의 뜻을 나타내긴 한다. 하지만 어린이가 어른에게, 또 며느리가 시아버지 이름을 부르거나 'you'라고 지칭해도 무관하다. 그러나 우리말로 되었을 경우에는 호칭과 어미 처리로 존칭을 나타내기 때문에 시아버지를 당신으로 불렀다가는 이상한 번역이 되고 만다. 더빙 번역 초기에 남편 옆에 앉아 있는 남편의 친구에게 '당신은 요즘 뭐하고 지내세요?' 하는 번역이 있었다. 남편에게도 '당신' 그 친구에게도 '당신'으로 부른다면 이상한 관계가 되고 만다.

번역에 들어가기 전에 관계를 설정하고 그에 따라 호칭과 어미 처리 방식을 정해 놓아야만 일관성 있는 번역이 될 수 있다. 상대가 교사일 때는 선생님, 교수일 때는 교수님, 사령관일 때는 장군님 이런 식으로 호칭을 바꾸어야 한다. 때로는 호칭을 부르지 않고도 번역을 할 수 있다. 특히 바로 앞에 있는 인물에게 대사를 할 때 'you'라는 표현을 생략할 수 있다. 안정효는 『번역의 테크닉』이란 자신의 저서에서 인물들의 관계와 상하관계를 일관성 있게 표현하기 위해 소설 번역 때 자기 나름대로 화살표로 도표를 그려가며 표시해 두었다고 밝히고 있다.[35]

예 1) 시리즈 드라마 <라인 강의 철십자(Inside the Third Reich)> 중에서
나치에 협조해야만 살아남을 수 있는 상황에서 당국에 협조하고 있는
남편을 보면서 여주인공은 고민에 빠진다. 지성인으로서 고뇌에 빠진
며느리를 본 시아버지가 "이런 증오의 바다 속에서도 우린 살아남아야
한다"고 다독거리자 여주인공이 시아버지에게 "I love you"라고 말하며
포옹한다. 이때 "당신을 사랑해요"라고 번역한다면 어떨까? 우리 문화
에서는 수용되기가 힘들다. 그보다는 "잘 알겠어요" 또는 "아버님 그럴
게요"가 우리 정서에 더 맞지 않을까 한다.

예 2) 영화 <아름다운 세상을 위하여> 중에서

Eugene   It's an assignment I give out at the beginning of every year to
          inspire. I don't expect them to actually change the world. The
          whole ……．

Arlene   You don't expect them to change the w……．

Eugene   Excuse me. It's to get them to think, not walk on water. It's a
          very good assignment.

Arlene   You give them an assignment you don't think they can do? What
          kind of teacher are you?

Eugene   I didn't say that. You know? They make attempts. Every now
          and then they clean up a little graffiti before …… they lose
          interest.

Arlene   Hey this is my kid. You don't know him. You tell him he can
          do something, he gonna believe you. And when he can't, it's
          gonna wipe him out. They ought to fire your ass outta here right
          now.

Eugene   Well, you know, they probably won't do that because I filled a
          very excellent quota. I'm just this side of parking in the blue zone.

Arlene   Oh, so you think you can do whatever you want just 'cause your
          face is messed up?

Eugene   Mrs. McKinney, why don't you put down in writing your little
          and loud complaints, and I'll make sure they get put in the
          suggestion box.

유진	학기 초에 제가 학생들에게 영감을 주려고 내는 숙젭니다./ 세상을 바꾸라고 하는 게 아니라 그저……./
알린	세상을 바꾸라는 게 아니고 그럼……./
유진	잠깐만요. 생각해 보라는 거지, 기적을 행하라는 게 아니에요./
알린	애들이 할 수도 없는 숙제를? 무슨 교사가 그렇죠?/
유진	그런 말이 아닙니다. 한번 시도를 해보라는 거죠./ 무관심하게만 있지 말고……./
알린	이봐요, 우리 애를 통, 모르는군요./ 걔는 선생 말이라면 깜빡 죽어요./ 하라는 대로 못하면 미쳐버릴 거라고요./ 그따위로 가르치는 교사는 당장 쫓아내야 돼요./
유진	글쎄요, 학교에서도 전 함부로 해고하지 못할 걸요./ 장애인 할당 몫으로 들어왔으니까/
알린	아니 얼굴이 일그러진 게 무슨 훈장이라도 되는 줄 알아?/
유진	부인, 불만 있으시면 서면으로 써내시죠. 그럼 제가 투서함에 반드시 넣어 드릴 테니까요./

어휘력도 짧고 배운 것이 없는 젊은 엄마가 교양 있는 교사와 나누는 대사라는 점을 고려해 그 성격을 잘 드러내야 한다. '당신'이란 호칭은 애써 쓰지 않아도 대사가 가능하다.

이름은 일관성 있게 한 가지로 통일해야

존 케네디처럼 유명한 사람의 경우라면 존과 케네디를 둘 다 써도 무방하다. 그러나 콘스탄스 피터슨이라는 주인공이 있다면 물론 피터슨이 성이고 콘스탄스가 이름이지만 성으로 할 것인지 이름으로 할 것인지를 정하고 한 가지로 일관성 있게 나가야 한다. 이때는 부르기 좋고 시청자가 알아듣기 쉬운 쪽을 택하는 것이 좋다. 시청자가 이름을 혼동할 수가 있기 때문이다. 빅터 프랭클(Victor Frankle)이란 이름을 어느 때는 빅터로, 어느 때는 프랭클로 부른다면 시청자는 다른 사람으로 혼동을 할 수가 있다. 성과 이름 둘 다 꼭 써야 할 경우에는 처음에 성과 이름을 둘 다 몇 번 소개해 준 뒤에 때에 따라 이름으로, 또는 성으로 불러도 된다. 처음에 유진 시모넷(Eugene Simonet)으로 몇 번 소개해 준 뒤 다음부터는 유진으로만 불러도 된다.

메시지가 바뀌었다고?

예를 들어 <서부전선 이상 없다>, <지상에서 영원으로>, <콰이 강의 다리>, <플래툰>과 같은 전쟁 영화는 대개가 전쟁의 고통과 참혹함, 무용성, 소모성 등을 테마로 하기 때문에 주로 비판적인 시각에서 반전론자의 편을 강조하게 된다. 만약 어떤 반전 영화에서 전쟁에 비판적인 어느 장군의 성격이 'cautious'라고 묘사되어 있는 것을 번역자가 '소심한'으로 번역하고 전체적인 흐름을 그 쪽으로 끌고 간다면 '신중한' 장군으로 번역한 것과는 엄청난 차이가 나게 된다. 전과(戰果)보다는 부하의 생명을 더 중시하는 휴머니스트를 소심한 비겁자로 전락시키는 것이다. 이것은 번역자가 영화의 주제를 제대로 파악하지 못한데서 오는 오역으로서 대개 충분한 시간이 주어지지 않을 때 생기는 현상이다. 이러한 오류를 막기 위해서는 기획자 측의 사전 기획과 충분한 번역시간 배려 등 번역작업에 대한 인식 변화가 필수적으로 선행되어야 한다.

또 한 가지 경계해야 할 것은 영화가 번역이나 더빙 연출과정에서 의도적으로 왜곡되는 것이다. 스코트와 아문센의 남극 탐험을 다룬 다큐드라마 <지구의 최남단(The Last Place on Earth)>이란 영화를 예로 들 수 있다. 이 영화의 원작자나 감독은 온갖 수단과 방법을 가리지 않고 먼저 남극점에 도달한 아문센보다도 악천후 속에 조난당한 뒤에도 끝까지 용기를 잃지 않고 영국 신사다운 최후를 마친 스코드의 불굴의 정신을 그리고 싶었을 것이다. 이 영화가 영국에서 제작되었고, 스코트가 영국의 국민적 영웅으로 추앙 받는 점을 고려할 때 제작 의도는 더욱 뚜렷해진다. 그런데 만약 번역자나 더빙 연출자가 승리자인 아문센만 부각시키고 스코트를 허약한 패배자로 격하시킨다면 원작을 의도적으로 왜곡하는 것이 된다. 번역자나 연출자가 건강한 가치관을 가져야 하는 이유가 여기에 있다. 번역이란 출발 언어의 저자와 역자로서의 독자가 상호작용하는 복합적인 커뮤니케이션 행위[36]라고 볼 때, 번역자는 제시된 텍스트의 구조를 바탕으로 자신의 경험과 관련 분야의 지식에 의존해서 머릿속에 자기 자신의 장면을 만들어가게 된다. 이때 이해가 잘못되어 원작의 의도를 변경시키거나 왜곡시키게 되면 번역의 오류가 발생하게 된다.

3. 대사에는 분위기와 뉘앙스가 풀풀 풍겨야

문학 번역이 내용만이 아니라 문체를 살려야 하듯이 영화 대사 역시 원작의 뉘앙스와 분위기가 그대로 살아 있어야 한다. 아무리 화려한 미사여구도 원본의 스타일과 부합되지 않는다면 아무것도 아니라는 사실은 여전히 남는다. 번역자는 동의어를 수집할 때 그저 무질서하게 쌓아놓기만 해서는 안 된다. 작품의 문체에 따라 그 단어들을 조심스럽게 선택해야 한다. 모든 언어는 그 자체의 스타일을 갖고 있기 때문이다 ― 정서적이거나, 엄숙한, 또는 유머러스하거나, 상업성을 띠고 수용자에게 영합하는 스타일도 있다. 아주 간단하게 "죽는다(to die)"는 말을 예로 들어보자. 죽음을 나타내는 말은 수도 없이 많다.

He died (죽었다, 사망했다).
he passed away (저 세상으로 갔다).

he breathed his last (마지막 숨을 거두었다).

he gave up the ghost (세상을 하직했다).

he gathered unto his fathers (조상의 선산에 묻혔다).

he went the way of all flesh (육신의 굴레를 벗어났다).

he croaked (뻗었다).

he kicked the bucket (뒈지다, 뻗다).

he checked out (세상을 떴다).

그 밖에도 완곡한 어법으로 "he cashed in his chips", "he took the last count" 등도 '죽다'는 뜻으로 쓰인다.

영어의 경우도 이렇게 다양한 표현이 있지만 우리말로 '죽다'라는 표현의 다양함은 어느 인사의 죽음을 나타내는 신문기사로도 충분히 알 수 있다.

세기의 연인 재키 영면, 재클린 오나시스 별세, 재키 잠들다, 재키, 케네디 곁으로, 재키 저 세상으로, 우아한 퍼스트레이디, 역사 속으로, 재키, 시민들 오열 속에 잠들다, 재클린 케네디 타계.
교황 요한 바오로 2세 서거, 선종(善終), 타계, 교황, '영원한 평화'를 얻다. 그러나 세계는 '평화의 사도'를 잃다, 세계의 목자 잃다, 큰 빛 스러져. 자유의 옹호자 잃어.

유명인사의 죽음은 이렇게 여러 가지로 표현된다. 그런가 하면 사회면 기사에서는 '차에 치어 사망', '병원으로 옮기던 중 숨져', 'ㅇㅇ 기업 총수 별세', '자살로 생을 마감' 등으로 쓰고 있다.

결국 똑같은 죽음이라는 뜻을 표현하는데 이렇게 많은 표현이 쓰일 수 있다면 경우에 따라 가장 알맞은 말을 찾아내는 것이 글쓰기의 핵심적인 요소일 것이다.

러시아 상트페테르부르크 대학의 언어학자 시셰르바(L. V Shcherba)

는 언어를 네 가지 스타일로 나누었다.[37]

엄숙(solemn)	중성적(neutral)	구어체(informal)	비속어(vulgar)
countenance	face	mug	kisser
(용모)	(얼굴)	(수배자얼굴 낯)	(낯짝, 면상)
partake	eat	feed	gobble
(식사하다	(먹다)	(먹이다 밥 주다)	(게걸스레 퍼먹다
진지들다)			처먹다)

영화 대사라면 화가 나서 하는 대사인지, 비아냥거리는 대사인지, 반어법인지, 협박성 대사인지, 꾸짖는 대사인지, 체념하는 대사인지, 농담조인지, 뉘앙스를 정확하게 느끼고 파악해야 한다. 이럴 때 영상 읽기를 면밀히 할 필요가 있다.

영국의 문예비평가 존 러스킨은 『참깨와 백합』이라는 자신의 저서에서 어떤 사물을 가리키는 표현은 단 한 가지 단어밖에 없다고 말하면서 일물일어(一物一語) 법칙을 주장했다. 물론 이렇게까지 엄격한 언어구사를 한다는 것은 대단히 언어감각이 뛰어난 작가의 경우에나 가능할지도 모른다. 그러나 번역 작가 역시 그런 생각을 갖고 글을 쓸 필요가 있다.

예 1)
영화 <아메리칸 뷰티>에서 실직을 당한 뒤 잠자리에서 자기를 거들떠보지도 않을 뿐만 아니라 자위도 하지 못하게 하는 아내에게 남편이 하는 대사다. 식탁에서 딸이 지켜보는 가운데 내뱉는다.

Lester   Janie, today I quit my job.
          Then I told my boss to go fuck himself, and then, I blackmailed him
          for almost $60,000.
          — Pass the asparagus.

Caroline	—Your father seems to think …… this kind of behavior is something to be proud of.
Lester	And your mother seems to prefer that I go through life like a fucking prisoner……/
	While she keeps my dick in a Mason jar under the sink (Mason jar: 아가리가 큰 식품보존용 유리병).
Caroline	How dare you speak to me that way in front of her?/

레스터	제인, 오늘 아빠 회사 관뒀다./ (우쭐대며) 사장한테 한바탕 욕을 퍼붓고 6만 달러 내놓으라고 협박했지./
	야채 접시 이리 좀 줘./
캐롤린	(비꼬듯) 니네 아빠 그래놓구선, 꽤나 잘했다 싶은 모양이구나./
레스터	니 엄만 내가 죄수처럼 살길 바래./ 내 물건은 건드리지도 못하게 하고 날 팔자에 없는 홀아비로 만들어 놓고 말야./
캐롤린	애 앞에서 감히 그런 소릴!/

아스파라거스라고 하면 너무 길기도 하고 얼른 전달이 되지 않는다. 그러나 아스파라거스가 나중에 무슨 단서가 되거나 영화에서 식생활 문화를 전달하는데 꼭 필요한 내용이라면 반드시 살려야 한다.

사표를 던진 남편이 못마땅해 하는 뉘앙스를 표현하기 위해 '꽤나'라는 부사를 넣었다. 이 대사를 그대로 번역하면 '내 고추는 유리병에 넣어 싱크대 밑에 처박아 놓고선'이 된다. 곰곰이 생각해 보면 무슨 뜻인지 알겠지만 순간적으로 전달이 되지 않는다.

예 2) 영화 <센스 앤 센서빌리티(Sense and Sensibility)>에서

Mrs. D	Elinor has not your feelings, his reserve suits her.
Marianne	Can he love her? Can the ardour of the soul really be satisfied with such polite, concealed affections? To love is to burn — to be on fire. Like Juliet, or Guinevere or Heloise —

비디오 번역

어머니 네 언닌 너보다 감성이 약하다. 차분한 게 언니랑 어울리잖니?
마리앤 언니를 정말 사랑할까요? 정돈된 행동에 사랑을 느낄 수 있을
까? 사랑은 불타오르는 거예요.

어머니 대사를 "언니는 너보단 덜 감성적이니까 둘이 잘 어울리지 않을
까?"로 바꾸는 편이 어떨까 한다. 마리앤의 대사인 "언니를 정말 사랑할
까? 정돈된 행동……"은 약간 빗나간 번역이고 재미가 없다. "언니를
사랑할 수 있을까? 정열적인 남자가 교양 찾고 내숭 떠는 언니를?"로
바꾸어 주는 게 낫다. 'concealed affection'은 나중에 한 번 더 나오므로
일관성 있게 번역해 주는 게 좋다.
다음은 마리앤이 정체를 알 수 없는 바람둥이 윌러비에게 빠져들자 언
니 엘리너가 걱정을 한다. 그러자 마리앤은 사랑을 느끼는 덴 시간이
문제가 아니라고 말하면서 엘리너에게 상처가 될 만한 말을 한다. 그래
서 어머니가 너무 심하다고 자제를 시키는 대목이다.

Marianne But time along does not determine intimacy. Seven years would be
          insufficient to make some people acquainted with each other and
          seven days can be more than enough for others.
Elinor   Or seven hours in this case.
Marianne I feel I know Mr. Willoughby well already. If I had weaker, more
          shallow feelings I could perhaps conceal them, as you do—
Mrs D   Marianne, that is not fair—
Marianne I am sorry, Elinor, I did not mean…….
Elinor   I know. Do not trouble yourself, Marianne.
Marianne I do not understand her, Mamma.

비디오 번역

마리안 친해지는 건 시간이 문제가 아냐./ 7년이 걸릴 수도 있고 7일이
       걸릴 수도 있는 거야./
엘리너 네 경우에 7시간이지./
마리안 이미 그를 알 것 같아./ 내 감정이 호감 정도였다면 나도 감정을

　　　　감췄을 거야./
어머니　마리안 좀 심하구나./
마리안　미안해, 언니, 내 말은……./
엘리너　괜찮아./
마리안　언닌 이해가 안 돼요, 엄마./

"내 감정이 호감 정도였다면 나도 감정을 감췄을 거야." 이 대사만
보면 과연 언니를 겨냥하고 한 말인지조차 알 수가 없다. 원대사를
들을 수 있는 사람이라면 어렴풋이 짐작하겠지만 엘리너와 관계있는
대사인지는 전혀 알 수가 없다.

"그저 호감 정도였음 나도 내숭이나 떨었겠지. 언니처럼" 이렇게 언
니에게 상당히 실례되는 대사로 번역해 주어야만 뉘앙스가 살 것이다.

예 3) 영화 <아름다운 세상을 위하여> 중에서
교사 유진이 학생들에게 세상을 바로잡지 않으면 나중에 커서 사회에
나갔을 때 살기가 힘들다면서 말한다.

Eugene　Because unless you take the things that you don't like about this
　　　　world and you flip them upside down right on their ass. Don't tell
　　　　your parents I used that word.

유진　그래, 정말 그렇다. 세상에서 젠장 잘못된 걸, 확 뜯어고치지 않
　　　는 한 말야./ '젠장'이란 말 썼다고 고자질하진 말아./

여기서는 원문의 'flip them upside down'이란 말을 할 때 손가락으로
뒤덮는 제스처를 쓰기 때문에 화면과 맞도록 대사의 앞뒤를 바꾸어줘
야 한다. 대사 중에 1센트, 5회전 등 숫자를 말하면서 손가락을 보이거
나, 지도를 보며 여기에서 저기까지 하고 가리킬 때도 대사의 앞뒤를
바꾸어 대사가 그 제스처와 일치되도록 맞춰야 한다. 'ass(엉덩이)'라는

말을 쓰고는 비속어라고 생각한 것. 번역을 할 때 그 말이 들어가지 않았으므로 대신 '젠장'이라는 말을 넣었다.

대사를 순화한다고 해도 그 뉘앙스는 반드시 살리도록 노력해야 한다. 지나치게 순화시켜서 점잖게 번역할 경우 대사의 본래 맛을 잃게 된다.

체취가 풍기는 성격 살리기

법학도면 법학도로서, 과학도면 과학도로서, 어린이, 시골 아낙네, 지식인 등 모두가 자기 신분에 맞는 대사를 구사하게끔 번역되어야 한다. 어린이가 어른의 대사를 하고 있거나 시골 아낙네가 유식한 지식인의 대사를 하고 있다면 난센스로 들릴 것이다.

어린이에게 하는 아버지의 대사에서 '너희 아빠가 비진보적인 사람 아니다'는 '너희 아빠 앞뒤가 꼭 막힌 사람 아니다'로 바꿔주는 것이 어린이 시청자들에게 전달이 잘 될 것이다.

공상 만화영화에서 어린이가 하는 대사 중에 '외계인을 보면 친절하게 대하자는 공감대가 형성이 되어 있대'는 '외계인을 보면 정답게 굴자고 마을 사람들이 뜻을 모았대'로, '엄마는 나한테 애정이 없어'는 '엄만 날 사랑하지 않아'로, 번역해 주는 것이 자연스러울 것이다.

영화 <아름다운 세상을 위하여>에서 번역자는 시드니라는 건달의 껄렁한 성격을 살려주기 위해 고심을 해야만 되었다. 기자가 찾아와 '사랑의 피라미드' 운동을 누가 시작했느냐고 묻자 시드니가 자기 생각인 양 허풍을 친다.

Sidney   Man, it's like……. it's like the world is a shithole. I mean, excuse my French and shit right? And it's like……. I just thought, like, boom! (chuckles) Like the whole shit could be, like, better.

Chris	It didn't start with anyone else?
Sidney	No, nigger. That shit came from here. All right? The shit came from my head. I mean, I can't lie to you, man. I—I been through —through some heavy …… ass shit.
	But not no more. I mean, 'cause it changed me. And I'm changing this place, man. I mean, people are listenin' to me. People are stayin' clean. (chuckles) I mean, it's like some cosmic Aristotle shit. (chuckling) You feel me?

시드니	아, 그러니까, 세상은 시궁창이야, 험한 말 미안./ 그냥, 생각이 난 거지. 짜잔! 하고/ 그러면 시궁창에 볕이 들 것 같아서./
크리스(기자)	다른 사람이 시작했죠?/
시드니	(머리 가리키며) 젠장. 여기서 나왔다니까./ 이 머리통에서./ 왜 거짓말을 하겠수?/ 내가 그동안 껄렁하게 살다가 무지 고생했걸랑./
	이제는 아니야. 사람이 바뀌었다구./ 이 동네도 확 바꾸어 놨지./
	사람들이 내 말 한 마디에, 착하게 살고 있다구. (웃음)/ 갑자기 법 없어도 살, 그런 사람들로 바뀌더라니까. (웃음) 감이 와?/

참고로 이 영화에서 'shithole'은 주인공 트레버가 처음 쓰기 시작한 말로 영화의 키워드가 될 말이므로 통일해 주는 게 좋다.

영화를 잘 살펴보면 배역뿐만 아니라 배우들의 성격에 따라 대사도 달라지는 것을 알 수 있다. 스펜서 트레이시처럼 사실주의적 경향의 배우는 실제 생활에서 볼 수 있는 것과 같은 유의 조용하고 사실적인 연기만 하고 때로는 거의 연기를 하고 있지 않은 것처럼 보인다. 극적인 효과를 노려서 과장하는 때가 거의 없으므로 번역할 때에도 그 성격에 맞게 진솔하고 과장이 없어야 한다.

4. 이질적인 외국 문화의 충격을 어떻게 완화할까

TV 외화는 전파 매체의 특성상 고유문화와 충돌이 되는 이질적인 외국 문화를 빠른 속도로 파급시키므로 충격적인 것은 순화하여 방송에 알맞게 고치고 때로는 각색할 필요도 있다. 「번역과 매스커뮤니케이션: 문화적 역동성의 증거로서의 영화와 TV 영상물의 번역(Translation and Mass-communication: film and TV Translation)」이란 논문에서 더크 델라바스티타(Dirk Delabastita)도 오토 헤세-쾌크(Otto Hesse-Quack)의 말을 빌려 더빙과 자막 번역에서는 미디어의 특성상 수용문화와 그 언어에 맞추어 번역될 수밖에 없음을 지적하고 있다.[38] 그에 따르면 오토는 "매스미디어는 그 사회·문화의 반영자(reflector)인 동시에 그 틀을 만드는 형성자(moulder)이므로 미디어 번역행위는 문화의 파수꾼(gatekeeper)역할"이라고 했다. 자막과 더빙 번역에서 사투리와 속어(슬랭)가 사라지고 원작이 표현한 사회적 비판의 강도가 약화되고, 포르노나 동성애 등과 같은 외설적인 요소가 걸러지고, 독일의 경우 나치시대에 대한 암시가 삭제되고 있다고 주장했다.[39]

우리나라에서도 1970년대 초에 수입된 영화 <졸업(The Graduate)>이 국내 영화관에서 상영될 때 어수룩한 대학 졸업생인 더스틴 호프만이 관계를 맺었던 여자는 자기 애인의 어머니(앤 반 크로프트)였으나 우리말 자막 번역은 '고모'로 되어 있었다. 아마도 심의기준에서 미풍양속을 해치는 경우에 해당되었을 것이다.

제3공화국 때에는 장발을 혐오하는 통치자의 취향 때문에 어떤 영화에서 머리가 긴 히피족 남자가 여자로 둔갑되어 번역된 적도 있다. 이것은 통제된 사회에서 있었던 하나의 에피소드에 불과하지만 독재자가 번역에도 영향력을 행사할 수 있었다는 점에서 시사하는 바가 크다. 물론 폭력물에 나오는 난폭한 대사나 불륜을 다룬 영화의 난잡

한 대사 등은 순화될 필요가 있을 것이다.

어린이와 청소년의 모방 범죄와 저급한 문화의 침투를 막기 위해 TV 외화 심의는 상당히 엄격하게 시행되고 있다. 예를 들어 'make love'는 '성교를 한다'는 뜻이지만 꼭 원의를 살려야 할 필요가 있을 경우에는 '잠자리를 한다'로, 더 순화되어야 할 필요가 있을 때는 '데이트를 한다', '침대에 있었다'로 완곡하게 표현해야 한다. 순화시킨답시고 'make love'를 '명상을 한다'거나 '독서를 한다' 등으로 전혀 원의와 상관없는 것으로 바꾸는 것은 원작의 의미를 왜곡하는 것이 된다.

또, 할리우드 영화에서 심한 미국 우월주의 또는 백인 우월주의가 나타나 있는 경우, 이를 중화시키도록 노력해야 한다. 그 자체를 비판하는 영화라면 물론 다르다. 그대로 드러내서 보여주면서 비판을 받도록 놓아두어야 할 것이다. 그러나 예를 들어 무슨 일이 잘 풀렸을 때 툭하면 자기들끼리 자랑스러워하며 "This is America!"를 연발할 때 "여기는 민주 국가니까" 또는 여긴 "자유 국가니까"로 바꾸어준다. 미국이라는 것을 꼭 강조해야 하는 상황이라면 물론 그대로 살려야 할 것이다. 그러나 말버릇처럼 또는 우월감에서 하는 대사일 때는 바꿔주어도 된다.

예 1)
영화 <아메리칸 뷰티>의 첫 장면은 딸 제인이 남자 친구 리키에게 아버지에 대해 불평하는 대사로 시작된다. 제인의 아빠 레스터는 회사에서는 정리 해고되고 가정에서는 무능한 남편으로 구박을 받는 40대의 무기력한 가장이다. 제인은 자기 친구만 데려오면 아빠의 행동이 수상해 진다고 생각한다.

Jane I need a father who's a role model, not some horny geek-boy
     who's gonna spray his shorts whenever I bring a girlfriend home

from school.

What a lame-o. Somebody really should put him out of his misery.

Ricky　　Want me to kill him for you?

Jane　　Yeah, would you?

비디오 번역

제인　　난 번듯한 아빠를 원해./ 내 친구나 넘보며 팬티에 사정하는 아빠 말고./

저질!/ 누가 아빠를 없애버렸으면 좋겠어./

리키　　내가 없애줄까?/

제인　　그래 줄 수 있어?/

첫 대사부터 심의에 걸릴 대사들이다. 개봉관에서는 그대로 번역해도 될지 모르지만 지상파 방송에서는 순화하지 않으면 방영 불가 판정을 받기 쉽다.

'번듯한 아빠'라는 말도 조금은 어폐가 있다. 번듯하다는 말은 좋은 직장에 나가고 돈도 잘 벌어오는 그런 아빠로 연상이 된다. 그보다는 원문에서 모범적이라고 했으니까 '점잖은 아빠였음 좋겠어'가 더 낫지 않을까. 그 다음으로 "who's gonna spray his shorts whenever I bring a girlfriend"를 '내 친구나 넘보며 팬티에 사정하는 아빠 말고'라고 번역한 대목이 심의에 걸리기 쉽다. '내 친구나 넘보며 침이나 흘리는 아빠 말고'로 순화시키는 게 안전하다. 리키의 대사 "Want me to kill him for you?"는 다행히도 비디오 번역에서도 '죽인다'로 하지 않고 '없앤다'로 순화시켜 놓았다. "What a lame-o!"도 '저질'로 표현하는 것은 너무 심하다. '정말 못 말려' 또는 '창피해'가 어떨까 한다.

예 2)

<아메리칸 뷰티>에서 레스터가 샤워 중에 자위하는 장면이 나온다. 이 장면은 지상파에서 방영될 때에는 완전 삭제되었다.

예 3)

영화 <비포 선라이즈(Before Sunrise)>의 후편이라고 할 수 있는 <비포 선셋(Before Sunset)>에서는 수줍고 풋풋하던 청춘기를 보내고 9년 만에 다시 만난 두 남녀가 이제 원숙한 성인이 되어 성에 관한 이야기노 스스럼없이 털어놓는다.

Jesse	Well, at least now we don't have to pretend that each new sexual experience is like a life altering event.
Celine	I know, by now, you know you've stuck it in so many places, it's like, about to fall off.
Jesse	I mean, you know, I can't realistically expect you to have become anything but a total ho, at this point.
Celine	Yeah, thank you.
Jesse	No, I'm sor…….
Celine	That's true, what can you do?

제시	적어도 이젠 새로운 상대와 섹스를 할 때마다 대단한 사건인 냥 내숭 떨지 않아도 되잖아./
셀린느	그래, 넌 하도 많은 여자랑 자봐서 지금쯤 그게 떨어져 나갈 지경이겠다.
제시	그래, 너도 남자랑 하도 많이 해서 매춘부가 다 되었겠다.
셀린느	그래, 고맙구나.
제시	미안…… 내가 너무…….
셀린느	사실인데, 그거야 어쩌겠어?

개봉관이나 비디오 자막용이라면 섹스나 매춘부로 번역해도 상관이 없을지도 모른다. 그러나 불특정 다수가 시청하는 지상파 방송에서는 어린이와 청소년에게 미치는 정서적인 충격을 고려해서 대사를 순화해야 한다. '섹스'는 '잠자리'로 '매춘부'는 '프로'로, '떨어져 나갈 지경'은 '다 닳아 없어질 지경'으로 바꾸어주는 것이 좋지 않을까 한다.

5. 대사의 의미는 상황으로 파악해야 한다

예를 들어 'Good morning', 'Guten Morgen', 'Bonjour'와 같은 인사말을 '좋은 아침', '좋은 날'로 번역하는 것은 어떤가. 그렇다면 'Good evening'은 '좋은 저녁'으로, 'Good night'는 '좋은 밤'으로 'Good afternoon'은 '좋은 오후'로 번역해야 될 것이다. 요즘 젊은 세대 사이에서 '안녕하세요' 대신 '좋은 아침'이란 인사말이 흔히 쓰이고 있는 현상은 서구 문화의 영향 때문이겠지만 번역자의 탓도 크다고 생각한다. 자구에 매달리는 번역으로는 그 상황을 제대로 전달할 수가 없다. 같은 'Good night'도 때에 따라 '잘 가!', '안녕!', '잘 자'로 번역되듯이 같은 대사라도 상황에 따라 번역이 달라질 수 있다.

해석학적 번역 이론 주창자인 파리통역대학원의 마리안 레더러 교수는 의미(sense) = 뜻(meaning) + 문맥(context)이라는 등식을 내놓았다. 대사를 단어 하나하나의 의미보다도 상황으로 파악해야 한다는 뜻이다. 또 하나의 예를 들어보자.

예 1) 영화 <4시의 악마(The Devil at Four O'clock)> 중에서

두난 신부   퍼로우? 프랑스계요?/ 그럼 그 이름 덕을 보겠군./
           그래서 당신을 보낸 모양이오./ 수도원도 점점 영리해 지고
           있다니까.

이 대사에서 우리는 '프랑스인이라면 왜 덕을 본다는 것일까?'라는 의문을 갖게 된다. 그러나 이 영화 대사 속에는 아무 데도 그 이유가 나타나 있지 않다. 텍스트를 거시적으로 상황 분석을 해보면 영화의 배경이 타히티 섬 옆에 있는 탤루아 섬으로서 프랑스령이라는 것을 알게 된다. 이 대사 뒤에도 퍼로우 신부가 자신이 프랑스계라고 하자

주민 중 한 사람이 '그럼 불행 중 다행이군요' 하는 대사가 나온다. 이것도 역시 그곳이 프랑스령이라는 사실을 모르고서는 이해가 되지 않는다. 따라서 '그래서 당신을 보낼 무양이군'을 빼고 '여긴 프랑스령이니까 말이오'를 넣는 것이 영화 이해에 도움이 될 것이다.

영화 <여인의 향기(Scent of a Woman)>에도 이렇게 상황으로 판단해야 할 대사가 있다. 장님인 프랭크 대령은 자신을 돌봐주는 아르바이트생 찰리와 함께 비행기에 올라타고 뉴욕으로 생의 마지막 여행을 떠난다. 프랭크 대령은 비행기 안에서 스튜어디스의 향기만 맡고도 여자의 이름을 알아맞힌다. 물론 대령은 향기에 관한 한 비누든 향수든 족집게처럼 알아맞히는 코를 갖고 있다. 그렇다면 향수로 사람의 이름을 알아내는 것이 과연 가능할까?

예 2)

Charlie   How did you know her name?

Frank   Well, she's wearin' Floris. That's an English cologne. But her voice is California chickie. Now California chickie bucking for English lady— I call her Daphne. Oh, big things may happen to that little thing of yours.

상황에 대한 판단 없이 원문 그대로 번역해 보자.

찰리   이름을 어떻게 아셨어요?

프랭크   아, 플로리스 향수를 뿌렸는데, 그건 영국제거든./ 하지만 억양은 캘리포니아 아가씨야./ 캘리포니아 아가씨가 영국 숙녀티를 낸 거지. 그래서 다프네라고 부른 거야. 작은 것만 봐도 큰 걸 알 수 있거든.

이 번역에서는 도무지 왜 다프네라고 부르는지 알 길이 없다. 향수를 영국제 플로리스를 써서 영국 숙녀티를 낸다고 이름이 다프네라니 의문이 풀리지 않는다. 여기서는 대령이 향수 냄새에 대해서는 동물적인 후각을 지니고 있는 상황을 파악해야 하고, 다프네라는 이름이 어디서 왔는지에 대한 지식, 다시 말해 그리스 신화를 알아야만이 대사를 하는 이유를 알 수가 있다. 다프네는 그리스 신화에서 아폴로 신에게 쫓겨 월계수로 변신한 요정의 이름이다. 그리스 신화에 익숙한 서양 사람들에게는 이 대사가 아무런 설명 없이도 쉽게 이해되지만 다프네를 모르는 사람들은 도무지 이해할 길이 없다. 영화를 보고 집에 와서 나중에 찾아보면서 유추를 해봐야만 한다. 번역자는 관객에게 영화를 보는 순간 다프네를 이해할 수 있도록 해주어야 한다. 원대사와 관객 사이에 존재하는 간극(gap)을 메워주는 일이 번역자의 역할인 것이다. 그래서 상관없는 대사를 빼고 거기에 '다프네는 그리스 신화에서 변신의 요정이거든'이란 대사를 넣어주는 것이 친절한 번역이 될 듯하다. 필자라면 마지막 대사를 빼고 이 대사를 넣을 것이다.

TV에서 더빙 번역이 될 때는 그대로 번역해 놓고 자막을 넣고 싶어 하는 피디도 있을 것이다. 그러나 더빙 영화에서 자막의 남발은 그다지 좋은 방법이라고 할 수 없다. 수많은 불특정 다수의 시청자를 상대로 하는 더빙에서는 내용을 대사 속에다 녹여서 표현하는 것이 영화를 편안하게 시청하도록 해주는 방법이라고 생각된다.

6. 영상언어를 읽어 더 생생한 번역으로

영상 번역 작가는 영상을 읽을 줄 알아야 한다. 대사만으론 내용을 알 수 없는 영화도 있고, 대사 없이 영상으로 많은 것을 이야기하고 있는 영화도 있기 때문이다. 보이는 이미지를 통해 보이지 않는 주인공의 가치관과 신념, 당대의 풍속과 분위기를 파악할 수 있다. 이미지(영상)에 대한 마르크 페로의 말대로, '하나의 몸짓이 한 문장이, 하나

의 응시가 긴 이야기가 될 수 있다는 생각은 참으로 견딜 수 없을 만큼 가슴 벅찬 일'이다.[40]

영화 <아메리칸 뷰티>를 제대로 번역하기 위해서는 제인이 친구인 리키의 표정을 잘 관찰할 필요가 있다. 그는 비록 마약에 절어있고, 아버지나 주위 사람들에게서 아무 쓸모없는 폐인으로 간주되고 있지만, 주인공 레스터와 함께 이 영화의 키워드인 일상의 아름다움, 세상 만물 속에 깃든 생명력을 꿰뚫어볼 줄 아는 인물이다. 그는 레스터가 총에 맞아 숨져 있는 모습을 신비롭다는 듯이 음미한다. 죽은 사람의 얼굴에서 어떻게 그런 미소가 나올 수 있을까 하고 들여다보며 거기에서 어떤 경이로운 아름다움을 찾는 듯하다.

레스터는 총에 맞아 죽어가면서 하는 마지막 대사에서 "이 세상엔 아름다움이 너무나 많아 아무리 험한 일을 당했다 해도 도저히 화를 낼 수가 없다"고 말한다. 죽는 순간 자신의 삶에서 보았던 아름다운 것들이 주마등처럼 스쳐 지나가기 때문이다. 아내는 돈만 알고 10대인 딸은 부모에게 반항하고 자신은 실직하고 햄버거 가게에서 아르바이트를 하고 있지만, 죽는 순간 생각해 보니 아내와 딸은 그지없이 아름다운 사람들이었고, 세상엔 그토록 아름다운 것들이 많았던 것이다.

또 영화 <줄리아 줄리아(Julia and Julia)>에서 두 명의 줄리아는 누구누구인가? 그것은 환상 속의 줄리아와 현실 속의 줄리아 두 사람을 말하고 있다.

파스빈더의 <마리아 브라운의 결혼(Die Ehe der Maria Braun)>은 영상물 중 읽을 거리가 가장 많은 작품에 속할 것이다. 첫머리에 히틀러의 사진이 화면을 가득 메우는 것은 무슨 의미인가? 파스빈더는 화면을 가득 채우는 히틀러 사진으로 사람들의 생활을 지배하고 있는 독재자의 존재를 부각시키고 있다. 전쟁 뉴스와 함께 축구경기를 중계하는 라디오 방송이 계속 배경으로 깔리는 것은 역시 사람들의 삶을 피폐하게 하고 있는 전쟁 상황과 독재 정권이 국가의 명운을 걸고 스포츠에만 중점을 두고 있음을 보여주는 것이다.

마지막 장면에서는 전후에 경제 부흥을 일으킨 독일 수상들의 이름이 화면에 차례로 올라가고 독일이 월드컵 대회에서 우승했다는 뉴스가 터져 나오지만 주인공 마리아는 가스 폭발로 죽음을 맞는다. 이것은 국가의 경제는 부흥되었지만 마리아의 정신상태는 극도로 피폐해졌음을 의미한다. 남편 헤르만이 거액을 받고 다른 남자인 오스왈드에게 자신을 넘겨주기로 계약을 했다는 이야기를 듣고 자신의 운명을 결정짓는 일에서 자신이 철저히 배제된 사실에 더 이상 살아갈 기력을 잃게 된 것이다. 또한 영화 전편에서 계속 졸고 있는 할아버지는 기존 가치관의 붕괴를 가리키고 있다고 할 수 있다.

이렇듯 <마리아 브라운의 결혼>에는 은유와 상징의 기호가 빼곡히 박혀 있다. 영상언어 읽기는 롤랑 바르트가 '의미의 세 가지 층위'[41])에서 말했듯 1단계 정보적인 층위(communication, 의사소통의 층위), 2단계 여러 가지 상징으로 이루어진 의미작용(signification)의 층위, 3단계로 의미화의 층위(significance)를 활용하면 도움이 된다. 1단계 정보적인 층위는 무대장치, 의상, 등장인물들, 인물들의 관계와 그 관계로 내가 알게 되는 모든 지식 등을 파악하는 단계인 초기 기호학이다. 2단계 층위는 은유와 상징을 읽어내는 것이고, 3단계는 메시지의 수취인이자 독해의 주체인 나를 맞으러 오는 의미, 다시 말해 내 머릿속에 자연스럽게 떠오르는 의미를 말한다.

영상언어를 읽는 연습은 관조적인 회화를 보는 연습에서부터 시작된다. 빈센트 반 고흐의 <구두>라는 그림에서 사람이 신는 쓸모 있는 물건으로서의 용도 이외에 화가가 한 인간의 구두를 통해서 말하고자 하는 삶의 진실은 무엇인가를 위의 기호학을 이용해 읽어낼 수가 있다. 에마뉘엘 드 비테의 그림 <버지널을 치는 여인이 있는 실

내>에서 침대 속에 숨겨 놓은 구레나룻의 남자를 통해 화가가 나타내고자 했던 시대상과 알레고리는 무엇일까? 또 얀 베르메르의 그림 <연애편지>에 나타난 주인공들과 배경의 특징은 무엇인가?

영화뿐 아니라 사진과 회화 등 시각예술을 분석하는 데도 바르트의 기호학은 유용하다고 하겠다. 영상읽기를 통해 키이츠의 말대로 "들리는 멜로디는 아름답다. 그러나 들리지 않는 멜로디는 더욱더 아름답다(Heard Melodies are sweet, but those unheard are sweeter)"는 체험을 한다면 영화 번역 작가는 보이지 않는 아름다움까지도 대사에 녹여 표현할 수 있을 것이다. 요하네스 베르메르의 <진주 귀고리를 한 소녀>라는 그림 한 점을 보고 17세기 네덜란드로 돌아가 화가와 모델과의 사랑 이야기를 구성해 베스트셀러를 탄생시킨 소설가도 있다.[42] 그 이야기는 2003년 한 편의 영화로 만들어졌다.

7. 비속어는 어떻게 얼마나 순화시켜야 할까

영화 <아름다운 세상을 위하여>에는 'shit'과 'shithole'이 키워드처럼 나온다. 주인공 트레버가 세상은 사람이 살기에 너무나 험악한 시궁창이라고 생각하고 만나는 사람마다 이 이야기를 한다. 따라서 일관성 있게 한 가지로 통일해서 번역해 주어야 한다. "The world is shithole." 말 그대로 하면 '똥구더기'지만 방송에 부적절한 비속어여서 시궁창 정도로 순화시켜 보았다.

'damn'은 '빌어먹을', '젠장'으로 'son of bitch'는 '망할 자식', '나쁜 자식' 등으로 순화시키게 된다. 그러나 극한적인 전쟁 상황이라면 좀 더 과한 욕을 쓸 수가 있다. '미친 새끼', '개새끼' 등도 아주 드물게 용납되기도 하지만 일반적이지는 않다.

특히, 어린이 영화나 만화의 경우에는 국내 작품보다도 심의 기준이 까다로워서 '너 죽어!', '놈', '왕따' '짱', '당근', '롱다리', '숏다리'라는 표현조차도 삼가도록 되어있다.

스티브 시걸 주연의 갱 영화 <복수무정(Out for Justice)>에는 도저히 그대로 번역할 수 없는 표현이 나온다. 갱 단원들이 하는 대사에는 "I'll break your fucking head" 또는 "I'll cut off your fucking head"가 다반사로 나오고 더 심하게는 이런 대사도 있다.

"Tell him I'll cut off his head and piss down his throat."

이런 경우에는 방송에서 허용될 수 있는 가장 심한 욕설로 바꾸어주는 수밖에 없다. "가서 전해. 잡혔다 하면 뼈를 다 부셔버리겠다고." 이것도 심하다면 "가서 전해, 잡혔다 하면 뼈도 못 추리게 될 거라고" 정도로 완화한다. "분쇄기에 넣어 갈아버리겠다." 이런 대사도 곧잘 나오지만 그대로 번역하진 못한다.

외화 더빙 번역 작가들은 욕을 시원하게 하지 못해 스트레스가 쌓일 지경이라고들 말한다. 원문 그대로 "놈"이나 "년"이라는 표현도 되도록 쓰지 않는다. 번역했다간 시청자의 정서를 해친다고 해서 방송 심의에 걸리게 되기 때문이다.

허용되는 욕이란 고작 '젠장', '빌어먹을', '망할', '제기랄' 정도이다. 어린이 프로에서는 이런 표현도 써서는 안 된다. 개봉관이나 비디오 번역에서는 허용되는 표현이라도 방송에서는 금지된다. 그것은 방송은 보다 공공성을 띠는 매체이고 국민정서와 언어생활에 미치는 파급효과가 크기 때문이다.

때로는 국내 드라마나 영화에서는 허용되는 비속어라도 외화에서는 쓰지 못하는 경우가 많다. 우리 영화 <친구>가 방송에서 나갈 때 심한 비속어가 난무하는 장면은 내용을 순화해서 다시 더빙해 방영한 사례만 보아도 방송이 공공성을 띠고 있는 매체임을 알 수 있다.

대사와 대사 사이의 갭 매우기

만화영화 <우주 가족 젯슨(Jetsons)> 중에서

Jane   Aunt Eckla, I'd like you to give George another chance to get to know him the way we know him.

Eckla   How do you people afford the medical bills?

George   Touche, aunt Eckla. Ha Ha. I love that rapier wit.

조지가 난폭하게 모는 차를 타고 오느라 계기판 밑에 쑤셔 박혀서 고생했던 숙모는 화가 나서 조지를 계속 못마땅해 한다. 그러자 조지의 아내 제인이 한 번만 더 기회를 주라고 말하자 숙모가 내뱉는 말이다.

제인   숙모님, 애들 아빠한테 한 번만 기회를 주세요. 자기 본 모습을 보여줄 수 있게요.

에클라(숙모)   너희들 의료비는 어떻게 감당하니?

조지   졌어요, 숙모님(웃음), 숙모님 유머 솜씨는 알아줘야 돼요./

여기서 에클라 숙모의 대사를 의료비에 대한 걱정으로 번역해서는 얼른 이해가 되지 않는다. 이것은 난폭 운전하는 조지의 차로 오느라고 고생을 많이 한 숙모가 그렇게 차를 몰다간 사고가 많이 날 테니 의료비를 어떻게 감당하느냐고 비아냥거리는 내용이다. 대사와 대사 사이에 갭이 있는 것이다. 그래서 앞 대사와 연결 지으며 이렇게 번역해 보았다.

"기회를 한 번 더 줬다간 내가 제 명에 못 죽게?"

이렇게 되어야만 다음의 대사와도 자연스럽게 연결이 된다. 영화에서는 이런 상황이 자주 발생한다. 상황을 알고 대사 사이의 갭을 메우려는 노력이 있어야만 전달이 가능하다.

8. 고유명사의 번역

전투기 'B2 스피릿'을 'B2 정신'으로, 화성탐사 로봇 '스피릿'을 '정신'이라고 번역한다면 우리는 이미 난센스라고 생각한다. 외래 고유명사가 우리의 언어생활 속에 깊숙이 들어와 있어 그 정도의 이질적인 요소는 충분히 소화할 수 있는 문화가 된 것이다.

동계 올림픽 종목 중에 봅슬레이라는 스키 종목이 있다. 눈과 얼음으로 만들어진 코스를 핸들과 브레이크가 붙은 강철제 썰매로 활주하는데 속력과 스릴로 인해 보는 이에게도 큰 쾌감을 준다. 스위스의 알프스 지방에서 발달된 이 봅슬레이를 그저 '눈썰매'라고만 밋밋하게 번역한다면 이국적인 재미와 호기심이 반감할지도 모른다.

따라서 고유명사는 마땅히 그대로 음역해야 한다. 국립 국어원에서 만든 외래어 표기법에 따라 음역을 하는데 대개 그 이름이 속한 나라의 발음을 존중해서 번역하고 있다.

동경(東京)은 '도쿄'로 북경(北京)은 '베이징', 주은래(周恩來)는 '저우언라이', 모택동(毛澤東)은 '마오쩌둥', 조자양(趙紫陽)은 '자오쯔양'으로 표기한다. Paris는 영어권에서는 아직도 패리스라고 하지만 불어의 발음을 존중해서 파리로, 파리 센 강 좌안에 있는 공원 Jardin du Luxembourg는 '뤽상부르' 공원으로, Michell Foucault는 '미셸 푸코'로 음역한다.

미야자키 하야오의 만화영화, <하울의 움직이는 성>에 나오는 '마르클'이라는 이름은 국적 불명의 고유명사가 되고 말았다. 영어의 'Markl'을 번역한 것인데 원작의 배경이 영국이면 당연히 영국식 발음을 존중해 '마클'로 음역해 주어야 한다. 일본인들이 발음이 잘 되지 않아, '설리먼(Sulliman)'을 '사리만'으로, '캘시퍼(Calcifer)'를 '가루시파'로 부른다 해도 우리가 그들의 발음까지 따라갈 필요는 없다. 우리말은 어떤 나라의 고유명사도 원음대로 표기하고 발음하는 것이 가능하기 때문이다. 그러나 작가나 감독이 원한다면 그들의 주장을 따르는 수밖엔 없다. 레이건 전 미 대통령의 이름이 본인의 요청에 따라 리건에서 레이건으로 바뀌게 된 것과 마찬가지이다.

9. 전문용어는 전문가의 조언을 받아 정확하게

미군 계급에서 장군 급인 스타는 우리나라와 같다. Brigadier General이 준장, Major General이 소장, Lieutenant General이 중장, General이 대장, General of the Army가 원수이다.

군대 계급에서 자주 혼동하는 것이 영관급이다. 흔히 대령으로 번역하지만 계급장이 노란색 꽃인지, 은색 꽃인지 독수리인지를 확인해야 한다. 독수리일 경우에만 대령(Colonel), 은색일 때는 중령(Lieutenant Colonel), 노란색일 때는 소령(Major)이다.

위관 급의 중위와 소위도 자주 헷갈린다. 은색의 막대기 두 개를 이어놓은 Captain이 대위, 한 개인 First Lieutenant가 중위, 노란색 막대기 하나인 Second Lieutenant가 소위이다. 황금색보다는 은색이 계급이 더 높다는 것을 알 수 있다. Warrant officer(4종)는 우리말로 위관급 다음의 계급인 준위와 같다.

그 다음으로 잘 혼동하는 것이 우리의 부사관급인 미군의 하사관(Sergeant) 계급이다. 갈매기 세 개에 밑줄 세 개 가운데 별 한 개인 Sergeant Major가 우리나라 부사관 급의 원사, 원사 계급장에서 별이 없는 Master Sergeant가 상사, 갈매기 세 개에 밑줄 두 개인 Sergeant first class가 중사, 갈매기 세 개에 밑줄 한 개가 있는 Staff Sergeant가 하사와 같은 계급이다.

병(enlisted)으로 내려오면 갈매기 세 개인 Sergeant가 병장, 갈매기 두 개인 Corporal은 상병, 갈매기 한 개에 밑줄 한 개로 마감한 Private First Class가 일병(PFC), 갈매기 하나인 Private이 이병이다. 영화 대사에서 Sergeant라고 부를 때 계급장에 따라 병장에서부터 하사, 중사, 상사, 원사까지 다양한 계급으로 분류될 수 있으므로 계급장을 잘 살펴야 한다.

또 한 가지 군대 영화에서 상당히 예민한 부분이기도 하고 자칫 실수하기 쉬운 것이 소위, 중위와 부사관급 사이의 대사 처리 문제다. 소위, 중위는 계급은 더 높지만 군대 경력이 풍부하고 나이도 자신들 보다 훨씬 더 많은 부사관급을 결코 무시하지 못한다. 서로 깍듯하게 예의를 갖추고, 특히 소위, 중위는 부사관 급에게 존댓말을 써야 한다.

군대 영화에서는 공식적인 대사는 '~다', 와 '~까'만 사용하는 것이 관례로 되어 있다. '죠', '해요', '어요', '이에요' 등은 사용하지 않는다. 그러나 사적인 대사에서는 꼭 그럴 필요는 없을 것이다. 자신의 계급이나 지위를 벗어 던지고 솔직하고 인간적인 면모를 보이는 대사를 하는 경우가 있을 것이기 때문이다.

그 밖에 일반 시청자나 관객들에게 생소한 전문용어를 써야 할 때, TV 더빙일 경우에는 자막을 넣어주는 방법이 있다. 또는 좀더 쉬운 말로 바꾸어 이해를 돕기도 한다. 그러나 내용이 의학드라마처럼 전문적일 때에는 전문용어를 쓰고 자막을 넣는 편이 메디컬 드라마의 분위기를 살리는 번역이 될 수 있다.

10. 참기 힘든 '오버'의 유혹

가끔 외화 더빙 번역을 보노라면 "사돈 남 말하네", "네 놈이 뛰어 봤자 부처님 손바닥 위에 있어", "누이 좋고 매부 좋고", "내 손에 장을 지진다", "우물에 가서 숭늉 찾을 놈이네", "며느리가 미우면 발뒤

꿈치도 밉다더니", "그 나물에 그 밥이라고", "떡 줄 놈은 생각도 않는데 김칫국부터 마시네", "갓 쓰고 자전거 타기야"와 같은 대사들을 볼 수 있다. 또는 당시에 인기 있는 연속극이나 개그맨들이 마든 유행어를 대사 속에 넣는 번역자들도 있다.

"그 쭉쭉 빵빵 한 번만 더 만났으면", "너 그 롱다리 오빠한테 뽕 갔구나"
"걔 정말 짱이야", "우리 반에선 내가 캡이야", "당근이지"
"춘섭이 같은 놈", "심형래 같은 놈"

이런 식의 지나치게 토속적인 표현과 비속어들이 난무하는 것을 볼 수 있다.

물론 전달은 더 잘 될지 모르지만 원작의 공간에 어울리지 않기 때문에 분위기를 해치고 품위를 떨어뜨리는 번역이 되고 만다. 번역작가는 때로 오버하고 싶은 유혹을 느껴도 참아야만 한다. 도저히 그대로 해서는 전달이 안 된다고 할 때에도 이런 표현보다는 버터 냄새도 김치 냄새도 나지 않는 중성적인 표현을 택하는 편이 낫다.

11. 번역의 전략 ― 미세스 다웃파이어를 중심으로

1) 거시적인 면

(1) 영화의 특징
미국 사회를 배경으로 하고 있고 부정과 가족애를 매우 재미있게 그린 코믹 가족 드라마. 1인 2역의 여장 남자 출연. 주인공이 성우이고 미국 문화적인 요소가 많이 들어있다(1993년 작품).

(2) 번역본의 기능
방송용, 더빙용.

(3) 번역본의 목적
방송을 통해 방영되어 시청자에게 즐거움과 함께 가족의 소중함을
일깨워주기.

2) 미시적인 면

(1) 주요 인물의 성격 살리기
다니엘(40대 남) 유머가 풍부한 성우(로빈 윌리엄스 분)로서 다정다감한
가장이지만 소신이 뚜렷해 자기 신조와 맞지 않는 사람과는 일을 하지
않는 성격이어서 툭하면 실업자 신세가 된다. 유능한 아내를 두고 있고
세 아이의 아버지이다. 역할에 따라 크게 네 가지 성격을 연기하고 있다.
첫째, 그지없이 자상한 아버지로서의 역할, 둘째로는 다웃파이어 부인
으로 분장했을 때의 저음에다 교양 있고 점잖은 영국 부인 역할, 셋째
는 아내에게 접근하는 남자를 봤을 때 질투심을 드러내는 짓궂은 남편
의 역할, 넷째 천의 목소리를 가진 유능한 성우 역할이다. 특히 다웃파
이어 역할에서는 미란다 역의 당차고 활발한 샐리 필드와 비교되게 차
분하고 슬기로워 보이는 영국 여인의 대사를 잘 살려야 한다.

미란다(40대 여) 다니엘의 아내(샐리 필드 분)로 인테리어 업체를 하는
유능한 전문직 여성. 활달하고 자신만만한 말투와 매력적인 외모를 지
녔다. 도저히 견디지 못할 결혼생활은 과감하게 청산하는 등 결단력도
있다. 하지만 아이들을 위해서라면 최선을 다하려고 노력하는 전형적
인 중산층 중년 여성.

스튜(40대 남) (피어스 브로스넌 분) 일로 만난 사이지만 자신감 있고
세련된 미란다에게 점차 매력을 느낀다. 성격은 그다지 자상하지 못하
고 무뚝뚝한 편이지만 미란다의 아이들에게 호감을 갖고 있고 자신의

부와 남성미를 과시하려는 경향이 있다.

리디아(10대 여) 다니엘과 미란다의 딸. 부모의 이혼으로 동생들을 돌봐야 하는 부담을 싣고 있고, 심지 망홍노 하시던 섭에서 쫓겨난 아버지를 안쓰럽게 여기는 착한 딸.

크리스(10대 남) 다니엘과 미란다의 아들. 아버지에 대한 사랑은 리디아 못지않지만 감정을 자제할 줄도 아는 성격.

나탈리(6~7세 여) 막내딸로 유치원생. 순수하고 천진난만한 아기 천사 같은 성격이어서 아이들을 좋아하지 않는다는 스튜도 완전히 반해 버린 귀여운 소녀.

런디(60대 남) 방송사 사장으로서 인기 없는 어린이 프로를 두고 고민하던 중 다니엘의 재능을 알아보고 미세스 다웃파이어라는 퍼스낼리티를 만들어낸다. 친화력과 추진력 있는 성격이어서 첫 만남에서 다니엘과 의기투합한다.

(2) 키워드 찾기

이 영화의 키워드는 단연 '성우'와 '가족', '부정'이라고 할 수 있다. 그 밖에도 자주 나오는 문제는 '이혼' '양육권', '변장(분장)'이다.

(3) 감독에 대해(크리스 컬럼버스)

해리포터 시리즈, 영화 <나 홀로 집에(Home alone)>의 감독으로 어린이용 블록버스터를 제작해 내는 탁월한 재능을 지니고 있다. 또한 <나인 먼스(Nine Months)>, <그렘린(Gremlin)> 등의 시나리오를 쓴 작가여서 그의 작품에서는 대사의 맛도 느낄 수 있다. 직접 티브이에 출연하기도 하는 등 감독 자신도 주인공 다니엘처럼 재미있고 다재다능한 인물이다.

(4) 원작자에 대해(앤 파인)

이 영화의 원작 『마담 다웃파이어』로 유명해졌지만 원래부터 위트와 풍자, 가족 관계에 대한 예리한 통찰력이 장기인 작가. 영국 도서관 협회에서 수여하는 카네기 메달을 수상했다. 어릴 때부터 코믹한 소설을 읽으며 자라 코믹하면서도 풍자적인 작품을 많이 쓰고 있다.

(5) 문화적인 요소 살리기

미국적인 비유가 많아 그대로 번역해서는 전달이 되지 않는 경우가 많다. 우리에게 많이 알려졌고, 케이블 티브이에서 방영도 하고 있는 <오프라 윈프리 쇼>라든가 유명한 가수 엘비스 프레슬리 정도는 살려도 되겠지만 요리 전문가인 줄리아 차일드(Julia Child), 요리의 한 종류인 대게(Dungeness crab), 코미디언 그루초 마르크스(Groucho Marx)와 치코(Chico), 배우 월터 휴스톤(Walter Huston) 등은 전달기능이 없어 자막을 달지 않는 한 전달이 거의 불가능하다.

게다가 로빈 윌리엄스의 대사는 워낙 빨라서 자막을 넣기도 힘들다. 때에 따라 적절하게 이질화시키기도 하고, 번역이 불가능할 때는 각색이나 동일화시키기도 한다.

(6) 립싱크

다른 인물들과 달리 다니엘 역의 로빈 윌리엄스는 빠른 대사를 잘 구사하는 것으로 유명하다. 물론 말이 빠른 성우에게 배역을 맡기겠지만 우리말로 그렇게 빨리 말했다간 의미가 전달이 되지 않을 위험이 있다. 코미디는 속도감이 필요한 장르이니만큼 어느 정도 그런 분위기를 지켜주면서도 전달이 잘 되도록 대사의 길이를 조절해 나가야 한다.

미세스 다웃파이어(Mrs. Doubtfire)

(못 말리는 이혼남 아빠의 애끓는 부정)

번역 박찬순

주연: 로빈 윌리엄스/샐리 필드
감독: 크리스 콜럼버스
러닝타임: 2시간 5분
극장 개봉: 1993년 11월, 12세 관람 가
수상: 1994년 아카데미 분장상, 골든 글로브, 아메리칸 코미디 연기
상(로빈 윌리엄스)

감상 포인트

천의 목소리와 타고난 순발력을 갖고서 실업자 남편에서 교양 있는
영국 여인으로 둔갑해 1인 2역을 완벽하게 소화해내는 로빈 윌리엄
스의 연기는 언제 보아도 압권이다. 실업자에 이혼까지 당한 가장의
지극한 부정이 가슴 뭉클하고, 아역 배우들의 천진스런 연기도 즐거
움을 더한다. 샐리 필드의 도시적이고 활발한 미국식 말투와 교양미
넘치면서 기품 있는 다웃파이어의 영국식 말투를 비교해 보는 맛도
있다. <나홀로 집에> 감독의 코미디 연출 솜씨를 엿볼 수 있는 작품.

줄거리

뛰어난 연기력을 지닌 성우 다니엘(로빈 윌리엄스 분). 그러나 자기
소신이 뚜렷한 그는 툭하면 실직당하고, 아이들과 함께 집안을 난장
판으로 만드는 대책 없는 가장이다. 참다못한 아내 미란다(샐리 필드
분)는 이혼을 선언하고, 양육권도 빼앗아 간다. 다니엘은 몇 시간이
라도 아이들과 지내고 싶어 영국 귀부인 다웃파이어로 변장하고 가
정부로 들어온다. 사랑이 깃든 보살핌에 아내와 아이들은 감쪽같이
속아 넘어 가는데, 아내가 남자친구 스튜(피어스 브로스넌 분)와 사
귀기 시작하자 슬슬 질투심이 고개를 든다. 마침 미란다의 생일 파티

가 열리는 식당에서 다니엘은 프로그램 아이디어를 내기 위해 방송
사 사장과 만날 기회를 갖게 된다. 옷을 바꿔입어 가며 두 테이블을
바쁘게 오가던 그는 스튜의 접시에 고춧가루를 듬뿍 치고 내숭을 떨
고 있는데…….

주요 장면 대본
다웃파이어 부인이 처음으로 미란다의 집을 찾아가 이야기를 나누는
장면만 소개하려 한다. 여기서부터 다웃파이어라는 인물의 성격이
드러나는 부분이어서 매우 조심스럽게 번역해야 할 대목이다.

9. 미란다의 집

다웃파이어	아가씨, 주제넘은 일 같지만 남 앞에서 어머니께 말대꾸 하는 건 좋지 않지요/	Dear, I don't think it's appropriate to argue with your mother in front of a stranger.
리디아	아빠랑 몇 시간 보내는 게 왜 안 되냐구요?/	I just don't see why we can't spend the extra time with Dad.
다웃파이어	그 말은 맞습니다. 아빠만큼 좋은 분이 또 있겠어요?/	Maybe she's right, dear. Maybe their father would be a more appropriate person.
미란다	전 그렇게 안 봐요/	No, I don't think so.
다웃파이어	그래요?/	Really?
미란다	(호흡) 이건 내 잘못이 아냐, 아빠가 일자리도 얻고 좋은 아파트도 구하고 나면……/ 어떤 남자냐 하면요……/	It's not my fault, honey. If he would get a job and a decent apartment ……. You see, he's the kind…….
다웃파이어	실례지만 부인, 아빠 험담을 하실 때는/ 아이들을 내보낸 뒤에 하시는 게 어떨까요? 음?/	Excuse me, dear. I'm sure you'd want the children to step out of the room……. before you verbally bash their father, Hm?
미란다	오 (호흡) 큰 실수 할 뻔했네요! (웃음)/ 죄송해요/	If I did that, I might never see them again. I'm sorry.

다웃파이어	괜찮아요/	No harm done.
미란다	맞아요/	You're right.
다웃파이어	별말씀을/	You're welcome.
미란다	전적으로 맞아요/	You're absolutely right.
다웃파이어	상담치료사는 아니지만, 보기 민망해서/	I'm not a therapist. I just see what I see.
미란다	(호흡) 알아요/	I know.
	이층으로 올라갈래?,	Why don't you guys go on upstairs?
	잠시 후에 갈게/	I'll be up in a minute.
다웃파이어	만나서 반가워요/	It's lovely to meet you.
나탈리	(웃음)/	
크리스	반가웠어요/	Yeah, nice to meet you.
다웃파이어	리디아두/	You too, Lydie.
	다들 활기찬데요/	Oh, they're a spirited bunch.
미란다	네/	Yes.
다웃파이어	리디아가 엄마한테 불만이 많군요/	Especially Lydie. She's got daggers for you.
미란다	알아요/	I know.
	저한테 많이 화났을 거예요/	They're very upset with me right now.
다웃파이어	이혼 때문이겠죠/	Probably the divorce.
미란다	어떻게 아세요?/	How did you know?
다웃파이어	척 보면 알죠/ 아빠 얘길 하는 걸로 봐서요/	You can sense it, dear - the way she talks about her father.
미란다	그래요?/	Really?
다웃파이어	멀리 해군에 간 것 같진 않군요. 보고 싶어 하는 걸 보니, 가까운 곳에 계신데요/	I don't think he's in the Navy, the way she's saying she misses him. It's like he's nearby.
미란다	그래요/	Yes.
다웃파이어	오 가슴 아파라/	Oh, that's so sad.
미란다	차 한 잔 하시겠어요?/	Would you care to have a cup of tea?
다웃파이어	아 네 좋죠/	I'd love that.

미란다	(웃음) 저리 가세요/	It's right in here.
다웃파이어	오 예쁘기도 해라/손수 꾸미셨나요?/	What a lovely home you have. Did you decorate this yourself?
미란다	네 그래요/	Yes, I did.
다웃파이어	정말 안목이 있으세요. 분위기가 우아한데요/	Oh, it reeks of taste! Isn't this lovely, dear!
미란다	고마워요/	Oh. Thank you.
다웃파이어	이게 제 이력섭니다/	Here's my resume.
미란다	오 고마워요/ 차 끓일게요/	Oh. Thank you. Let me start this tea.
다웃파이어	아네요. 제가 끓일게요/ 하루 종일 힘드셨을 텐데 앉아서 쉬세요 사모님/ 차 같은 건 제게 다 맡기시고(웃음)	Oh, no, dear. Let me get that for you. You've had a hard day. You just sit yourself down on that stool and leave the tea to me.
미란다	고마워요, 어쩜 이렇게 푸근할 수가/	Thank you. That's very nice of you.
다웃파이어	오 별말씀을/	Oh, not at all, dear.
미란다	와 이력이 화려하시네요/	Oh. What a wonderful resume.
다웃파이어	고맙습니다/	Thank you, dear.
미란다	응급구조와 심폐술 전문가시라구요?/	"Expert in first aid and CPR."
다웃파이어	목에 걸린 이물질도 빼구요/ 어린 자녀들이 있을 땐 언제나 준비해야죠/	And Heimlich manoeuvre, dear. You can never be too prepared when little ones are around.
미란다	으흠/	Uh hm.
다웃파이어	뭐든 잘 삼키니까, 얼른 토하도록 해줘야 돼요. 음?/ 오 어디 보자/ 어머나, 찬장을 어쩜 이렇게 잘 정돈해 놓으셨을까/ 이것 좀 봐, 이름표까지 달	They'll swallow anything. You've got to be ready to pop it out. Oh, let's see. Oh! What a perfectly appointed little cubby! Look at this. Everything has its place

	아서 딱딱 제자리에 놓고/	and name tag.
	정갈하기도! 살림꾼이셔/	How precise! It's lovely.
미란다	남편은 전혀 몰라줘요/	My husband never appreciated it.
다웃파이어	저런 무지랭이/	Oh. Poor dolt.
	설마 그 때문에 이혼하신 건 아니죠?/	That's not the reason you divorced him, was it?
미란다	아녜요/	No.
다웃파이어	(한숨) 가엾어라. 결혼이란 큰 축복인데/	It's so sad, because marriage can be such a blessing.
미란다	이혼도 그렇던데요/	So can divorce.
다웃파이어	오/	Oh.
미란다	그인, 같이 살기 참 힘든 남자예요/	Daniel is a……. very difficult man to live with.
다웃파이어	오/	Oh.
미란다	애들은 죽고 못 살지만/	But the children are crazy about him.
다웃파이어	그건 점쟁이가 아니라도 알겠던데요 (호흡)/	You don't have to be a psychic to sense that.
미란다	어쩜, 주방 일이 몸에 배신 분 같으세요/	My, you certainly do know your way around a kitchen.
다웃파이어	오, 허, 글쎄요/ 아마도 깔끔하게 정돈돼 있어서겠죠/	Oh! Uh……. It's just because everything is so accessible.
미란다	(웃음)/	
다웃파이어	워낙 잘 꾸며 놓으셔서/	You designed it.
	스푼에다가도 꼬리표를 달아두시죠(웃음)/	I'm amazed there isn't a little label there that says "spoons".
미란다	꼭 누굴 닮으신 것 같아요	You remind me of someone.
다웃파이어	그래요? 누구죠?/	Really? Who?
미란다	오랫동안 알고 지낸 분 같은 느낌도 들고/	I feel like I've known you for years.
다웃파이어	오, 아마 전생에 아는 사인가보죠(웃음) 오/	Maybe we knew each other in another life. (chuckles)

12. 더빙 대본의 부호

더빙 번역 시 번역자와 연출자, 기술자, 성우 사이에 약속된 부호가 있다. 호흡과 간격은 사선(/)으로 표시되는데 대사가 잠시 거기서 끊기고 호흡을 한 뒤 다음 대사로 넘어간다는 뜻이다.

/:   단순히 짧게 호흡하기 위해 잠시 멈출 때.
      메리: 우린 결혼해요./ 오는 9월에/

//:   다음 대사와 5초~10초 정도 사이가 벌어지면서 침묵이 흐를 때 혹은 장면이 바뀔 때.
      아버지: 어제 저녁에 어디서 잤니?
      아들: (침묵)//
      아버지: 어제 어디서 잤느냐고 물었다./

///:   음악이나 효과음이 나오면서 다음 대사와 간격이 10초 이상 벌어질 때.

E: Echo(메아리)의 머리글자로 기술적으로 메아리가 되도록 녹음될 대사. 신의 음성이나 꿈속에 나타난 사람의 목소리, 유령 소리, 큰 성이나 동굴 속, 또는 산 속에서 하는 대사도 메아리가 되므로 에코로 처리한다.
      (산 속에서) 존: (E) 어머니!/(x)

F: Filter의 머리글자로 TV나 전화, 인터폰을 통해 들리는 대사. 방송사에 따라 필터의 첫 자만 따서 (필)로 표시하기도 한다.
      제니: (F) 여보세요?/ 전 소피아 친구인데, 지금 집에 있나요?

EF: 에코와 필터가 함께 들어가는 대사.
      예: 공항 아나운서나 야구장 스피커에서 나오는 소리. 그러나 야구장에서 아나운서 얼굴이 보이면서 마이크만 통할 때는 에코 처리만 한다. 에코가 다시 필터 처리된 경우를 EF로 표시한다.

공항 아나(EF): 보스턴 직행 TWA 481편에 탑승하실 승객께서는 5번 출구로 탑승해 주시기 바랍니다.

x: Echo나 Filter 대사가 끝났다는 표시.

에코와 필터 대사에는 밑줄을 그어 강조해 주는 경우가 많다. 그럴 경우 x표는 따로 할 필요가 없다.

맥가이버: (F)여보세요?/ 여긴 모스크밥니다./ 손톤 국장님 계십니까?/(x)아, 국장님이세요?

Off: 마이크에서 조금 떨어져서 하는 대사.

매리: (Off)그게 어디 갔지?/ 여기다 뒀었는데./

On: Off 했다가 다시 마이크 가까이 와서 하는 대사.

매리: (On)여보!/ 찾았어요. 여기 있는 걸 갖고서./

Op: Optical의 약자로 인디언의 대사라든가 싸우는 장면 등 번역할 필요 없이 원음을 살리고자 할 때.

추장: (Op)
통역: 무기를 갖고 있다면 우선 내려놓으라는데요./
인디언들: (Op)
대령: 뭐라고들 아우성치는 거지?
통역: 백인들은 총을 쏴서 나쁘답니다.

O.S.: Out of sight의 약자로 화면에는 보이지 않지만 그 인물이 대사를 하고 있다는 뜻. 원대본을 읽을 때 참고할 것. 실제로 번역대본에서는 거의 사용하지 않는다.

O.L: 두 대사가 겹쳐서 나온다는 뜻. 앞의 대사가 끝나기 전에 치고 들어가는 쪽 대사에만 표시함. 방송사에 따라 (겹)으로 표시하기도 한다.

조지: 여보/ 한 번만 더 참아줘요./
키티 (O.L): 나도 이젠 지쳤어요. 더 이상 당신 얘기 듣고 싶지 않아요.

더빙 대본 작성 요령

① 제목과 함께 그 영화의 핵심적인 캐치프레이즈가 될 만한 말을 골라내 제목 밑에 달아준다. 한 문장으로 그 영화를 파악할 수 있을 정도로 강한 메시지를 주도록 정리되어야 한다.

② 주연배우 이름과 러닝타임, 극장개봉일과 관람 가능 연령, 수상 경력 등의 영화에 대한 정보를 제공한다.

③ 감상 포인트는 절대 길게 쓰지 않는다. 여섯 줄 정도면 충분하다. 너무 길면 읽지 않게 되므로 없는 것이나 다름없다. 무엇이 특징이며 어떤 점을 감상하면 더 즐겁게 볼 수 있을 것이라는 안내문이 되도록 쓴다.

④ 줄거리는 영화 내용을 쓰되 핵심만 골라 짧게 써야 한다. A4용지로 15~16줄 정도로 작성한다. 성우와 엔지니어, PD가 녹음 스튜디오에서 볼 더빙용 원고로 바뀌었을 때(B4용지) 제목과 감상 포인트, 줄거리가 한 장에 모두 들어갈 수 있도록 작성한다. 한 눈에 전체를 파악할 수 있도록 하기 위해서이다.

⑤ 첫 문단 그리고 문단이 바뀔 때는 스페이스 바를 두 번 누른 뒤 시작한다.

13. 영화 제목 짓기

캐나다로 유학 갔던 교수가 현지 친구에게 <빨간 머리 앤>을 아느냐고 물었다. 아마도 원작이 Red Hair Anne이라고 말했을 것이다. 캐나다의 유명한 작가 L. M. 몽고메리의 작품인 만큼 틀림없이 알고 있으리라고 믿었지만 그 친구는 그런 작품은 아마도 없거나 자신은 모른다고 대답했다. 그 교수는 나중에 귀국해서야 그 작품이 「초록 지붕 밑의 앤(Anne of Green Gables)」이라는 사실을 알게 되어 실소를 금치 못했다. 제목은 번역될 때 이렇게 색깔이 바뀌기도 한다. 이 작품은 일본에서 맨 처음 만화영화로 제작될 때 <빨간 머리 앤>으로 제목이 정해지면서 초록 지붕이 빨간색으로 바뀌었다. 그렇다면 <초록 지붕 밑의 앤>이라는 제목을 붙였어도 일본이나 우리나라에서 그처럼 폭발적인 인기를 끌었을까?

요즘은 거의 영화를 외국어 그대로 음역해서 개봉하고 있다. 그러나 다정한 뜻이 담긴 제목으로 바꿀 때 더 호소력 있게 관객들에게 다가가는 경우도 많이 보게 된다. <고스트(Ghost)>는 말 그대로만 하면 '유령'이지만 <사랑과 영혼>으로 번역되어 관객들의 큰 호응을 받았다. 2005년에 개봉된 <히치(Hitch)>는 <Mr. 히치: 당신의 데이트 코치>로 비교적 친절하게 번역되었다. 2004년에 개봉된 영화 <퀸카로 살아남는 법>도 <민 걸스(Mean Girls)>를 재치 있게 번역한 것이다. <10일 안에 남자친구에게 차이는 법(How to lose a guy in 10 days)>, <사랑할 때 버려야 할 아까운 것들(Somethings gotta give)> 등도 쉽고 재미있는 번역들로서 한 번쯤 보고 싶게 만드는 제목들이다.

TV에서 방영될 때 개봉 시의 제목과 달라지는 경우도 있다. 개봉 시의 제목으로는 별로 득을 보지 못할 것이라는 계산에서 보다 정서적인 제목을 짓기도 한다. 그래서 강철처럼 끈질긴 미국 남부 여인의 생명력을 다룬 <철목련(Steel Magnolia)>은 원래 뜻과는 다소 동떨어진 <못다핀 꽃>으로, <야간배달부(Night Porter)>는 <비엔나의 밤은 우수에 젖어>로, <해리와 톤토(Harry and Tonto)>는 <황혼의 여로>로, 10대의 풋사랑을 다룬 영화 <16 candles>는 <아직은 사랑을 몰라요>로 바뀌어 방영되었다. 물론 개봉 당시의 제목이 너무 유명하다면 티브이에서 방영할 때 영화 제목을 바꾼다는 것이 시청률을 올리는 데 별로 도움이 되지 못한다. 그러나 <디 아워스(The Hours)>, <나라야마 부시

코(The Ballad of Narayama)>, <클로저(Closer)> 등 무슨 뜻인지 알 수 없는 제목들이 관객에게 얼마나 호소력이 있고 흡인력이 있을지 한번 생각해 볼 필요가 있다. 이들 작품은 원작의 문학적 가치나 작품의 완성도 면에서도 매우 가치 있고 볼 만한 영화였지만 손님을 끄는 데는 그다지 성공하지 못한 영화들이다. 반드시 흥행을 위해서라기보다도 관객이 작품에 쉽게 접근할 수 있도록 해주기 위해서, 소통의 미학적인 측면에서 제목 짓기에 대한 고민은 더 많이 해봐야 할 것이다.

14. 더빙 대본 샘플

더빙 대본 샘플

SBS 영화특급 블레이드
(인간의 영혼, 영웅의 심장, 불멸의 힘을 가진 그가 온다!)

번역 최익성

주연: 웨슬리 스나입스/스티븐 도프
러닝타임: 115분
극장 개봉: 1998년 11월, 18세 관람 가

감상 포인트
<블레이드>는 인간과 뱀파이어의 혼혈종인 주인공처럼 고전 공포 영화와 테크노 액션이 결합해 탄생한 최첨단 혼혈 영화이다. 금속성으로 통일한 차가운 이미지의 세트와 사무라이를 연상시키는 웨슬리 스나입스의 액션 연기는 세련의 극치를 달린다.
<파워 오브 원>에서 앳된 소년의 모습을 보여주었던 스티븐 도프의 음산하고 카리스마적인 배우로의 180도 변신, 오랜만에 등장한 가수

크리스 크리스토퍼슨의 모습을 볼 수 있는 점도 보너스다.

줄거리

뱀파이어에게 물린 출산 직전의 산모가 병원 응급실로 실려 온다. 산모는 끝내 사망하고 그녀 몸속에 스며든 뱀파이어의 피는 아이의 운명을 뒤바꾼다. 반은 인간, 반은 뱀프로 태어난 비극적인 운명의 블레이드(웨슬리 스나입스)는 자신의 운명을 저주한 뱀프에 대해 피의 복수를 맹세한다. 인간 세계에서 새로운 비밀 국가를 형성, 인간과 은밀하게 섞여 살아가고 있는 뱀프들. 지역 지구장을 맡고 있는 혼혈종 프로스트(스티븐 도프)는 지도부의 경고를 무시한 채, 자신의 세력을 빠른 속도로 확장시키기 위해 무자비한 인간 공격을 자행한다.

프로스트의 반란이 거세지면서 뱀프 지도부는 프로스트의 활동에 서서히 공포를 느끼지만 그를 막기에는 이미 역부족. 그러나 프로스트가 가장 두려워하는 존재는 인간과 뱀프의 우성 유전인자만을 이어 받은 혼혈종 블레이드.

블레이드는 자신만의 은신처에서 혈액 전문의 카렌과 무기 제조상 위슬러와 함께 뱀프 살상용 무기를 개발하고 뱀프 세력을 서서히 와해시킨다. 한편, 인간 세계와 지하 세계를 모두 정복하기 위해 야심에 찬 음모에 착수한 프로스트. 마침내 수천 년 동안 해독되지 못한 경전의 암호를 풀어내 세상에서 가장 강력한 힘을 가진 '라마그라(피의 신)'로 부활할 수 있는 방법을 찾아내고 새로운 뱀프 제국 건설은 초읽기에 들어가는데……

2쪽 샘플

등장인물

※ 나오는 순서대로
※ 중요도에 따라 ★●▲
※ #뒤의 숫자는 처음 등장하는 신

바네사	(여, 25)	#1, 11, 18	● 블레이드 엄마
남간호사	(남, 30)	#1	
여의사	(여, 30)	#1	

라쿠엘	(여, 25)	#2	▲ #2에만 등장
데니스	(남, 25)	#2	▲ #2에만 등장
문지기 1	(남, 30)	#2	
뱀파이어 1	(남, 25)	#2	
뱀파이어 2	(남, 25)	#2	★ 주인공(원 이름 에릭)
퀸	(남, 40)	#2	★ 프로스트의 오른팔. 풍채 좋은
경비 1	(남, 30)	#2, 18	
경찰 1	(남, 40)	#2	
소방관 1	(남 20)	#2	
경찰 2	(남, 30)	#2	
조수	(남, 30)	#2	
커티스	(남, 30)	#3, 20	▲ 카렌의 예전 남자친구
카렌	(여, 30)	#3	★ 여주인공. 혈액 전문의
여 1	(여, 30)	#3, 9	
여 2	(여, 30)	#3, 9	
여 3	(여, 30)	#3, 9, 10	
남 1	(남, 30)	#3, 9, 10	
남 2	(남, 30)	#3, 9	
경찰 3	(남, 30)	#3	
위슬러	(남, 50)	#4	★ 블레이드의 사부
드래고네티	(남, 40)	#5	★ 뱀파이어 회의 의장
팔린타인	(남, 40)	#5	▲ 뱀파이어 회의 부의장
프로스트	(남, 30)	#5	★ 변종 뱀파이어 군단의 대장
에스퍼	(남, 60)	#5	● 뱀파이어 회의 원로, 블레이
친구	(남, 30)	#6	드의 친구
크리거	(남, 30)	#9	● 뱀파이어의 추종자
무전남	(남, 30)	#9, 11, 18	
문지기 2	(남, 30)	#10	
경비 2	(남, 30)	#10, 18	
경비 3	(남, 30)	#10, 18	
바텐더	(남, 40)	#10	
파티남 1	(남, 30)	#11	

파티걸 1	(여, 25)	
파티걸 2	(여, 25)	
파티걸 3	(여, 25)	
파티걸 4	(여, 25)	
빨간 셔츠 남	(남, 30)	#11
파란 눈 화장	(여, 25)	#11
머큐리	(여, 25)	#11
펄	(남, 10)	#12
소녀뱀파이어	(여, 15)	#12
크리스	(남, 30)	#12
패거리 1	(남, 30)	#12
의원 1	(남, 50)	#12
의원 2	(남, 50)	#14, 21
소녀	(여, 10)	#16
의원 3	(남, 40)	#21
여제물 1	(여, 30)	#21
러시아 남	(남, 40)	#22
러시아 여	(여, 30)	#22

★ 프로스트의 여자
● 괴물, 어린아이 목소리

2쪽 등장인물 작성요령

① 나오는 순서대로 나열한다. 중요도 표시는 따로 하므로 주인공부터 나열할 필요가 없다.

② 남녀, 신분, 성격, 특징을 짧게 표시한다. 설명이 길지 않도록 조심한다. 한눈에 그 인물을 파악할 수 있어야 한다. 특히 등장인물과의 관계를 밝혀주는 것이 좋다.

③ 인물이 처음 등장하는 장면(신)을 #를 붙여 표시한다. 성우와 PD, 엔지니어가 등장인물을 찾아 들어가기 쉽도록 하기 위해서이다. 번역자는 A4 용지로 작성하고 실제 녹음실에서는 B4를 사용하므로 번역자와 PD가 대사에 대해 논의를 하려고 할 때 페이지가 맞지 않아 곤란을

느낄 때가 많다. 신을 표시해 주면 출연 장면을 찾기가 편리하다. 장면은 번역자가 임의대로 분류하되 20~23개를 넘지 않도록 조절한다.

④ 인물의 중요도에 따라 ★, ●, ▲ 등으로 표시한다. 한글 프로그램으로 작성할 때 입력에서 문자표로 들어가 찾아 넣으면 된다. PD가 캐스팅을 할 때 참고로 하기 위해서이다.

⑤ 남자 혹은 여자 1, 2, 3, 4, 5, 6, 7, 8로 표시하기보다는 행인, 경비, 병사, 파티걸 등 어떤 인물인지 밝혀주는 편이 좋다. 원 대본에는 남녀로만 표시된 경우가 많아 수없이 많은 남녀가 번호만으로 나열될 수 있다. 그럴 경우 배역을 할 때나 성우가 연기를 할 때 인물의 성격이 제대로 파악되지 않는다.

본문 작성 요령

① 제공 회사, 주연배우, 제작, 감독 등의 자막은 나오는 순서대로 소개한다. 사이사이에 대사가 들어가 있을 경우도 있으므로 진한 글자체로 바꿔준다.

② E(에코), F(필터) 처리는 엔지니어가 세심한 주의를 기울여야 하므로 얼른 눈에 띄도록 밑줄로 표시해 준다.

③ #(신) 표시와 OP(옵티컬 살리기), Off, On, OS(out of sight) 등은 진한 글씨체로 한다.

④ 호흡도 경우에 맞춰서 표시한다. 반드시 ( )안에 넣어 대사로 혼동되지 않도록 한다. 호흡이 들어가야만 생생한 대사가 된다.
예: (호흡), (힘쓰는 호흡), (총 맞으며 비명), (날숨), (들숨), (놀라는 호흡), (벽에 부딪히며 호흡), (떠는 호흡), (담배 들이켜는 호흡), (기쁜 호흡), (긴장한 호흡), (가쁜 호흡) 등

⑤ 시각적으로 보기 좋게 작성한다.
줄 간격은 180으로, 글자크기는 12포인트 명조체로 작성한다. 고딕

은 눈에 피로를 주기 쉽다. 시선이 갈리지 않도록 조심한다. NG가 나지 않도록 하기 위해서이다.

예: 미끼로 삼은 거야. 모르면 닥치고 있어./ 틀림없는 함정이었다니까!/함
정이 확실해요./

이 경우 시선이 갈리지 않도록 마지막 줄의 '함'자를 줄 바꾸어 작성한다.

⑥ 자막이 나온 경우 앞뒤로 한 줄씩 띄운다. 눈에 쉽게 띄게 하기 위해서이다.

⑦ 주연과 조연 배우 외에 자막으로 반드시 소개해야 할 스태프는 배역(Casting by), 의상(Costume by), 음악(Music by), 편집(Edited by), 미술(Production Design by), 촬영(Director of photography), 기획(Executive producer), 제작(Produced by), 원작(Based on the novel by), 감독(Directed by) 등이 있고, 제작상무(Line Producer), 제작보(Associate Producer), 공동제작(Co-producer) 작곡(Composed by) 등은 소개하지 않는다.

⑧ 화면에 나오는 해설적인 자막(Narrative title)도 번역해서 자막으로 표시한다. 신문 기사나 간판, 편지 등 이야기의 실마리가 되기 때문에 화면에 클로즈업 되어 잡히는 경우가 많다.

예: The Prince 2000 ─ 자막(배이름) 프린스 2000호
고유명사와 보통명사를 혼동해서 '왕자 2000'으로 번역하지 않도록
조심한다.

⑨ 파운드, 온스, 야드, 인치, 피트 등 측량 단위는 미터법으로 바꾸어 쓴다.

⑩ 맞춤법, 띄어쓰기, 외래어 표기에 유의한다. 국립 국어원 사이트에서 맞춤법, 띄어쓰기, 외래어 표기법을 참조한다.

<자막	뉴 라인 시네마 제공(1998년 作, 미국)
	아멘 라 필름즈 프로덕션

#1. 응급실

<자막(문)	응급실

남간호사(E)	길에서 발견됐어요./
	뭔가에 물린 것 같은데 피를 너무 많이 흘렸어요./
바네사	(신음)
여의사(E)	이런, 양수가 터졌어!/
	자궁수축이 곧 시작될 거야, 제왕절개 준비해!//

<자막	웨슬리 스나입스(블레이드 役)
	스티븐 도프(프로스트 役)
	블레이드
	크리스 크리스토퍼슨(위슬러 役)
	누부쉬 라이트(카렌 役)

#2. 광란의 파티장

라쿠엘	바지 속에 숨기고 있는 게 뭐야?/
데니스	불법무긴 아니니까 걱정 마./
라쿠엘	확인해 볼까?/
데니스	아아아!/
라쿠엘	(웃음)
데니스	지금 어디로 가는 거야?/
라쿠엘	모르는 게 좋아./
데니스	그러니까 더 기대되는걸./ 예~!/
	우! 이게 다 뭐야?/ 근데 이건 왜 데리고 온 건데?/

	우!/ 저것 좀 봐. 하하하하/ 이건 또 뭐야?/
라쿠엘	이봐!/
문지기 1	(러시아어) 먹이는 구해 왔나?/
라쿠엘	(러시아어) 아주 싱싱해./
데니스	그게 무슨 말이야?//

<자막	배역: 레이첼 에이브롬스 外
	의상: 산야 밀코빅 헤이즈

데니스	(커튼 열고) 우와! 우!/

<자막	편집: 폴 루벨

데니스	우후! 좋았어. (웃음)

<자막	미술: 커크 M. 페트루첼리
<자막	촬영: 테오 반 드 상데

데니스	우후!/

<자막	기획: 린 해리스 外/

데니스	하하하! 같이 출까? (밀리며 호흡)
	(부딪히며) 오우……. 조심해.//

<자막	제작: 피터 프랑크푸르트 外
데니스	제길!/

<자막	원작: 마브 울프맨 外

<자막	각색: 데이비드 S. 고이

데니스	뭐야, 진짜 적응 안 되네.
<자막	감독: 스티븐 노링턴
데니스	('이게 뭐야!' 하는 호흡)//
	안 돼!/ 싫어!/ 싫어!/
라쿠엘	같이 즐겨볼까? 카하아!/
데니스	(OP)
	(비명 계속)(얼굴 맞는 호흡)(발길질 당하며 호흡)/
	블레이드 발······(고개 들며 호흡)//
	(놀라 달아나며 호흡)/
라쿠엘	(OS) 음?/
뱀파이어 1	(소리 죽여) 저건 도대체 뭐야?/
뱀파이어 2	그놈이 왔어./
뱀파이어들	(OP)/
	(OP. 블레이드의 총에 나가떨어지는 뱀파이어들)/
라쿠엘	이봐!/ 여기가 어딘데 함부로 까불어?/
	(발차기 한 방에 나뒹굴며 호흡)/
	(OP. 격투 신)
경비 1	(밀치고 들어오며) 비켜!/ 좀 나와 봐./
	(OP. 격투 신)
퀸	저놈이다!/ 바로 저 놈이야, 끝내버려!/
	다신 까불지 못하게, 본때를 보여줘!/
	(OP. 격투 신)
	(점프하며 호흡)(바닥에 쓰러지며 호흡)
	(돌아보며 호흡)(달려들며 호흡)/
	(총 맞고 벽에 박히며 비명)(두 번째 총 맞고 비명)
	이 망할 놈의 자식! 내가 누군 줄 알고!/
	니가 이러고도 무사할 줄 알아!/
	후회하게 될 거야. 배로 갚아 주겠다./
블레이드	퀸!/

퀸	빌어먹을 자식! 두고 봐! 지옥으로 보내주겠다./
블레이드	언제 정신 차릴래? 지겹지도 않아?/
퀸	웃기지 마, 지겨운 건 너야./
블레이드	뜨거운 맛을 좀 봐야, 정신이 들겠지?/
퀸 (겹)	난 이대로 안 죽어, 절대./
	(블레이드 노려보며) 맘대로 해. 후회하게 될 거야. 음……./
블레이드	프로스트한테 안부나 전해./
퀸	(비명)/
데니스	제발, 살려주세요! (호흡)/

　- 불 켜지고 경찰
들어오는 -

경찰 1	(OS. Off) 이게 어떻게 된 거야? 피바다잖아!/
경찰 1	(OS. Off) 샅샅이 수색해!!/
경찰 2	네!/
경찰 1	가서 불 꺼!/
소방관 1	알겠습니다./
경찰 1	부상자가 있다. 구급차 불러./

15. 영상 번역은 리듬을 옮기는 것

　앙트완 베르만은 「번역은 이국적 요소의 시련대(Translation and the trials of the Foreign)」[43]라는 논문에서 소설에는 시나 희곡에서보다도 훨씬 큰 리듬의 움직임이 들어 있어서 그나마 번역자는 부족한 솜씨로도 계속 번역을 해내고 있다고 말했다. 시나 드라마의 경우는 소설보다 더 취약해서 번역할 때 리듬의 손상이 클 수밖에 없다고 보았다. 앙리 메쇼닉(Henri Mechonnic)도 『시학을 위하여』라는 그의 저서에서 '번역은 리듬을 옮기는 것'이라고 말했다. 겉으로 드러난 형태적인 리듬의 개념이 아니라 시건 산문이건 모든 언어활동 속에 들어있는 의미의 움직임에서 오는 리듬을 살려야 한다는 것이다. 그는 이것을 한 작가가 글쓰기의 주체를 드러내기 위한 의미의 소용돌이라고 말했다. 이 리듬을 인식하면 번역은 달라지고 전혀 다르게 읽힐 수 있어서 글로 쓰인 것보다 더 많은 것을 이해하게 된다고 보았다.

베르만이나 메쇼닉의 말대로 우리는 때로 소설 속에서 문장 속에 깃든 리듬을 발견하고 그 즐거움에 가슴이 설레곤 한다. 김승옥의 「무진기행」이 그 좋은 예라고 할 수 있다.

한번만, 마지막으로 한번만 이 무진을, 안개를, 외롭게 미쳐 가는 것을, 유행가를, 술집여자의 자살을, 배반을, 무책임을 긍정하기로 하자. 마지막으로 한번만이다. 꼭 한 번만, 그리고 나는 내게 주어진 한정된 책임 속에서만 살기로 약속한다. 전보여, 새끼손가락을 내밀어라.

소설의 리듬이 이렇다면 배우의 목소리로 생생하게 들려오는 영화의 대사는 더 말할 나위가 없을 것이다. 영화 폭풍의 언덕에서 캐시(줄리엣 비노쉬)가 히스클리프에 대한 사랑을 넬리에게 애절하게 털어놓는 장면의 대사는 어느 음악보다도 리드미컬하고 멜로디가 느껴진다.

cathy
1. My love for Linton is like the foliage in the woods.
2. Time will change it …… as winter changes the trees.
3. My love for Heathcliff…is…is like …… the eternal rocks beneath
4. a … a source of little visible delight …… but necessary.
5. Nelly …… I am Heathcliff.

캐시   린튼에 대한 내 사랑은

숲 속의 나뭇잎과 같아

시간이 지나면 변할 거야
겨울이 오면 잎이 지듯이

히스클리프에 대한
내 사랑은, 마, 마치

땅속의 영원한 바위와 같아

거의 보이지는 않지만 없어선
안 될, 내 기쁨의 원천

넬리, 히스클리프는
내 생명이야

줄리엣 비노쉬는 1번과 2번 대사는 그저 담담하게 말한다. 에드가에 대한 사랑엔 그다지 열정이 없듯이 목소리에 애틋한 감정이 들어 있지 않다. 그러나 3번 대사로 오면서 그녀의 목소리는 거의 말을 잇지 못할 정도로 가슴이 벅차오르고, 4번 대사 "a ⋯ a source of little visible delight ⋯⋯ but necessary"에서는 격정이 절정에 달한다. 내 기쁨의 원천 앞에 콤마를 붙인 이유는 뒤의 말이 강조되었기 때문이다. 마지막으로 결정적인 대사 "I am Heathcliff"라는 말을 할 때에는 특히 'am'을 강조한다. "내가 곧 히스클리프야", "히스클리프와 나는 한몸이야" 또는 "히스클리프는 내 생명이야"로 번역해서 'am'이란 동사를 강조한 뉘앙스를 살려보았다.

9. 자막 번역

1. TV용 자막 번역 — 제한된 글자 수로 촌철살인의 대사를 구사해야

　무성영화 시절의 변사(辯士)를 기억하는 사람들은 아직도 그들이 해설에다, 주인공, 조연 등 1인 몇 역을 하면서 청중을 울리고 웃기던 시절을 그리워할지도 모른다. 1948년에 제작된 <검사와 여선생>과 같은 무성영화를 해설하던 변사는 당연히 인기직종이었고, 변사의 연기력에 따라 영화의 흥행이 좌우되기도 했다. 유성영화의 등장으로 변사라는 직종은 사라지고, 요즘 영화관에서는 말없는 자막이 그들의 역할을 대신해 주고 있다. 기술의 발달로 그 직종은 사라졌지만 변사들을 생각하면서 자막의 역할을 유추해 볼 수가 있다. 단절감이 없이 자연스럽게 물처럼 흘러가고 번역자의 존재가 거의 느껴지지 않으면서 영화에 몰입할 수 있게 해준다면 좋은 자막이라고 할 수 있다.

　번역된 대사로 오리지널 사운드를 덮어버리는 더빙과는 달리 배우의 실제 목소리를 들으며 영화를 감상할 수 있다는 점에서 자막 영화는 마니아층에 인기가 높다. 자막 번역은 더빙과 달리 성우의 개입

없이 관객과 직접 소통하기 때문에 번역가의 역할이 더 클 수밖에 없다. 일본의 경우에는 '자막의 나라'라고 할 만큼 대부분의 영화가 자막으로 방영되고 있어서, 자막 번역 작가의 사회적 지위 또한 매우 높은 편에 속하고 개인적으로 팬클럽을 둘 만큼 인기를 누리고 있다. 그것은 시청자나 관객이 영화를 자막으로 감상하기를 간절하게 원하고, 번역된 자막 대사를 매우 즐기기 때문이다. 우리나라도 방송 시간이 연장되고 교육 수준이 높아지면서 자막 방송에 대한 요구가 늘어날 것에 대비해 자막에 대해 더 많은 연구가 이루어져야 할 것으로 보인다.

영화 이론 연구가인 아베 마크 논스(Abe Mark Nornes)는 "모든 자막 번역은 부정한 것이다(All subtitles are corrupt)"라고 주장하면서 적극적인 자막활용론(abusive subtitling)을 주장하고 있다. 그는 더빙과 자막 번역과정 자체가 매우 폭력성을 띠고 있다고 주장한다. 원래의 대사를 목표언어와 문화에 순응시키기 위해서 짧게 뭉뚱그리고, 삭제, 축소, 변경시키고, 봉합한다고 보기 때문이다. 이러한 자막 번역의 폭력성은 가끔 불가피한 경우도 있지만 그것이 지나쳐서 원대사의 죽음을 초래한다면, 그것은 가치도 없고 또 즐거움도 주지 못하는 번역이 되고 만다는 것이다.[44]

자막 번역을 할 때는 제한된 글자 수에 맞춰야 한다는 제약 때문에 번역자의 판단에 따라 취사선택이 개입된다는 점에서 그의 경고에 귀를 기울일 필요가 있다. 자칫하면 폭력이 지나쳐 그야말로 대사의 본래 의미는 사라지고 엉뚱한 의미가 화면에 뜨게 된다. 그러나 제한된 화면과 시간 안에 자막을 처리해야 한다는 점 때문에 취사선택의 과정을 거치는 것은 어쩔 수 없는 일이다. 제한된 화면 안에 가장 경제적인 글자 수로 원작에 충실한 의미를 담아 이루어진다면 이것을 굳이 폭력이라고 말할 필요는 없을 것이다. 영화 감상 현장의 속성은 일회적이고 순간적으로 흘러가는 화면과 자막을 감상하는 것이기 때문이다. 마크 논스도 수용 문화 중심이 될 수밖에 없는 자막 번역이지만 번역자는 영화를 지나치게 모국어에 동일화(domesticate)시켜 원본의 독창성(originality)이 사라지지 않도록 노력해야 한다고 지적하고 있다. 외국 문화의 타자성(他者性, the otherness)을 존중해서 이국적인 향취가 살아있도록 번역하라는 뜻이다. 그는 영화 화면을 원문과 번역문이 함께 뜨는 행간번역의 공간으로 생각하고 외국의 문화를 관객이 충분히 누릴 수 있도록 해주어야 한다고 역설한다.

그는 또 자막의 위치도 한정된 장소를 벗어나 만화에서처럼 화면 어디에든 뜰 수도 있다고 예측한다. 이를 테면 사랑하는 연인의 대사는 두 사람 사이에 들어가기도 하고, 점점 커지는 소년의 외침은 목소리의 크기에 따라 글자가 점점 커질 수도 있다는 것이다. 일본 외화번역가 시미즈 순지는 주인공 목소리의 결이 의미보다 더 중요할 때에는 대사를 번역하지 않는다고 말했다.[45] 자막의 색깔과 크기도 다양하게 달라질 것으로 보인다. 우리나라에서도 케이블 티브이에서 주인공의 대사만 노란 색으로 하는 등 일부 시도하고 있지만 앞으로 자막에 연출기법이 들어갈 것이라는 뜻이다. 인터넷상에서 마니아들 사이에 이루어지고 있는 이러한 시도를 실제 영화 자막에서도 도입할 필요가 있다고 논스는 보고 있다.

첫째, 자막에서는 글자 수가 제한되어 있다. 길이를 더빙처럼 원대사와 엄격하게 맞출 필요는 없지만 더빙용보다 더욱 간결함과 함축성이 요구된다. TV나 비디오는 띄어쓰기를 포함해서 한 화면에 12자에서 14자씩 두 줄로 띄운다. 개봉관은 띄어쓰기 빼고 세로로 7~8자씩 두 줄로 정해져 있었지만 최근에는 극장환경이 계단식으로 바뀌면서 가로자막이 늘어나 영화제처럼 10자씩 두 줄로 띄우기도 한다. 영화제는 띄어쓰기 빼고 10자씩 두 줄로 정해져 있다. 어느 매체든 간에 영화 자막은 글자 수에 제한이 있으므로 그 대사가 계속되는 동안 관객이 편안하게 읽을 수 있는 자수로 압축해서 번역해야 한다. 긴 자막은 영화 감상에 방해가 되므로 가능한 한 짧은 대사 속에 핵심이 되는 내용만 추려 담아야 한다.

둘째, 화면의 전개에 맞추어 그 대사가 나갈 때 정확하게 그 자리에 번역된 자막을 넣어주는 것이 중요하다. 그러나 대사가 화면 전개와 비교적 상관이 없을 때에는 순서를 바꾸어서 우리말의 어순에 맞게 해 줄 필요도 있다. 긴 대사나 연설문의 경우, 원대사가 도치되어 있는 경우가 여기에 해당된다. 그러나 도치되어 있는 경우에도 뉘앙스를 살리기 위해 필요하다면 도치된 것 그대로 번역하기도 한다.

셋째, 스파팅을 적절하게 해야 한다. 한 화면에 들어가도록 대사를 끊는 것을 스파팅이라고 한다. 영화제에서는 컴퓨터로 스파팅 리스트를 만들어 대사마다 번호를 매겨놓은 Q타이틀을 번역자에게 주기 때문에 스파팅이 필요 없지만 개봉관이나 TV, 비디오 번역에서는 번역자가 스파팅을 해야 한다. 관객이 읽기에 편하도록 스파팅을 하는 것도 번역자의 몫이다. 이때 화면에서 자막이 흘러가는 속도를 알맞게 조절하면서 스파팅해야 한다. 읽을 겨를도 없이 너무 빨리 지나가거나 한꺼번에 뭉뚱그려 화면보다 미리 넣어주는 것은 피해야 한다. 자막이 들어가는 한 화면을 하나의 번호로 쳐서 번역대본과 원본 모두에 같은 일련번호를 매기면서 번역한다. 자막을 넣는 PD가 대사를 구분하기 쉽도록 하기 위해서이다. 관객이 1초에 3~4자 정도 읽을 수 있다고 보고 한 줄 대사가 화면에 지속적으로 떠 있는 시간은 3초 정도, 두 줄이면 적어도 5~6초는 떠 있어야 한다. 그보다 더 빨리 지나가면 다 읽지 못해 관객의 불만을 사게 되고, 너무 느리게 지나가면 뭔가 충실하지 못한 대사라는 느낌을 갖게 된다.

넷째, 같은 화면에서 두 사람이 한꺼번에 대사를 할 경우에는 '-' 로 표시한다.

수녀 1　－마리아는 못 말리는 말썽쟁이에요./
수녀 2　－하지만 그 덕에 웃는걸요./

이렇게 대사 앞에다 '－'표시를 해주는 것이 국제적인 약속으로 되어 있다. 우리나라 케이블 TV에서는 때로 '－'없이 주인공의 대사만 노란 색으로 띄우고 나머지는 모두 흰색으로 띄워서 구별을 하기도 한다.

다섯째, 자막은 화면의 중심에서 눈이 많이 이동하지 않고도 읽을 수 있도록 길게 한 줄로 넣기보다는 짧게 두 줄로 넣는 것이 읽기 좋은 경우도 있다. 중심에서 눈이 멀어질수록 화면을 감상하지 못할 수가 있기 때문이다.

수녀 1 마리아가 갈만한 덴 다 뒤져 봤어요.
수녀 1 마리아가 갈 만한 데는
　　　　다 뒤져 봤어요.
(영화 <사운드 오브 뮤직(The Sound Of Music)> 중에서, 김덕수 번역)

유진 나이다(E. Nida)는 영어의 경우 1초에 최대한으로 잡아 8음절이 적당하다고 보았다.[46] 이것을 글자 수로 바꾸어보면 대개 띄어쓰기 포함 30자 내외가 된다. 예를 들면

Caption　　　　　Oh Eun-seup/the Pacific War
　　　　　　　　　Victims Compensation Committee
Oh Eun-seup　　　Since the Korean government had
　　　　　　　　　taken the Korean victims' funds,

　　　　　　　　　They must now repay them.

Demonstrator 1　　My father was drafted six months

	after he was married
	and so I never knew him.
Caption	Il-Yong Jong former vice Minister of Foreign Affairs(6th ROK-JAPAN TALKS)
	Japanese government suggested giving aid politically.
	We, the Korean government, do not have the means
	to investigate the number of forced colonial laborers.
	Because laborers were conscripted randomly in many small villages,
	the information was seldom available, despite our efforts.

(<The 40th Anniversary of Korea-Japan Amity Treaty, and People Still under Requisition, 한일수교, 아직 끝나지 않은 징용> 중에서, EBS, 제작 이호, 번역 김선영, 김미정, 정윤희)

여섯째, 자막에서 생략되는 대사도 있다.

Yes, No, Hello, Hi, Good morning, Come on, Hey, Thanks 등과 같이 일상적으로 별 의미 없이 쓰이는 말은 자막에서는 번역하지 않아도 된다. 그러나 Yes, No가 '네가 그 사람 죽였지?'하는 말의 대답으로서 극의 흐름에서 중요한 단서가 되는 경우에는 넣어주는 것이 좋다.

일곱째, 절제와 함축이 필요하다. 가게에서 화면에 도자기가 보이면서 "I want this china"란 대사를 했을 땐 주어와 목적어를 다 생략하고 '이걸로 주세요'만 해도 충분하다.

화면에 시가가 보이면서 피우라고 권할 땐 더빙이든 자막이든 '태우시죠' 한 마디면 된다. 물론 더빙에서는 길이가 맞는지를 우선 살펴야겠지만 화면에 있는 것을 굳이 중복해서 말할 필요가 없다는 뜻이다.

여덟째, 맞춤법에 신경 써야 한다. 케이블 TV나 영화제 자막 번역에서는 마침표를 쓰지 않고, 꼭 필요하다면 쉼표를 찍지만, 지상파에서는 문장이 끝났을 때 반드시 마침표를 찍는다. 지상파는 우리말 교사 역할도 하고 있다고 보기 때문이다. 띄어쓰기, 올바른 외래어 표기 등은 띄어쓰기 사전이나 맞춤법 사전, 국립 국어원 사이트를 참고하면 도움이 된다.

일본에서는 자막 번역이 더빙보다 고료가 더 비싸지만 국내 현실은 정반대이다. 이것은 자막 번역의 중요성이나 자막 번역에 대한 이해가 아직 그다지 높지 않기 때문이다. 그러나 사실은 자막 번역일수록 번역자의 역할이 더 크다는 사실을 깨달아야 한다. 성우의 목소리 없이 화면에 곧바로 문장으로 나타나기 때문에 번역자가 더 많이 노출되기 때문이다. 정확하고 맛깔스런 어휘를 구사할 수 있도록 노력을 해야 한다.

결론적으로 말해 자막은 첫째는 알맞은 글자 수, 둘째는 물처럼 잘 흘러가는 대사의 흐름, 셋째는 읽기 쉽게 정리된 스파팅 그리고 넷째로 짧은 자막 속에 담긴 심미적인 대사 등이 번역의 핵심요소라고 하겠다.

앞으로 위성 방송과 케이블 TV의 활성화, 지상파 방송의 연장 방송 등에 대비해 자막 번역에 대한 연구도 더 활발해져야 할 것이다.

TV용 자막 샘플(자막을 새로 타이핑해서 넣을 때)

빨간 머리 앤(Anne of Green Gables)

1. 레이첼   초록 지붕 밑에서
                 살게 될 줄이야.

2.   어느 구석에 박혀서라도
                 실은 여기 있고 싶었어.

3. 다이애나   덕분에 앤도 한결
                 마음이 놓이나 봐요.

4. 레이첼   걘 무슨 결정을 항상
                 꼭 벼락 치듯이 하더라.

5.   아무튼 여학교라서 좋구나.
                 난 공학은 질색이거든

6.   계집애들이 남자들하고
                 시시덕거리기나 하고

7. 마릴라   – 공부도 조금은 하겠지.
    레이첼   – 흥! 하긴 뭘 해!

8.   하지만 부자 학교라니
                 애들 예절은 반듯하겠지.

9. 앤   깜빡 잊을 뻔했어요.
                 그동안 많이 키워주셨어요.

10. 레이첼   여기서 자라던 때 잊지 말고
                 교회 다니고 친구 잘 사귀어라.

11. 마릴라   날씨 추워지거든
                   내의 꺼내 입어라.

12. 레이첼   − 뭘 하든 건강 조심하고
    마릴라   − 자리 잡거든 소식 보내거라.

13. 레이첼   − 잘 가거라, 앤.
    앤   − 안녕히 계세요.

14. 레이첼   − 기차에 타거든 짐 확인해라.
    다이애나   − 염려 마세요, 알아서 할게요.

15. 마릴라   빨리 해라, 늦겠다.
                   행운을 빈다!

16. 앤   아줌마 없이 어떻게 살죠?

17.   두 분 못 잊을 거예요.
                   가서 편지 자주 드릴게요.

18.   안녕.

19. 레이첼   고아가 저렇게 참하게
                   자랄 줄은 생각도 못했수.

20.   키도 크고 몸매도 날씬하고

21. 마릴라   아무도 상상 못하지.
                   쟤 어릴 때 기억이 나는군.

22.   첨엔 얼마나 엉뚱한지 나도
                   어쩔 줄을 몰라 했는데.

23.	나보다 오라버니가 더 잘 보듬어줬지.
24. 레이첼	저만큼 아이를 바꿔놓은 선 다 형님 공이지 뭐유.
25. 마릴라	하긴 쟤는 별로 변하지 않았어. 변한 건 우리지.

파일을 그대로 컴퓨터로 띄울 때(왼쪽 이름은 생략해도 됨)

앤	이 순간을 몹시도 기다렸는데 막상 떠난다니 못 견디겠어. //
프레드	길버트는 지난 주 의대로 갔어. //
앤 다이애나	− 너한테 아무 말 안 했니? − 이젠 널 이해할거야. //
자막	킹스포트 //
스테이시	앤? //
11:18:15:06	 앤 셜리! 정말 왔구나! //

앤	선생님! 수십 년 된 것 같아요.
	//
스테이시	밤새 덜컹거리는 기차 타고 오느라 피곤하겠다.
	//
앤	완전히 녹초에다 풋내기에 촌뜨기 열 살 배기 같아요.
	//
	제발 혼자 조용히 쉴 수 있는 데로 데려다 주세요.
	//
스테이시	마차를 대기시켜 뒀다, 짐은?
	//
	마부가 알아서 해줄 거야.
	//
앤	선생님이 안 나오셨으면 주저앉아 엉엉 울었을 거예요.
	//
스테이시	네가 오니까 나도 살맛이 나는구나.
	//
	있을 데도 없을 텐데 교사 하숙집으로 들어가지 그래?
	//
앤	− 다 알아보셨군요.
스테이시	− 그래.
11:18:59:22	//
앤	글도 계속 쓸 건데 고풍스런 동네라 영감이 솟겠어요.

	//
스테이시	젊고 팔팔한 선생이 와서 학교에 생기가 돌겠구나. // 너야 뭐 내 제자 중에서도 제일 빛났으니까.
	//
앤	기대에 어긋날까봐 걱정돼요. //
스테이시	별소릴! 부잣집 딸들이라 버릇없고 응석받이들이야. //
앤	세상에! 정말 부자네요. 이렇게 굉장할 줄은 몰랐어요. //
하녀	안녕하세요? //
스테이시	프링글 부인께 스테이시하고 앤이 왔다고 전해주세요. // 여기 있으면 편할 거야. 프링글 부인은 학교 동문이고 // 30년간 여교사들 하숙을 쳐왔으니까. //
톰 프링글 스테이시	- 선생님, 오셨어요? - 안녕하세요? 프링글 부인. // 프린스 에드워드 섬에서 온

	앤 셜리 선생님이에요.
	//
앤	처음 뵙겠습니다.
	//
스테이시	올해 이 댁에 있게 될
	킹스포트 영어 교사예요.
	//
	짐을 들여오라고 할까요?
	//
톰 프링글	제 편지를 못 받으셨군요.
	이번엔 못 받겠다고 썼는데
	//
	이제 하숙생 돌보는
	데도 너무 지쳐서요.
	//
	우리 딸들도 공부가 끝났고
	동창회에도 별로 나가지 않아요.
	//
스테이시	- 하지만……
톰 프링글	- 불편을 드려 죄송합니다, 그럼.
	//
스테이시	천만에요, 안녕히 계세요.
	//
	정말 프링글 집안답군!
	거절할 때도 깍듯하긴!
	//
	그럼, 딴 데 알아보지 뭐.
	//
앤	왜 그러세요? 선생님?

	//
스테이시	킹스포트는 프링글 집안이 꽉 잡고 있어. // 그 사람들 돈으로 도시가 돌아가니까. // 저 부인이 대모 격인데 널 고깝게 보나 보다.
	//
앤	아니 왜요? 알지도 못하는데.
	//
스테이시	자기 조카 에이미가 네 자리에 지원했었거든. // 말하자면 자격도 안 되면서
	//
	하지만 이사회에서 널 뽑았다고 발표하자 // 그 패거리들이 난리 법석을 피웠단다.

2. 개봉관용 자막 번역

극장 영화 자막은 TV와는 달리 글자 수에 더 제한을 받는다. TV가
12자~14자로 두 줄까지 허용된다면 극장용 자막은 7~8자로 두 줄까
지 넣는 것이 보통이다. 세로자막에다가 관객과 화면과의 거리가 TV

보다 훨씬 멀기 때문에 글자를 더 크게 넣기 때문이다. 그러나 요즘 좌석이 계단식으로 많이 바뀌고 가로 자막을 띄우는 극장이 생겨나면서 영화제 자막과 같이 한 줄에 10자씩 두 줄로 번역하는 경우도 늘고 있다.

우리나라에서 영화 자막은 지나치게 관객을 의식해 재미있게만 하려는 경향이 있어서 웃지 못할 난센스 번역이 나오는 경우가 많다.

예를 들면 코믹한 주인공을 묘사할 때 '심형래 같은 놈'이라고 한다든가 원본에서 '콜라세대'라고 나온 것을 '오렌지족'이라고 번역해 버리는 경우이다. 한창 <서울의 달>이라는 TV 드라마가 인기 있을 땐 <덩크 슛>이라는 영화의 비디오 자막에서 '춘섭이 같은 녀석'이라는 번역이 나오기도 했다.

이것은 문화적인 차이를 어떻게 극복할 것인가에 대한 고민 없이 즉흥적으로 관객의 웃음을 자아내는 것만을 목적으로 한 번역이다. 이런 번역은 지나치게 동일화시켜 원작의 향기를 해칠 수 있다.

영화 수입사에서는 이러한 번역, 다시 말해 웃음을 자아내는 번역을 조장하는 경향이 있다. 자막 번역은 주인공의 표정이나 대사와 일치되어서 전혀 튀지 않아야만 한다. 물처럼 무색무취하고 화면의 보조적인 요소로서 번역한 냄새를 풍기지 말아야 한다.

한 편의 영화를 즐기면서 편안하게 자막을 읽고 줄거리를 잘 파악하고 끝난 뒤에는 주인공의 표정만이 생각나고 자막의 존재를 잊을 수 있게 되었다면 자막 번역자의 역할이 충실했다고 하겠다.

개봉관용 자막 번역 샘플

어댑테이션(Adaptation)

번역 이진영

Charlie Kaufman(voice over)

1. Do I have an original thought in my head?
   My bald head./

1. 이 대머리에도
   기발난 게 들었을까?

2. Maybe if I were happier my hair
   wouldn't be falling out.

2. 머리는 왜 이리
   많이 빠졌지?

3. Life is short. I need
   to make the most of it.

3. 인생은 짧고
   할 일은 많다

4. Today is the first day
   of the last of my life.

4. 오늘은
   남은 인생의 첫날

5. I'm a walking cliche.

5. 또 판에 박힌 말

6. I really need to go to the doctor
   and have my leg checked.
   There's something wrong. A bump./

6. 다리가 좀 이상해
   병원에 가야겠어

7. The dentist called again.
   I'm way overdue.

7. 치과약속 또 지났어
   게을러 터졌군

8. 제목 Adaptation

8. 어댑테이션

9. If I stop putting things off
   I would be happier./

9. 미루지만 않아도
   살맛이 날걸

10. All I do is sit on my fat ass.

10. 엉덩이 깔고 지내니
    퍼지기만 하고

11. If my ass wasn't fat I would be happier.
    I wouldn't have to wear these shirts
    with the tails out all the time./

11. 셔츠로 가린다고
    누가 모르나

12. Like that's fooling anyone. Fat ass.
    I should start jogging again. Five miles a day.
    Really do it this time. Maybe rock climbing./

12. 조깅해서 살 빼야지
    암벽도 타고

13. I need to turn my life around./
    What do I need to do? I need to fall in love./
    I need to have a girlfriend./

13. 또 뭐가 있지?
    연애는 어떨까?

14. I need to read more and improve myself./
    What if I learned Russian or something,

14. 공부를 좀 하자
    러시아어 어때?/

15. or took up an instrument./

15. 악기 연주는?

16. I could speak Chinese./
    I'd be the screen writer who speaks Chinese
    and plays the oboe./

16. 중국어에 오보에도
    부는 시나리오 작가

17. That would be cool./

17. 멋지겠는데

18. I should get my hair cut short.

18. 머리도 짧게
    깎는 거야/

19. Stop trying to fool myself and everyone else
    into thinking I have a full head of hair./
    How pathetic is that. Just be real. Confident./

19. 대머리면 어때?
    자신감을 갖자

20. Isn't that what women are attracted to?/

20. 여자는 남자 외모
    안 보잖아?

21. Men don't have to be attractive.
    But that's not true./
    Especially these days./

21. 요즘엔 안 그래

<어댑테이션> 감자영화사 제공. 소심하고 콤플렉스로 뭉친 시나리오 작가 찰리 카우프만과 대범하고 재치 있는 쌍둥이 동생 도날드. 찰리는 수전 올리언의 『난초 도둑』의 각색을 맡았다. 니콜라스 케이지의 1인 2역이 돋보인다.

<어댑테이션> 수전(메릴 스트립)은 희귀 난초 수집가 라로치(크리스 쿠퍼)의 일대기를 쓰면서 그와 내연의 관계를 맺고 난초에서 추출한 마약을 마시는 등 도락에 빠진다.

22. Almost as much pressure on men as there is on women these days.	22. 남자도 여자만큼 외모가 중요해
23. Why should I be made to feel I have to apologize for my existence?	23. 근데 난 왜 나를 싫어하지?
24. Maybe it's my brain chemistry./	24. 뇌가 그렇게 생겨 먹었나봐
25. Maybe that's what's wrong with me. Bad chemistry./ All my problems and anxiety can be reduced to a chemical imbalance or some kind of misfiring synapses./	25. 호르몬이나 신경 세포 이상일 수도
26. I need to get help for that./	26. 병원에 가봐야겠다
27. But I'll still be ugly though. Nothing's going to change that.	27. 하지만 못 생긴 건 어쩔 수 없잖아

개봉관용 자막 원고의 지문

개봉관용 자막 원고에서는 배역 이름도 쓰지 않고 대사에 일련번호만 매겨서 제출하는 것이 보통이다. 이때 자막을 넣기 좋도록 알맞은 지문을 넣기도 한다. 흔히 쓰이는 것이 (위와 묶어서), (아웃), (길게 넣어주세요), (누구누구 대사까지), (천천히 띄울 것), (가로자막) 등의 지문을 달아준다. (아웃)은 그 대사를 번역자의 판단에 따라 생략했다는 뜻이다. 로빈슨! 로빈슨! 하고 되풀이해서 부르는 이름의 경우는 하나만 번역해주고, Hello, Thank you, Yes, No 등 별 의미 없이 하는 말은 생략하고 (아웃)이라고 표시한다. 그리고 예수의 기적으로 죽었다가 살아나는 성서속의 "나사로"처럼 드문 고유명사는 처음 나올 때만 따옴표를 붙여준다. 시나 문학작품을 인용했을 때는 반드시 따옴표로 인용구라는 표시를 한다. (길게 넣어주세요) (천천히 띄울 것) 등의 지문은 그 대사가 매우 중요하고 관객에게 각인시킬 필요가 있다는 뜻이다.

자막 대본 샘플

실비아(Sylvia)

번역 홍주희

		번역	영문
78.	실비아	"초승달의 곡선" 이라고…	"Next the new moon's curve." Oh, those guys are all the same.
79.	알바레즈	(아웃, 작은 소리)	I mean, I wouldn't have thought…… .
80.	실비아	네	Right. Right.
81.	알바레즈	"빗속의 매" 이후에	I mean, after *Hawk in the Rain*, they, uh…….
82.	실비아	(아웃)	No.
83.	알바레즈	작품이 잘 안되길 바라고들 있지만	The literary establishment were all hoping your next book would be an …… anticlimax.
84.		이 걸작을 보면 놀라 자빠질걸 (85수염 난 남자 대사까지)	But I'm pleased to say you've confounded them and outdone yourself.
85.	실비아	그 뒷장에……	On the back page.
86.		커버 말인데요	In the jacket.
87.	테드	커피를 내렸는데 한잔 할 텐가?	Uh, I've just made some coffee. Would you like a cup?
88		주게 (#심비아 대사는 아웃)	
89.	실비아	(아웃)	Well, I think you can speak to

		the agent about that.
90.	안녕하세요	Hello.
91.	"알바레즈"씨죠?	You must be Mr. Alvarez.
	(#수염남의 hello는 아웃)	
92.알바레즈	"휴즈"부인이군요	Yes, indeed. And you must be Mrs. Hughes?
93.실비아	"야간근무"	"Night Shift."
94.	"옵서버"에 실은 시 제목이죠?	"Night Shift." It's a poem you printed in the Observer.
95.알바레즈	네, 참 좋은 시였죠	Oh, yes. "Night Shift." yes It was a good poem.
96.실비아	알아요 제가 썼거든요	Well, yes, I know. I wrote it.
97.알바레즈	— "실비아 플라스"	— Oh, you're Sylvia Plath.
실비아	— 네	— I am.
98.알바레즈	— 반갑습니다	— Oh, nice to meet you.
	— 저두요	— And you.
99.알바레즈	— 그 외에 작품이……	— Uh, tell me, have you written any other or…… .
실비아	— 있죠	— Yes, I have
100.	실은 머잖아…… (#천천히 띄우고 101로)	Actually, I have a, uh,
101.	"콜로서스"란 시집이 나와요	book of poems coming out very shortly called *The Colossus*.
102.알바레즈	꼭 읽죠	I'd love to read them.
103.실비아	그래 주시면 영광이죠	Thank you. It would be an honor.
104.	실비아 플라스의 시집 출간 기념회(#가로자막)	
105.남자 1	(아웃)	I spoke to George about it last week and, uh, he was quite optimistic.

<실비아> 요절 시인, 실비아 플라스의 일대기를 그린 영화. 촉망받는 시인 휴즈와 결혼한 뒤 미국의 친정집에 돌아와 행복해 하는 실비아.

<실비아> 불같은 사랑도 잠시, 테드는 여자관계를 집요하게 추궁하는 실비아에게 지쳐 집을 나간다. 허전해 하는 실비아가 '언제 돌아올 거냐'고 묻고 있다.

106.	(아웃)	It might take another six months.
107.남자 2	(아웃)	The whole thing, it's about putting a face to a name. For them to duh, duh, duh, and likewise.
108.	"더 타임스"며 "문예비평"에서도 왔어요 (#109의 남자대사까지)	I mean we've got Charlie Hetheringham here from the T.L.S. There's Robinson from the Critical Quarterly
109.실비아	저분?	That one there?
110.남자 2	이쪽은 "텔리그라프"에서	Yeah. And, um, there's uh, the Telegraph there and the Times.
111.	귀 큰 남잔 재밌게도…	Oh, yes you see that chap with the big ears?
112.	"리스너"란 잡지에서	He's easy. He's from the Listener.
113.	참석자가 빵빵하죠?	So, it's a good turnout, you know.
114.실비아	그럼 좋은 징조겠군요	That's a good sign, isn't it, that they all came?
115.알바레즈	너무 큰 기대는 않는 게 좋지만	Well, yes, of course. I mean, don't get your hopes up too high,
116.	출발은 좋아요	but, yes it is. It really is.
117.	기자들이 공무원처럼 기성문인이나 감싸고	They're all bloody civil servants moonlighting as journalists.
118.	변화는 우선 막고 보죠	It's their job to protect the status quo.
119.	등단이 쉽지 않아요 (아웃)	That's the toughest.
120.실비아	"로빈슨"씨!	Mr. Robinson.
121.	이걸 잊으셨군요	You forgot this
122.로빈슨	이런…	Oh, uh, thanks.
123.	감사합니다	

124.실비아	평해주실 건가요?	Do you think you might be reviewing it?
125.로빈슨	"파스테르나크" 작품이 막 나와서	This? I shouldn't think so. We just got the new Pasternak.
126.	"베처만"과 "커밍스" 작품도 곧 나오고	Then Betjeman's out next week, And there's an E. E. Cummings
127.	그들과 겨루자면 이분 "실비아…	in the pipeline. Not in the same league, really, is the this Sylvia...
128.실비아	"플라스"요	Plath.
129.로빈슨	그분 남편 때문에도 속 좀 끓일걸요	being married to that. Poor thing. Can't be easy for her,
130.	(위와 묶어서)	Still good party.
131.	어쨌든 감사말씀 전해주시죠	Thank the boss.

3. 영화제 번역

영화제 번역은 원본의 대사를 화면과 대조해 일련번호를 매기면서 한 화면에 들어가야 할 만큼씩 끊어놓는 스파팅 작업을 한 다음, 그 길이에 맞춰 자막 번역을 한다. 번역 작가는 스파팅이 되어있는 대본과 스파팅 리스트, 그리고 Q-title이라는 소프트웨어를 받아 거기에다 직접 번역을 해나간다. 알파벳과 숫자는 물음표(?)와 느낌표(!)도 한 글자로, 두 가지를 뺀 나머지 구두점은 반 자로 계산한다.

우리나라에서도 이제는 지방마다 영화제가 열리기 때문에 번역자의 역할이 커지고 있다. 세로자막으로 한 줄에 10자까지 두 줄로 넣고 줄 바꿈은 세미콜론(;)으로 처리한다. 큐타이틀이라는 소프트웨어 덕분에 번역자는 미니 디스플레이로 미리 자막을 띄워볼 수 있어 실수를 줄일 수 있다. 영화제 작품들은 예술 영화가 대부분이고 원작의 완성도가 높아 국내에 소개되지 않는 작가주의 감독의 작품 등 새로운 작품을 접할 수 있는 기회이다. 부산 영화제, 전주 영화제, 부천 영화제 등 영화 관련 기사를 접하면서 번역자 선발 시기를 놓치지 않도록 해야 한다. 시험을 보는 영화제도 있어서 번역 작가로 데뷔할 수 있는 좋은 기회가 된다. 그 밖에 특수한 목적으로 하는 여성 영화제, 인권 영화제, 인디 영화제(독립영화) 등에도 번역자와 스태프로 참여할 수 있다.

영화제 번역은 예술 영화와 작가주의 영화가 많고 마니아층이 와서 관람한다는 점 때문에 지나친 의역을 피하고 원문에 충실하게 번역하는 것을 원칙으로 삼는다. 그렇다고 영화 감상에 방해가 될 정도로 말이 이어지지 않고 부자연스럽다면 좋은 번역이라고 할 수 없다.

영화제 대본 샘플

아버지의 빈자리(Images of the Absence)

번역 박찬순

282. 어머니	아버진 나랑 헤어진 뒤; 더 자유를 느꼈을 거야	I think he felt more free after the separation. Maybe
283.	기운을 북돋아 주는; 여자를 만났으니까	he found a woman who gave him more energy than I did.
284.	난 끊임없이; 바가지를 긁었거든	I constantly criticized him.
285. 헤르만	— 그럼 힘들었겠군요;	— That must be difficult
어머니	— 음?	— Huh?
286. 헤르만	— 아버지 힘드셨겠어요;	— It must be difficult to deal with that…….
어머니	— 그럼, 죽을 맛이었겠지	— Yes, very difficult.
287. 헤르만	왜 바가지만 긁었어요?;	Why did you always criticize him?

		도와주지 않고	Couldn't you support him?
288.	어머니	나도 벅찼거든	It was too much for me.
289.		아마 내 사랑이; 깊지 못했었나봐	Maybe my love wasn't strong enough.
290.		그 생활을 견뎌낼 만큼; 사랑이 없었던 거지	I didn't have enough love to keep going on.
291.		사랑을 어떻게 하는 건지; 몰랐던 거야	Some people know how to love.
292.		정말 어쩔 줄을 몰랐어	Maybe I didn't know how······.
293.		다 너희 아버지; 잘못만은 아니다	It wasn't all his fault.
294.	아버지	헤어진다는 게 뭔지; 난 너무나 잘 알고 있었다	Only I know what it meant to break up.
295.		아무나 길에서 데려 와; 산 것도 아니니까	Because I didn't marry to get her off the street.
296.		사랑했었고 헤어질 줄은; 상상도 못했다	I was in love, and I never thought we would break up.
297.		알 만큼 알 나이인; 서른에 한 결혼이었어	And I knew what I was doing because I was 30······.
298.	어머니	가엾은 양반, 나 같은; 여자를 견뎌야 했으니	Poor guy. He had to put up with someone like me.
299.		너도 내 성깔 알잖니	You know the way I am.
300.		지금도 그렇지만; 난 항상 대가 셌어.	I am a strong woman. I always have been.
301.		그러니 서른 살 땐; 오죽했겠니	Imagine me when I was 30. I must have been intolerable.
302.		정말 나도 모르겠다	I really don't know for sure.
303.		어떻게 된 건지; 알 수가 없구나, 헤르만	I can't say exactly what happened, German.

장르에 따른 번역의 차이점

영화는 크게 나누어 극영화(fiction film)와 비극영화(nonfiction film), 애니메이션(animated film) 그리고 전위영화(avant-garde)로 나눌 수 있다.

극영화를 세분하면 서부 영화(western film), 멜로드라마(melodrama), 희극 영화(comedy film), 뮤지컬 영화(musical film), 시대극 영화(costume film), 서사 영화(epic film), 공상과학 영화(science fiction film), 갱 영화(gangster film), 공포 영화(horror film), 스릴러 영화(thriller film), 전쟁 영화(war film), 재난 영화(disaster film) 등으로 나눌 수가 있다.[47]

번역은 영화의 종류에 따라 그 스타일이 조금씩 달라져야 한다. 언어 구사나 어휘 선택에서 그 영화의 독특한 분위기가 표현되어야 하는 것이다. 코미디일 경우에는 원어의 자구에 얽매이지 말고 우리 말 상황으로 바꾸되 같은 뜻의 말이라도 재미있고 웃음을 자아내는 표현으로 번역해야 할 것이고 멜로드라마나 로맨틱 코미디라면 아기자기한 감정 표현과 뉘앙스 살리기에 주의를 기울여야 할 것이다.

똑같은 'Shut up!'이란 대사도 서부극이나 갱 영화, 스릴러 등의 주인공이 쓰는 경우와 멜로드라마의 주인공이 쓰는 경우는 다르게 번역된다. '입 닥쳐!'와 '조용히 해!' 또는 '가만히 있어!'는 차이가 크다. 비트겐슈타인의 언어 활용론[48]에서처럼 상황에 따라 그 언어의 의미가 달라지기 때문이다. 그 점을 고려하지 않고 'Shut up!'은 언제나 '닥쳐!'로 번역한다면 기계 번역의 수준을 벗어나지 못할 것이다.

'시끄러워!', '조용히 해!', '입 다물어', '쉿!', '조용', '가만히 있어', '그만!' 등 상황에 따라 가장 알맞은 것으로 번역할 줄 알아야 한다.

10. 다큐멘터리 번역

(1) 정확하고도 지적인 문장력이 무기

비극영화(non-fiction film)는 다큐멘터리 영화라고도 하며 주로 역사, 과학, 사회, 환경적인 문제를 테마로 삼고 계몽이나 교육, 설득, 정보 전달과 심층 탐구에 목적이 있다. 그밖에 음악, 미술, 문학, 연극 등 예술을 다룬 다큐멘터리가 있다.

다큐멘터리의 번역에서는 무엇보다도 진실을 쉽고도 정확하게 전달하는 데 중점을 두어야 할 것이다. 그러기 위해서는 번역자가 그 분야에 관한 전문가 못지않은 지식이 필요하므로 자료를 찾고 탐구하는데 많은 노력을 기울여야 한다. 요즘은 인터넷을 통한 자료검색으로 한결 자료 찾기가 쉬워졌다.

또 문장력이 뛰어나야 한다. 극영화보다 립싱크(lip synchronize)에선 노력이 덜 든다고 하지만 풍부한 지식과 유려한 문장력이 필요하다는 점에서 극영화 못지않게 어려운 작업이다.

다큐멘터리는 픽션과 달라서 사실 그 자체이기 때문에 오역이나 부적합한 어휘 등은 곧 번역자의 지적 수준이나 문장력을 드러내므로 모르는 분야는 철저하게 탐구해서 언제나 신뢰감을 주는 번역사가 되도록 노력해야 한다.

생명공학, 우주 과학, 경제 등 전문분야의 다큐멘터리일 경우 생경한 전문용어는 자막으로 설명하는 등 대사만으로는 이해되기 어려운 부분을 보완해 줄 필요가 있다(예: 헤지펀드, 도덕적 해이, 손 절매, 근지점 등).

(2) 초입의 문제제기(기획의도), 논리적인 전개와 설득력 있는 결론, 이러한 다큐의 구성을 의식하면서 번역을 해나간다

인물 다큐멘터리일 경우에는 그 인물의 매력이 어디에 있는가, 역사적으로 어떤 의미를 지닌 인물인가, 예술적으로 어떤 성취와 기여를 했는가 등을 분명하게 밝혀주는 번역이 되도록 노력해야 한다.

Narr	What does this relentless focus on the teenager do to the culture? Tonight, author and media critic Douglass Rushkoff takes a journey through the complex world of buying and selling cool.
해설	이렇게 10대에 집중되는 마케팅이 문화에는 어떤 영향을 주게 될 것인가? 오늘 밤, 미디어 비평가 더글라스 러쉬코프 교수와 함께 멋진 것을 사고파는 복잡한 10대 마케팅의 세계로 들어가 본다.

이때 방송이 언제 나가느냐에 따라 '밤'이란 단어를 빼기도 한다.

(3) 되도록 수동태를 삼간다

서양어의 무생물 주어 문장은 우리나라 사람들에게 빨리 전달이 되지 않는 면이 있다.

예 1) 다큐멘터리 <아프가니스탄(Afghanistan)> 중에서

Their military victory against the Taliban was fuelled by bales of bank notes, courtesy of the American Special Forces who are seen here with them.

그대로 번역한다면 "탈레반에 대한 그들의 군사적인 승리는 여기 보이는 미국 특전단의 호의와 자금 지원에 의해 부추겨졌다"가 된다.

이대로 번역해서는 한참 뒤에야 머리에 들어온다. '~에 의해' 라는 부분을 우리말에 맞게 다시 고쳐 쓴다.

"민병대는 여기 보이는 미국 특전단의 호의와 물질적 지원에 힘입어 탈레반 군대에 승리할 수 있었다."

예 2) 에세이 「에펠탑(Eiffel Tower)」 중에서
The details were worked out by none other than Gustave Eiffel.

그대로 번역한다면
"세부작업은 다름 아닌 구스타브 에펠에 의해 행해졌다."
'에펠에 의해 행해졌다'는 표현을 능동태 '에펠이 해냈다'로 바꾸면 더 명확해지고 전달이 잘 된다.

예 3) 다큐멘터리 <비틀스(Beatles)> 중에서
Ann:　　These roots lay in the rich soil of American Rhythm and Blues. Original recorded by black musicians, it was adapted by white country and western singers into a rollicking new craze.

수동태를 그대로 두고 번역해 보면
"이것은 아메리칸 리듬 앤 블루스의 풍부한 토양에 뿌리를 두고 있었다. 원래는 흑인 음악가들에 의해 녹음된 곡이 서구의 백인 가수들에 의해 채택되어 신나는 새로운 유행이 된 것이다."

수동태를 능동으로 바꾸어 보면
"원래는 흑인 음악가들이 녹음한 곡을 서구의 백인 가수들이 채택해 쾌활하고 새로운 유행음악으로 만든 것이다."

(4) 가능한 한 무생물 주어를 삼간다

이것은 극영화에서도 마찬가지이다. 특별한 효과를 위해 반드시 무생물 주어를 쓰는 경우라면 물론 살려야 한다. 그러나 서양어에는 무생물 주어가 많으므로 되도록 인칭 주어로 바꾸어주는 편이 알아듣기 편하다.

예 1)

Film industry is business. History has said that African-American movies don't translate.

"역사는 흑인 영화가 외국에서 인기가 없다고 말해 주었다."

이렇게 번역하면 무생물 주어를 그냥 두고 번역하는 것이다. 주어를 흑인 영화로 바꾸는 게 더 편하다.

"역사적으로 볼 때도 흑인 영화는 외국에서 인기가 없었다."

(5) 사실(fact)의 중요성을 인식해야 한다

다큐멘터리는 사실을 다루는 장르이므로 픽션처럼 생각해서 대충 넘어가거나 소홀하게 다루다간 오역을 하기 쉽다. 연대나 인명 등 무엇 하나 빼놓지 않고 늘 자료를 찾고 확인하는 습관을 들여야 한다.

His later life was shadowed by the debacle of The French Panama Canal.
그의 만년은 프랑스 파나마 운하의 붕괴로 그늘졌다.

'프랑스 파나마 운하의 붕괴'는 역사상 있지도 않은 사건이다. 이것은 프랑스가 파나마 운하 건설을 위해 설립했던 파나마 운하 회사의 도산을 뜻한다. 역사적인 사실은 반드시 확인 작업이 필요하다.

(6) 연대나 날짜 등은 방송 시점에 맞춰서 수정한다

2003년에 제작된 다큐멘터리에서 '지난해'라는 표현이 나오는데 방송 시점은 2005년일 경우, '지난해'로 하면 2004년으로 생각하게 된다. 따라서 햇수를 계산해 보고 2002년으로 바꾸어주어야 한다. 과학 다큐멘터리의 경우에는 하루가 다르게 기술이 발전하고 있으므로 연도를 잘 살펴야 한다.

(7) 한국과 관련된 다큐멘터리의 경우 조심해야 할 것이 많다

비하시킨 경우, 잘못 알려진 경우는 바로 잡아야 한다. 가장 좋은 예가 'sea of Japan'이라는 표현이다. 해외에서 찍은 다큐멘터리에서 '일본해'로 표기했다고 해서 그대로 방송해선 안 된다. 한일 간에 독도 문제로 시끄러웠던 시기에 실제로 있었던 번역사건이었다.

(8) 다큐멘터리의 개요를 명확하고 조리 있게 작성한다

다큐멘터리의 기획의도와 내용 전개, 결론을 압축해서 A4 용지 한 장의 3분의 2 정도가 되도록 작성한다. 프로그램 홍보에 쓰는 만큼 그 작품의 장점을 최대한 부각시켜 주고, 의의를 밝혀 줄 필요가 있다.

다큐 대본 샘플(해설은 더빙·인터뷰는 자막)

초현실주의자, 달리(Salvador Dali)

<개요>

예술가는 가난하다는 통념을 깨고 20세기 최고의 부유하고도 유명한 화가가 된 초현실주의 화가 살바도르 달리.
그는 항상 논란의 대상이었고 그런 상황을 피하지 않고 도리어 즐겼다. 미술을 공연처럼 대중 앞에서 펼쳐 보이는 행위예술로 인기를 끌었고 자신의 예술만큼이나 기이한 인생을 살다 갔다.

현실 세계를 솜씨 있게 뒤틀어 환상을 창조해 내는 솜씨로 그는 보석, 무대장치, 조각, 영화 등 모든 장르로 자신의 예술을 확대시켜 나갔다. 그가 부유하고 유명한 화가가 되는 데는 평생의 반려자인 아내 갈라의 역할이 컸다. 갈라는 스페인 출신의 가난한 무명화가의 재능을 알아보고 전폭적인 후원자 겸 든든한 매니저가 되어주었다.

스페인에서 한계를 느낀 이들은 미국으로 건너와 왕성한 활동에 들어갔고, 이색적인 퍼포먼스를 열어 관객을 매료시켰다. 달리가 클럽에서 섹스파티를 여는 사이, 갈라는 그 분위기를 이용해 남편의 그림을 팔았다. 다행히 부유한 후원자를 만나 그림이 팔리기 시작하면서 부와 명성을 함께 쌓게 되었다.

달리에게 새로운 연인 아만다 리어가 나타나지만 갈라는 셋이서 친구로 지낼 만큼 개의치 않고 계속 달리의 미술 활동을 지원했다. 그녀는 예술적 영감을 얻기 위해서라면 남편의 이중생활도 문제 삼지 않았다. 그러다 갈라와의 사이가 멀어지는 순간 달리는 엄청난 가짜 판화 소동에 휘말리게 되고 명성에도 그늘이 지게 된다. 그러나 갈라는 스페인 북부에 있는 달리의 고향 피게라스에다 달리 미술관을 지어 그의 명성이 오늘날에도 유지되도록 하는 등 미술사에서 가장 생산적인 예술가의 동반자로 남았다.

불멸의 화가를 꿈꾸었던 달리의 꿈은 100년 뒤 현실이 되었고, 생전에도 성공적인 화가로 명성을 누렸던 그의 삶은 많은 사람들에게 흠모의 대상이 되고 있다.

메러디스	논란을 불러일으키지 않고는
	못 견디는 성격이어서 잠잠하다 싶으면/
	일을 만들었습니다./
알리스 쿠퍼	그는 사람들에게 환각을
	체험하도록 해주었죠./

| <자막(달리) | 달리와 갈라/ |

| 울트라 바이올렛 | 아내 갈라는 힘 있고 |
| | 두려운 여인이었죠./ |

클리포드 설로	정말 위대한 화가이자
	천재였어요./
메러디스	두 사람만의 비밀을
	갖고 있었습니다./
쿠퍼	아내를 숭배했어요./
리어	제게 다들 '어떻게 된 거냐'고
	물었죠./
	아내와 결혼한 상태에서
	뭘 하는 거냐구요./

| <자막(제목) | 초현실주의자, 달리/ |

| 해설 | 스페인 화가 살바도르 달리는, 20세기 화가들 중 가장 부유하고도 유명한 화가로 꼽힌다. 그는 대단한 인물이었다./ |
| | 자기선전에도 능했고, 미술을 몸으로 보여준 행위예술가였다./ 그는 초현실주의의 제왕으로 명성을 쌓았지만 예술보다도 더 기이한 인생을 살았다./ |

| <자막 | 두 개의 보석 브로치 |
| | 살바도르 달리, 1941년 작/ |

| 해설 | 그는 현실세계를 교묘하게 비틀어 환상을 창조해냈고 보석, 무대 디자인, 조각과 영화에까지 손을 대면서/ 자신의 예술 영역을 확장해 나갔다./ |
| | 1973년, 미국에서 로큰롤 음악에 매료된 그는 헤비메탈의 전설적인 인물 알리스 쿠퍼를 불렀다./ |

| <자막 | 알리스 쿠퍼 |
| | 록 가수이자 달리의 친구/ |

쿠퍼	비틀스와 엘비스도 만나봤지만 달리를 만난 건 역사적이었어요./
<자막	아만다 리어 달리의 동반자이자 뮤즈였던 패션모델/
아만다	쿠퍼는 달리의 분장과 뱀 장식 등으로 개성을 창조했죠./
쿠퍼	우린 곧 달리가 좋아하는 밴드가 됐습니다./ 음악 소리도 크고 요란했지만 무대가 초현실주의적이어서/ 달리에겐 자기 그림을 연상 시켰나 봅니다./

(9) 다큐멘터리의 제목을 정한다

제목 정하기는 번역자가 해야 할 일 중에서 매우 창의적인 일에 속한다. 작품 전체를 아우를 수 있는 짧은 구절로 만든다. 프로그램 제목은 광고의 카피와 같다. 제목에 따라 시청률이 좌우될 수도 있고, 프로그램에 대한 호감도를 높일 수 있다. 자신이 없을 경우에는 복수의 제목을 정해서 담당 PD와 의논을 한다. 너무 길어도 안 되고 지나치게 추상적이어서도 곤란하다.

예) <패션 마케팅, 10대를 잡아라(Merchant of Cool)>, <경제의 주도권, 시장이냐 정부냐(Commanding Heights)>, <이슬람 대 이슬람, 내부의 전쟁(Islam, The War within)>, <촘스키의 권력과 테러(Power and Terror, Chomsky)>

(10) 각색할 수 있는 능력도 길러야

원본을 있는 그대로 번역하는 경우에는 오역을 조심하면서 정확하고도 이해하기 쉽고, 원숙하며 지적인 향취가 풍기는 문장을 구사하도록 노력하는 것으로 족하지만, 최근 케이블과 위성 TV가 활성화됨에 따라 등장하고 있는 각색의 경우에는 번역자가 구성작가가 되어야 한다.

동물 다큐멘터리를 코믹하게 각색하기도 하고 사회자를 우리나라 사람을 기용해 시청자에게 더욱 친근한 프로그램으로 각색하거나, 할리우드 정보 프로그램도 역시 우리나라 MC를 기용해 재구성하는 경우도 있다. 이때는 원대본은 자료에 지나지 않게 되고 번역자가 문장력과 구성력을 발휘해야 한다. 시중에서 구할 수 있는 다른 자료도 구성에 큰 도움이 될 것이다. 케이블 TV OCN의 <인사이드 할리우드>가 바로 그런 프로이다. 그 밖에도 <세계의 요리> 등 우리나라 MC가 말할 대사를 번역자가 작가로서 시의 적절하게 우리 시청자에게 맞도록 각색해야 한다.

앞으로 방송사 수가 많아지면서 정보를 주로 다루는 해외 다큐멘터리 프로에서는 이러한 각색이 요구되는 경우가 많아지므로, 번역자는 작가 못지않은 글 솜씨를 연마해 놓아야 할 것이다.

11. 만화영화의 번역

영화시장에서 극영화, 다큐멘터리와 함께 최근에 두드러지게 높은 비율을 차지하고 있는 것이 애니메이션, 만화영화이다.

애니메이션이란 개별적인 그림들이 프레임별로 촬영된 형식의 영화인데 이 프레임들을 1초당 24개 프레임으로 빠르게 영사하면 움직이는 영상이 나타나게 된다. 방송이나 비디오 프로덕션에서 수입, 방영되거나 배포되는 만화영화는 주 대상이 어린이들이어서 교육적인 면에서 많은 고려가 필요하다.

폭력적인 대사는 순화시켜야 하고 남을 비하하는 말투라든가 장애인을 비웃는 말투 등 조심해야 할 점이 많다. 어린이들이 이해하기 쉽고 재미있으면서 동시에 해롭지 않고 유익해야 하기 때문이다.

어휘 선택은 어린이의 수준에 맞추되 조금씩 향상시키도록 노력해야 한다. 같은 내용을 쉽게 풀이한다는 것도 어려운 작업이므로 만화영화 역시 번역하기 어려운 것은 마찬가지이다.

시리즈 만화영화를 처음 시작할 때는 다음과 같은 점을 고려해야 한다.

① 등장인물의 성격 설정

만화에서는 인물의 성격을 확실하게 하고 개성을 살리는 일이 매우 중요하다. 대사도 드라마와 마찬가지로 그 인물의 성격이 드러나도록 번역해야 한다.

② 이름 짓기(naming)

생경하고 부르기 힘든 주인공들의 이름을 어린이들에게 친근한 우리나라 이름으로 다시 짓는다. 일본 문화 개방이 되기 전까지는 일본 만화의 주인공 이름을 모두 철수, 영이 등의 한글 이름으로 바꾸었다. 일본만화가 아니더라도 어려운 이름은 쉬운 말로 바꾸기도 한다. 'Bravestar', 'Shando'라는 이름이 어린이들에게 너무 생소하고 성우들이 발음하기도 어렵다고 해서 '장고', '단비'라는 이름으로 바꾸어 방송하기도 했다. 그러나 요즘은 급속한 세계화 덕분에 외국 이름에 익숙해져서 거의 모든 이름을 원음 그대로 살려서 더빙하고 있다. 때로 발음하기 어렵거나 너무 긴 이름일 때는 바꾸는 경우도 있다.

③ 공상과학 만화의 경우에는 전문용어를 알아듣기 쉬운 말로 일관성 있게 구사해야 한다.

④ 만화번역에서는 재미를 위해, 원작에서 인상적인 구절을 만들어 매 회마다 한 두 번씩 넣는 경우가 있는데 이것을 언제나 일관성 있게 번역해 주어서 그 만화영화의 개성이 될 수 있도록 해줄 필요가 있다. 예를 들어 <뽀빠이>라는 만화영화에는 '시금치를 먹어서, 나는야 천하장사'라는 문구가 매 편마다 구호처럼 들어가 있었다.

만화영화 대본 샘플

101마리 강아지

50. 이상한 휴가 1(Road Warriors)

줄거리

아니타가 1년 전부터 별러오던 결혼기념 휴가를 떠나려 하자 크루엘라도 새 디자인을 구상한다면서 따라 나선다. 한편 이번 여행 때 아니타와 결혼식을 올린 교회로 가서 결혼서약을 다시 하기로 결심하고 있던 로저는 실망이 이만저만이 아니다. 크루엘라뿐 아니라 101마리 강아지들도 모두 따라나서는 바람에 오붓한 여행은 기대할 수 없게 되었기 때문이다. 크루엘라는 가는 곳마다 고집을 피워 로저와 아니타를 골탕 먹인다.

한편 일행에 끼지 못한 스팟은 엄마가 둥지에서 알을 품고 있자고 하는 바람에 참다못해 거리로 뛰쳐나와 로저의 차를 따라가 보지만 이미 차는 멀리 떠난 뒤였다. 스팟은 혼자서 무작정 길을 가다가 닭을 가득 실은 트럭에 올라타게 된다.

그 차는 바로 도살장으로 가는 차였다. 거기서부터 스팟의 목숨을 건 모험은 시작된다. 트럭에 실린 닭들은 자신들이 행복의 집으로 가는 줄 알고 있었다. 스팟은 트레일러를 분리시켜 닭들이 도살장에 가는 것을 간신히 막아낸다.

나오는 사람들

크루엘라	(30대 여)	돈만 아는 심술쟁이 디자이너
로저	(30대 남)	조금 덜렁대지만 유쾌한 작곡가
아니타	(20대 여)	크루엘라 회사 직원, 로저의 아내
럭키	(7~8세 남)	씩씩한 강아지
롤리	(7~8세 남)	먹보 강아지
캐드픽	(7~8세 여)	감수성 예민한 강아지. 심리 전문가
스팟	(10대 여)	친절하고 착한 어린 닭
유모	(40대 여)	부드럽고 친절
재스퍼	(30대 남)	크루엘라의 부하, 개구쟁이
호라스	(30대 남)	크루엘라의 부하, 말썽쟁이
퐁고	(30대 남)	럭키의 아빠
퍼디	(30대 여)	럭키의 엄마
위저	(7~8세 남)	럭키 친구 강아지
코엘리아	(30대 여)	스팟 엄마닭

트럭 운전사	(40대 남)
행복한 암탉 1	(20대 여)
행복한 암탉 2	(20대 여)
가이드	(30대 여)
시식가	(30대 남)
직원	(30대 남)
여자손님	(30대 여)
교회직원	(50대 여)
닭들	

크루엘라	오! 반짝이는 아이디어는 어디 있지? 또 훔쳐야겠는데./ (절망적인) 으아아아아아악./ 아, 그러니까 한결 낫네./ 벌써 봄이 왔는데 새 디자인 하나 내놓지 못했으니./ 부활절 달걀, 토끼, 야구, 알레르기. 알레르기? 바로 그거야./ 흠./ 녹음 메모/새 디자인은 '꽃가루 스웨터'라고 부른다!/ 참, 전에 했었지. 벌들이 여자들한테 날아와 막 쏘아댔었어./ 오 (한숨) 소용없어! 머리가 텅 비었어. 아이디어가 말랐어./ 나도 밖으로 나가서 새로운 아이디어를 찾아봐야겠다./
아니타	에에헴, 새 디자인 다 됐어. 여행 가기 전에 주려고, 안녕./
크루	여행을 가? 무슨 소리하는 거니?/
아니타	휴가 냈어. 1년 전부터 얘기했잖아./
크루	휴가? 휴가야?/ 음 여기 있군. "휴가, 재창조를 위해 잠시 직장에서 벗어나는 것." /하지만 갑작스런 일로 못 갈 수도 있어./ 갈려면 진작 말을 했어야지!/ 이 마당에 휴가 가게 됐어? 휴가 당장 취소해./
아니타	어? 직장도 중요하지만, 가족들이랑 같이 시간도 보내고 싶어./ 다, 다시 충전해서 새로운 아이디어를 갖고 돌아오고 싶다고./

크루	새로운 아이디어? 좋은 생각이야. 그렇다면 물론 휴가 가도 좋아. (웃음)/
아니타	어?/
크루	한 가지 조건이 있어.//
로저	고맙다, 럭키./
럭키	헥헥헥헥 헥헥헥/
	멋지지 않니? 처음으로 휴가를 가다니./모험도 하고 낯선 곳에도 많이 가봐야지./
캐드픽	난 이번 휴가를 성지 순례로 생각할 거야/
	여행 내내 참선하는 마음으로 기도하면서 다니려고 해./ 옴……./
로저	고맙다, 캐드픽./
캐드픽	어?/
롤리	난 기도 같은 건 취미 없어./
	어?/
로저	롤리!/
롤리	어딜 가든 공짜 밥만 얻어먹으면 그만이야./
	칠레 고추 고기 개밥, 옥수수 개밥, 양배추 개밥, 오 달콤하고 새콤한 개밥! 왕! 으윽./
럭키	얘들아, 가자. 휴가 가서 먹을 거 챙겨야지.//
로저	오 (웃음) 이번 여행은 정말 알콩달콩 재미있을 거예요./ 마누라 놀라는 거 빨리 보고 싶은데./
유모	아니타는 생각도 못 할 거야, 그렇지?/
로저	그럼요! 전혀 눈치도 못 채고 있을 걸요./ 아니타는 바이밸브 야구단 훈련 보러 가는 줄 알고 있어요/
유모	그래?/
로저	아무 말 마세요./
	제가 딱 이때다 싶을 때 말할 테니까요./
	아유 이 놈의 걸쇠! 음!/
	정말 신난다. 단 둘이서 고속도로로, 시골길로 달릴 테니까./
유모	쉬! 쉬!/
로저	어?/

아니타	여보, 여행 말인데요./
로저	아 괜찮아, 괜찮아! 사실은 야구단 훈련 구경하는 게 아니에요./
아니타	아니에요?/ 그렇게 보고 싶다면서./
로저	하지만 결혼기념일이 더 중요하지./
	2주 동안 휴가를 보내다가 전에 결혼했던 교회로 가서/ 서약을 다시 하려구./
	아니타, 나랑 또 결혼해 주겠소?/
아니타	당신하고 또 할 거예요. 로저./
로저	지붕 없는 차로, 마음껏 돌아다니면서 특급 호텔에서 머물거야/ 자 어서 출발합시다./
아니타	이번 결혼기념일은 정말 멋지게 보내네요. (웃음)/
퐁고/퍼디	(행복하게) 멍멍 멍멍 헉헉 헉헉./
로저	얘들아, 미안해. 이번 여행은 우리 둘만 가기로 했어./
퐁고/퍼디	히이잉./
아니타	아 에헴, 그런데 여보, 저 말예요./
로저	무슨 얘긴지 알아요./
아니타	안다구요?/
로저	맞아요. 퐁고랑 퍼디도 데려가야겠어./
	두 녀석 덕분에 우리가 맺어졌잖아요./
아니타	실은 저어 다름이 아니라./
로저	알아요, 알아. 자리가 더 필요하다 이거지?/
럭키/롤리/캐드픽	(좋아라) 멍멍 멍멍 헉헉 헉헉./
럭키	아, 우린 큰 차 타고 가자./
롤리	그래. 무개차에 우리까지 탈 자리가 있겠니?/
로저	어이 얘들아, 너희들은 안 가/ 자, 어서 내려. 빨리./
아니타	여보, 당신한테 꼭 할 말이 있어요./
	자리가 좀더 있어야 돼요./
로저	그래. 퍼디랑 퐁고도 제 식구하고 떨어져서야 흥이 나지 않겠지./

12. 방송 번역의 특수성

시가 독자에 의해 완성된다는 말이 있듯이 모든 예술은 제작자에게 서 수용자에게 전달돼 미적인 감흥을 불러일으킬 때 완성될 수 있다.

방송 번역 작가는 미디어에서 다루는 모든 영상예술, 영화, 다큐멘 터리 등의 번역을 통해 소통의 미학을 추구하는 사람들이다. 방송 번 역 작가는 영상예술을 통해 시청자에게 세계인의 경험을 수렴해 주는 문화의 첨병이다.

방송번역 작가는 한 세계를 낯선 다른 세계와 이어주는 그리스의 소통의 신, 헤르메스와 같다. 원작의 지평과 시청자의 지평 사이에 놓인 갈등과 긴장을 창조적으로 극복해, 화면 위에다 모국어로 새로 운 생명을 불어넣음으로써, 전 세계인과 더불어 영상예술의 아름다움 을 호흡할 수 있도록 도와주는 원작의 재창조자이다. 한 국민의 국제 화나 세계화는 궁극적으로 그들이 향수하는 문화의 질에 있다고 할 때 세계인의 소통도구인 영상예술의 번역을 담당하는 방송 번역 작가 의 책임은 실로 막중하다고 하겠다.

영상예술 번역가는 무엇보다도 시나리오뿐만 아니라 대본에 나와 있지 않은 영상언어를 읽을 줄 알아야 한다. 따라서 예술의 총화인 영상예술에 대한 전문적인 지식과 이해가 바탕이 되어야 한다.

충실한 번역이란 서로 다른 지평들의 상호 융합이 이루어질 때 가능한 것이므로, 방송 번역 작가는 두 가지 언어에 능통해야 할 뿐만 아니라 두 가지 문화에도 정통해야 한다. 또한 방송 매체의 특성과 영향에 대한 지식과 이해가 필수적이다. 영상예술을 방송 매체에 알맞게 번역해야 함은 물론, 안방으로 무분별하게 침투되는 이질적인 외래문화를 순화시켜 충격을 완화시키는 안목과 자질을 갖추어야 하기 때문이다. 그런 의미에서 방송 번역 작가는 방송 문화의 일익을 담당한 한 나라 문화의 파수꾼이다.

영상예술의 번역은 더빙 번역과 자막 번역 두 가지로 나누어진다.

더빙 번역은 화면에 입힐 대사를 녹음할 때 쓸 더빙용 번역으로서, 화면 속의 주인공들의 움직임과 일일이 일치시켜야 하는 고도의 기술적인 작업이다. 이 작업이 요구하는 고도의 숙련성을 성취하기 위해서는 10년 이상의 수련이 요구된다. 영화의 경우 생생하고 자연스런 우리말 대사로 작중인물의 성격이 그대로 살아 숨쉬게 해야만 한다. 경우에 따라서는 심한 문화적 이질감으로 인해 우리 정서와 문화에 맞도록 상당부분 각색해야 할 필요가 있다. 그러나 지나치게 토속적인 냄새를 풍기면 화면과 유리되어 난센스 코미디가 되므로 원작의 향기를 잃지 않도록 그 한계를 지켜야 한다.

자막 번역은 제한된 화면에다 절제되고 함축적인 문장으로 내용을 소화해야 하기 때문에 축약하는 데 각고의 어려움이 따른다. 화면을 감상하는 데 지장을 받지 않도록 가능한 한 짧게 번역하되 의미를 전달하는 데 소홀함이 없어야 하며, 시구처럼 군더더기 없이 다듬어져야만 한다. 짧은 문장 속에 함축적인 의미를 담는다는 것은 결코 쉬운 일이 아니기에 더빙 번역과 다름없는 노력과 수련이 필요하다.

더빙용이든 자막용이든 시청자에게 미적인 감흥을 주기 위해선 번역이 단지 뜻풀이에 그치지 않고 문학으로 승화되어야 한다. 그러므로 영상예술의 번역은 소통의 미학을 추구하는 고도의 예술적, 지적 작업이다.

따라서 번역은 예술가적인 감수성과 비평가적인 안목과 작가 못지 않은 모국어 구사력을 갖춘 전문가에게 맡겨져야만 한다.

이러한 덕목은 하루아침에 이루어지는 것이 아니다. 한 사람의 전문적인 방송 번역 작가가 탄생하기 위해서는 실로 오랜 세월 동안의 수련과 기다림이라는 숙성기간이 필요하다. 이는 대부분의 방송 번역 작가들이 10년에서 20년, 30년의 경력을 지닌 것만 보아도 알 수 있다.

3부 언어와 문화의 차이,
그 긴장과 갈등의 극복

13. 비유를 어떻게 할까

비유는 재미있고, 또 잊을 수 없도록 머리에 각인시켜 주는 효과를 내기 때문에 작가들이 즐겨 사용하는 수사법이다. 모든 번역 작가의 고민 중에서 말재롱 다음으로 고민스러운 것이 이 비유의 문제이다. 영상 번역은 무엇보다도 전달기능을 우선적으로 고려해야 하는 작업이다. 번역자의 역할이 의미의 생산임을 잊지 말아야 한다는 뜻이다. 비유를 살리고 뜻까지 전달할 수 있다면 가장 좋을 것이다. 일회적이고 시간예술인 방송에선 다시 돌려보거나 곱씹어서 생각해 볼 시간적인 여유가 없기 때문에 즉시 전달 가능한 표현을 써야 한다. 때로는 그 표현을 살리기도 하고 우리말의 다른 표현으로 바꿔주기도 한다.

예 1) 소설 『빅 피쉬(Big Fish)』 중에서
- What is a metaphor?
- It's cows and sheep mostly.

- 은유란 뭘까요?
- 은으로 만든 우유가 아닐까? (장영희 번역)

서양 사람들은 비유에 동물을 많이 사용하기 때문에 이런 대사가 나온 것이다.

Why do you grin like a Cheshire cat? (뭐가 좋아서 그렇게 히죽거리지?)
It rains cats and dogs (비가 억수같이 퍼붓는다).
we'll have you purring like a kitten! (고양이가 기분 좋을 때 갸르릉 거리는 소리를 내듯이 '저절로 잠이 솔솔 오게 해 주겠다' 또는 '콧노래가 저절로 나오게 해 주겠다'로 번역)
dogfight (난투 또는 공중전으로 번역된다. 전투기가 나오는데 '개싸움을 벌였다'고 실수하지 않기)

예 2) 다큐멘터리 <테러와의 전쟁(The War on Terror)> 중에서
The war on terror is wrestling with smoke. Therefore the information about the terrorist is most important.

이것을 "테러전쟁은 연기와의 싸움이다"라고 번역했을 때 얼른 머리에 상황이 떠오를 것인가? 이때는 'smoke'라는 것이 뜻하는 것, 즉 실체를 알 수 없는 안개와 같은 존재와의 싸움이라는 뜻으로 해석하는 것이 적당하고, 관객도 빨리 알아듣기 쉽다. "테러전쟁은 안개 속의 싸움이다"로 번역하는 것이 전달에 도움이 될 것이다.

예 3) Damn this white elephant!

2백 년 된 집이 보수 유지비와 관리비가 많이 들어 골칫거리가 되자 주인이 대문을 뻥뻥 차면서 집을 처치 곤란한 흰 코끼리에 비유한 것이다.
정확하게 번역한답시고 "이놈의 흰 코끼리!"라고 한다면 알아들을 사람이 없을 것이다. 이 대사는 "이 놈의 애물단지!"로 하는 편이 나을 것이다. 영상 번역에선 화면에 주를 달 자리도 마땅치 않다. 그런데도

가끔 표현을 그대로 살리고 자막으로 보완하기도 한다. 예를 들어 "He is a man like Data"라고 했을 때 더빙은 데이터로 그대로 살리고, '<스타트랙>에서 감정 칩이 없어 무감각한 인조인간'이라고 자막을 다는 것이다. 그러나 자막을 읽느라 영화의 흐름을 놓칠 수도 있으므로 되도록이면 정보를 대사 속에다 녹이는 것이 좋을 것이다. 그럴 때는 상대적으로 덜 중요한 대사를 죽이고 데이터에 대한 정보를 대사 속에 넣어줄 수 있다.

예 4) 다큐멘터리 <고흐와 고갱(The post-impressionism, Gogh and Gauguin)> 중에서
  Their relation was like treading upon the eggs.
  그들의 관계는 계란 위를 밟는 것과 같았다.

한참 생각해 보면 무슨 뜻인지 짐작은 간다. 하지만 생경해서 얼른 전달이 되지 않는다. '살얼음을 밟는 것 같았다'로 바꿔주는 편이 나을 것이다.

예 5) He had never laid his wife on the bed of roses.

이것은 어느 출판사에서 영문학 교수와 편집자 간에 논쟁을 불러일으킨 문장이다. 어느 영문학자는 이것을 '그는 아내를 좀체 장미 침대에 누인 적이 없었다'고 번역해 왔다. 소설 속의 '장미 침대'는 '아내를 좀처럼 편안하게 해주는 남편이 아니다'라는 뜻이어서 출판사 측에서 독자에게 전달이 잘 되도록 하기 위해 '그는 아내를 결코 편안하게 해준 적이 없었다'로 바꾸었다가 원작자의 표현을 존중해 주지 않았다고 항의를 받은 것이다.
이것이 만약 방송에서 나가는 영화의 대사라면 어떻게 될까?

서양 사람들이 곧잘 쓰는 '장미 침대'라는 표현은 안락하고 편안한 생활을 뜻한다.

"Life is no bed of roses"라는 서양 속담은, "인생은 결코 안락한 것이 아니다"는 뜻을 "장미 침대가 아니다"로 표현한 것이다. 그러나 우리 나라 사람들의 생각 속에는 장미 침대라는 것이 생경하게 들려서 순 간적인 커뮤니케이션 기능이 약하다고 할 수 있다.

소설이라면 '장미 침대'를 살려주고 주를 달아서 '안락한 생활'이라 고 설명해 줄 수도 있다. 그러나 총알처럼 지나가는 영화의 대사라면 우리식 표현으로 가장 잘 전달될 수 있는 대사로 바꾸어주어야 한다.

1. 그 남잔 아내를 꽃방석에 앉힌 적이 없어요.
2. 그 남잔 아내를 편안하게 해준 적이 없어요.

이 두 가지로 번역할 수 있겠지만 비유를 살려준 쪽이 원작의 향기 를 좀더 살렸다고 할 수 있을 것이다. 생경하고 번역하기 힘들다고 비유를 무시하고 뜻풀이만을 해줄 경우 표현이 평범해져 버려서 대사 의 맛이 살지 않을 우려가 있다.

영화 <죽은 시인의 사회>에 나오는 키팅 선생의 대사도 번역할 때 그런 문제를 일으킬 수 있다.

예 6) Because they are now fertilizing daffodils.

영화 <죽은 시인의 사회>에서 키팅 선생이 이미 죽은 선배들의 사진을 가리키며 죽고 나면 자기 능력을 발휘할 기회가 없으니 주어 진 시간을 최대한 활용하라고 제자들에게 말하는 대사이다.

1. 이들은 이미 죽은 지 오래기 때문이다.

2. 이들은 죽어 한 줌의 흙이 되었기 때문이다.
3. 이들은 수선화의 거름이 되었기 때문이다.

이 중에서 어느 대사가 죽었다는 의미를 가장 잘 전달하면서도 비유를 잘 살리는 번역이 될지를 생각해 보자. 물론 순간적인 전달기능을 하는 대사로는 1과 2가 더 알맞을 것으로 생각된다. 그러나 번역자의 욕심으로는 원작의 표현을 살려주고 싶을 것이다. 더구나 이 영화는 각본상을 받을 만큼 문학적인 표현이 많은 것이 특징이다. 이때는 원작의 지위가 전달 기능보다도 더 높다는 판단을 할 수도 있다. 판단을 내리기가 참으로 힘든 경우이다. 소통의 미학을 생각해서 시간이 허락한다면 3번에다 '죽어'라는 말을 넣어 의미 전달이 잘 되게 한 뒤 수선화의 거름이란 표현을 살리는 것이 좋겠다.

예 7)

Arlene They ought to fire your ass outta here right now.

Eugene Well, you know, they probably won't do that because I filled a very excellent quota. I'm just this side of parking in the blue zone.

영화 <아름다운 세상을 위하여>에서 알린은 학생들에게 과한 과제를 내준 교사에게 와서 따지다가 그런 교사는 쫓아내야 한다고 주장한다. 그러자 교사 유진은 자신이 "파란색으로 표시된 주차 구역에 있다"고 말한다. 여기서 "this side of parking in the blue zone"은 말 그대로 번역하면 파란색 주차구역이란 뜻이지만 이것은 장애인을 비유로 나타낸 것이고, 곧 자신이 장애인 몫으로 채용되었기 때문에 함부로 해고도 할 수 없다는 뜻이다. 'blue zone'에서 장애인이라는 번역을 생산해 내야 한다.

예 8) 영화 <해리가 샐리를 만났을 때> 중에서

Harry A "Sheldon" can do your taxes. If you need a root canal, he is your
       man, but between the sheets is not Sheldon's strong suit.
*root canal은 치과에 가서 충치에 봉 박는 일, between sheets는 잠자리를
뜻한다.

해리는 샐리의 남자 친구 셸던이 매력 없는 녀석이라고 말해주고
싶어 한다. 정관사 a를 붙인 것은 'an Edison'이 '에디슨 같은 발명가'를
뜻하는 것처럼 '셸던 같은 녀석'이란 뜻이다.

"셸던 같은 녀석은 세금 처리는 잘해주겠지. 치과에 가서 충치에
봉 박는 것처럼 아픈 경험을 원한다면 제격이지만, 달콤한 잠자리와
는 거리가 먼 녀석이야."

해리가 샐리에게 하는 다음 대사에도 역시 비유의 문제가 걸린다.

Harry No, you're probably one of those cheerful people who dot their 'i's
       with little hearts.

사람이 도무지 어두운 구석이란 없어서 'i'라는 글자를 쓸 때도 점
대신 작은 하트를 그릴 사람이라는 뜻이다. 우리말로 더빙되어 나가
는 영어의 알파벳을 넣어 번역할 때 과연 전달이 잘 될 수 있을까?
이럴 때는 '돌멩이 굴러가는 것만 보아도 까르르 웃는 명랑한 성격이
군요' 또는 '세상을 온통 장밋빛으로만 보는 사람이군요'로 비유를 바
꾸어주는 것이 어떨까 한다.

예 9) 영화 <피아니스트(The Pianist)> 중에서
유대인 피아니스트 블라디슬로프 스필만의 자서전 『죽음의 도시』를 로
만 폴란스키 감독이 영화화 했다. 스필만(애드리안 브로디)이 감자 자루

<피아니스트> 감자영화사 제공. 유대인 거주지역인 게토로 감자와 빵을 나르는 피아니스트 스필만.

속에 곡식을 넣어둔 걸 발견하고 독일 장교가 하는 말이다. 사실은 그 안에 권총이 숨겨져 있었지만 장교는 곡식을 빼돌리려 한 것으로만 안다.

독일장교   You Jews are all alike.
          We reach you with a finger
          and you take the whole hand

말 그대로 번역하면 "너희 유대인들은 다 똑같아. 손가락을 주면 손을 통째로 가져갈 놈들이야"가 된다. 이 비유는 그대로도 비교적 전달기능이 있는 편이어서 "손가락을 내밀면 손목을 잘라갈 놈들이야"로 바꾸어 주면 재미있는 독일식 비유를 소개할 수가 있다. 그러나 이것이 좀 생경해서 영화에서 순간적인 전달이 되지 않을 우려가 있다면 자연스러우면서도 지나치게 토속적이지 않은 우리말 비유를 찾아 바꿔주어도 좋을 것이다. 비유를 찾지 못한다면 이렇게 고쳐보면 어떨까 한다. "한쪽 눈만 감아줬다 하면 통째로 들어먹을 놈들이야." 선택은 번역자의 몫이다.

14. 언어의 차이에서 오는 긴장과 갈등 해소하기

우리말과 서구어는 어순이 달라서 번역할 때 갈등이 생겨난다. 예를 들어 <우주 가족 젯슨>이란 만화에서 이런 대사가 있다.

"This was mailed a week ago. So that means she's due in today!"

성우 목소리에서 풍기는 뉘앙스에는 'today'가 강조되어 있다. 우리말 순리에 맞게 번역해 보면 "이 편지가 일주일 전에 보낸 거니까, 오늘 도착하신단 뜻이네요"라고 번역할 수 있다. 그러나 원대사에서 강조가 된 말 '오늘'이 대사의 중앙에 들어가 있어서 뉘앙스를 살릴 수 없다. 이럴 때는 우리말의 어순을 조금 바꾸어 뉘앙스를 맞춰 주어야 한다.

"이 편지가 일주일 전에 보낸 거니까, 도착할 날짜가 오늘이네요!"

예 1) 어순의 차이
I will knock out you in 5 round.

권투선수가 "knock out"이라는 말을 할 때 검지를 아래로 가리키고 5회전이라는 말을 하면서는 손을 펼쳐 다섯 손가락을 보일 때는 영어의 순서대로 번역하면 제스처와 맞지 않아 우스꽝스런 그림이 되고 만다. 그럴 땐 말을 바꾸어

"널 꼭 케이오 시키고 말 거야, 5회전에"

이렇게 번역해서 제스처와 맞춰준다.

예 2) 서구어에 흔한 무생물 주어의 처리
Advanced technology couldn't save America from being disgraced in Vietnam.

무생물 주어를 그대로 번역하면
→ 첨단 기술공학도 미국이 베트남에서 수모당하는 것을 구해줄 수 없었다.

주어를 인칭이나 집단으로 바꾸면 전달이 훨씬 편안하다.
→ 미국은 첨단 기술공학으로도 베트남에서 수모를 면할 수 없었다.

<비행의 역사(The History of Flight)>라는 다큐멘터리에서 초기 항공 개척자들이 비행기 개발에 심혈을 기울였지만 빈약한 기술로 인해 고객을 끌지도 못하고 곤경을 겪었다는 뜻의 대사가 있다.

Money and success had eluded these early dreamers.
돈과 성공은 이들 초기 꿈꾸는 이들을 피해갔다./

이렇게 번역해 놓는다면 문학 텍스트에서는 가능할 수도 있다. 문학 텍스트는 문체나 어순도 어떤 의미를 지니기 때문이다. 그러나 다수의 일반 대중을 대상으로 1회적, 순간적으로 지나가는 방송용 다큐일 경우에는 순간전달력이 약하다. 이것을 다시 한번 생각해서 목적격인 'dreamers'를 보어로 바꾸면 전달이 훨씬 쉽고 이해하기가 편안해진다. '꿈꾸는 이들'도 항공 개척자들로 바꾸는 게 전달이 쉬울 것이다.

이들 초기 항공 개척자들에게 부와 성공은 쉽게 오지 않았다./

In Spain, the atrocities of Napoleon's invasion were witnessed by the greatest romantic of the age.

화가 고야에 관한 다큐멘터리 첫 부분은 이렇게 시작된다. 말 그대로 번역해 보면

스페인에서는 나폴레옹 침략군의 잔혹상이 당대의 위대한 낭만주의 화가에 의해 목격되었다.

책이라면 이해가 잘 안 될 때 다시 읽으면 되지만 방송은 시간 예술이다. 수동태는 꼭 사용해야 할 경우도 물론 있긴 하지만, 순간 전달력이 약해 되도록 많이 사용하는 것을 피한다.

이 대사 역시 무생물 주어를 인칭 주어로 바꾸면 훨씬 편안하게 이해될 수 있다.
무생물 주어 '나폴레옹 침략군의 잔혹상'을 목적어로, '당대 최고의 낭만주의 화가'를 주어로 바꾸는 것이다.

스페인에서는 당대 최고의 낭만주의 화가가 나폴레옹 침략군의 잔혹상을 목격했다./

예 3) 주어가 유난히 긴 문장이나 복합적인 구문 등은 두 문장으로 자르거나 우리말의 순리에 맞게 말을 만들어본다.

Classic committment to democratic government as an intellectually exacting process of argument can not be based upon on house wives shopping in Tesco in Bolton.

엄격한 지적 토론의 과정으로 대표되는 민주정부 최고의 이상을 볼튼의 테스코에서 장을 보는 주부들에게서 기대할 수는 없다./

여기서 한걸음 더 나아가 좀더 쉽게 전달되도록 두 구역으로 나누어 보자.

민주정부 최고의 이상이 엄격한 지적 토론과정이라고 할 때, 그것을 테스코에서 장을 보는 주부들에게서 기대할 수는 없다.

이렇게 다큐멘터리에서는 정확한 번역만으로 만족하지 말고 그 문장이 쉽게 빨리 전달될 수 있을 것인가에 대해서도 고민해 보아야 한다.

예 4) 영어에서는 상대를 먼저 쓰지만 우리말에서는 나를 주어로 삼고 먼저 쓴다.
영화 대사에서 흔히 나오는 'My wife and I'나 'My friend and I'는 아내와 함께, 친구와 함께로 번역하고 자주 등장하는 주어 '나'는 꼭 필요한 경우가 아니면 빼주는 편이 우리말 순리에 더 맞고 전달도 쉽다.

예 5) '나' 대신 '우리'를 쓴다.
'My father', 'My teacher'와 같은 경우도 우리말에서는 우리 아버지, 우리 선생님으로 바꾸어주는 편이 듣기 편하다. 물론 개인 가정교사를 말할 때는 '내 과외교사'로 해줘야 할 것이다.

예 6) 인칭대명사 'They'를 '그들'로만 번역해서는 불충분하다.
"They arrested him"이란 말에서는 they가 경찰이고, "They forbid fishing here"일 경우에는 '시 당국'이나 '주 당국'이 될 수도 있다. 권위 있는 당국자, 학교 당국 또는 FBI, CIA를 나타내는 경우도 있다.
또 다른 경우는 "They are coming!" 할 때 흔히 '그들이 온다!'로 번역하는 것을 흔히 볼 수 있는데 주체를 찾아서 번역해야 한다. '적이다!',

'인디언이다!', '북군이다!' 등.

They는 막연히 그저 사람들이라는 뜻으로도 많이 쓰인다. "They say time flies like an arrow"라고 할 때 '시간은 쏜살같다고들 하죠'로 주어를 빼고 번역하는 편이 자연스럽다.

예 7) 같은 단어라도 다양하게 번역될 수 있다. 언어의 다의성을 잊지 말아야 한다.

'difference'라는 단어는 얼마나 다양하게 번역될 수 있는지를 단적으로 말해준다. 해석학에서 말하듯 말은 상황에 속한다. 이 말의 원뜻은 '차이', '다름'이지만 매우 다양하게 구사되고 있다.

I want to make a difference to the world.

세상을 변화시키고 싶다 또는 세상을 바꾸는 데 작은 힘이나마 보태고 싶다.

The flower made all the difference to the room.

꽃으로 방 분위기가 확 바뀌었다.

That had made all the difference.

그 덕분에 오늘의 내가 있게 된 것이다(영화 <로키 4>에서 권투선수인 주인공이 어린 아들에게 링에서 항상 마지막 순간에도 굴복하지 않고 끝까지 버틴 덕분에 오늘날의 챔피언이 되었다고 하는 말).

That has made all the difference.

(로버트 프로스트의 시 「가지 않은 길」에서 숲속에 난 두 갈래 길 중에서 한쪽 길을 택했고) 그것이 내 운명(인생)을 바꿔놓았네.

We should make no difference between the rich and the poor.

부자와 가난한 자를 차별해선 안 된다.

예 8) 형용사의 다양한 우리말 표현을 활용하자.

'yellow'는 우리말로 번역할 때 수도 없이 많은 표현이 나올 수 있다. 노랗다. 노르스름하다. 노리끼리하다. 누렇다. 샛노랗다. 싯누렇다. 노리짱짱, 노릿노릿, 황색의……

예 9) 의성어의 번역은 우리 말 의성어로

miaow, miaow (야옹 야옹)

cooee, cooey (어이 어이, 오스트레일리아 원주민)

hey hey (어이, 이봐)

cuckoo cuckoo (뻐꾹, 뻐꾹)

cock-a-doodle-doo (꼬끼오)

bowwow (멍멍, 와글와글)

in a bustle, full of stir, bustling, in uproar (북적북적)

dingdong (땡땡)

peep peep (병아리 － 삐약삐약, 생쥐 － 찍찍 찍찍)

quack quack (오리 －꽥꽥)

boohoo (엉엉 울다)

boo (피이, 우우 － 야유소리)

splash (철벅철벅, 풍덩)

with boom (쾅!)

croak (개골개골 울다)

15. 번역자의 밤잠을 설치게 하는 말 재롱(wordplay)

동음 혹은 비슷한 음을 갖고 있지만 뜻은 아주 다른 단어들이 빚어내는 재롱을 뜻한다. 흔히 'pun'이라고도 한다. 때로는 단어가 두 가지 이상의 다른 뜻을 갖고 있기 때문에 문맥상의 묘한 의미를 만들어냄으로써 성립된다. 덕분에 문학작품의 의미를 매우 풍부하게 해주기도 하고 잊혀지지 않는 명대사가 되기도 한다. 흔한 한 예로 '지하철 ○호선은 지하철이 아니라 지옥철이다'라는 말을 들 수가 있다.

예 1) 희곡 『유리동물원(Glass Menagerie)』 2막 중에서
'Pleurisy'와 'Blue roses'의 말 재롱

Laura　　　　　　He (Jim) used to call me ― Blue Roses.

Amanda(mom)　　Why did he call you such a name as that?

Laura(daughter)　When I had that attack of pleurisy ― he asked me what was the matter when I came back. I said pleurisy ― he thought that I said Blue Roses! So that's what he always called me after that, Whenever he saw me, he'd holler, 'Hello, Blue Roses!'

영문학자인 고(故) 오화섭 교수가 테네시 윌리엄스의 <유리 동물원

(Glass Menagerie)>을 번역할 때의 일이다. 주인공인 로라가 pleurisy(늑막염) 때문에 학교에 결석했다고 하자 남자 친구인 짐이 잘못 알아듣고 그 때부터 로라의 별명을 'Blue Roses'로 부르는 것이다. 이것을 '푸른 장미'로 번역하면 '늑막염'과는 소리가 판이해 잘못 알아들었다는 것이 말이 되지 않는다. 오 교수는 며칠을 두고 생각하다 ㅍ자로 된 병명과 꽃 이름을 나열해 놓고 하나하나 맞추어가다 마침내 '폐렴'과 '패랭이'를 발견하게 됐다. 그런데 여기서 한 가지 고려해 봐야할 것이 있다. 패랭이라는 꽃이 로라의 이미지와 맞을까? 하는 것이다. 패랭이는 작지만 상당히 똘똘하고 강인한 느낌을 주는 꽃이다.

작가가 푸른 장미를 별명으로 달아준 이유는 아마도 푸른 장미가 주는 이미지가 병약하고도 흔하지 않은 꽃이라는 데서 비롯된 것이 아닐까 하는 생각이 든다. 그래서 패랭이라는 번역은 재고될 여지가 있다고 본다. '폐렴'보다는 '폐렴쟁이'로 해주고 '패랭이' 대신 '푸른 장미'로 한다면 로라의 이미지와 더 어울리지 않을까 생각된다.

예 2) 시리즈 드라마 <사랑의 유람선(Love Boat)> 중에서
호화 유람선으로 여행 중인 남편이 동행한 아내의 생일을 맞아 주방장에게 케이크를 주문한다. 항해 중에 마침 딸기가 떨어지는 바람에 케이크 위의 문구를 완전하게 다 쓰지 못하게 된다. 드디어 생일이 왔고 주방장은 아들에게 어머니의 생일 케이크라며 내놓는다. 아들은 케이크 위에 쓰인 장식을 읽어 나간다. 갑자기 멈칫하는 아들. 케이크 위의 글씨는 딸기가 모자라서 쓰다가 만 문장이다. 아들이 케이크 위의 글을 읽어가다가 난처해서 더듬거리자 주방장에게 분명히 "To my beloved mother!"로 써달라고 부탁했던 아버지가 "뭐? 나방이?(What? Moth?)"하며 반응을 하는 순간 주위에서 폭소가 터진다.

Son	To my beloved moth…….
Father	What? moth?
청중들	(웃음 효과)

귀부인을 나방이라고 했으니 웃을 수밖에. 그러나 우리말로 그대로 번역해 '나의 사랑하는 나방'이라고 읽어봐야 아무도 웃지 않는다. 무엇을 어떻게 해서 나방으로 했는지도 알 수가 없다. 코미디 영화에선 웃음은 절대적이다. 화면에선 폭소가 터지는데 번역 대사는 전혀 우습지 않다면 잘된 번역이라고 할 수 없다. 이것을 글자 따르기 식으로 번역을 한다고 생각해보자. 'To our beloved moth'를 '사랑하는 어머'로 번역해 봤자 하나도 우습지 않다.

이런 경우에는 상황을 모두 우리말로 바꾸는 것이 자연스럽다. 몇 시간이나 고심한 끝에 'To our beloved mother'는 '사랑하는 우리 여왕께'로 'To our beloved moth'는 '사랑하는 우리 여오'로 번역했다. 딸기가 모자라 거기까지밖에 쓰지 못한 것이다. 아들이 '사랑하는 우리 여오'하며 말끝을 흐리자 아버지가 잘못 알아듣고 '뭐? 여우?(What? Moth?)'하며 반응하는 것으로 만들었다. 번역자에 따라 더 재미있는 대사를 생각해 낼 수도 있을 것이다.

예 3) 만화 <Danger Mouse> 중에서 국회의장과 의원들 간의 대화이다.

Speaker	Order! Order!
Congressman 1	Oh yes! 2 cheese bacon salad!
Congressman 2	I am coco
Congressman 3	Pizza

국회의장이 'Order! Order!' 하자 의원들이 'Hamburger!', 'Cheeseburger!', 'Pizza!' 하고 받는 경우 어떻게 말 재롱을 살릴 것인가? 더구나 'Pizza!' 라고 하는 순간 웃음이 터지지 않으면 제대로 번역을 했다고 할 수 없다. 반드시 관객을 웃겨야만 하는 과제를 안고 있는 번역이다. 웃음의 정서가 다르기 때문에 번역에서 웃음을 살리기란 여간 어렵지 않다. 엄숙한 국회 의사당, 국회의원들 입에서 햄버거, 치즈버거, 피자와 같은 말이 나온다는 것이 웃음을 자아내므로 그 부분은 그대로 살려야 한다.

그렇다면 'Order! Order!'를 햄버거, 치즈버거, 피자라는 답이 나올 수 있도록 바꾸어주어야만 하고, 그 말이 국회의장이 할 만한 말이어야 한다. 말 그대로 "정숙" 또는 "조용히 하시오" 정도로는 전혀 웃기지도 않고, 햄버거라는 반응이 나올 수도 없다. 숙고 끝에 의장이 식순에 따라 개회를 선언한다는 뜻의 "식사(式辭)!"로 번역해서 웃음을 유도했다. 의원들은 식사(食事)로 알아들은 것이다. 번역에는 각색에 버금가는 글 솜씨와 발랄한 언어감각이 필요하다. 또한 웃음을 자아내는 원리가 논리적으로도 설득력 있게 대사를 구성해야 한다.

예 4) 영화 <디스 프로퍼티 이즈 컨뎀드(This Property Is Condemned)> 중에서

Mom   You're loaded, Alva.

Alva   Yes Mom, loaded like a pistol.

남편이 죽고 살 길이 막연해진 어머니가 딸 알바(나탈리 우드)를 부잣집 영감에게 시집보내려 한다. 딸은 술을 잔뜩 마시고 들어와 방문을 열고 엄마를 노려본다.

이때 무엇 때문에 말 재롱이 되었는지를 우선 파악한다. 언어의 다의성으로 인해 생기는 언어유희이다. 두 사람 다 같은 단어를 썼는데 다른 의미로 해석되는 데서 오는 말 재롱인 것이다. 여기서는 'loaded'라는 동사가 핵심이다. 어머니 대사 속의 load는 '술에 취했다'는 뜻이고 딸의 load는 '총알이 장전되었다'는 뜻이다. 이것을 그대로 번역한다면 난센스 번역이 되고 만다.

어머니   알바, 너 많이 취했구나.

알바   네, 엄마. 권총처럼 장전됐어요./

이 번역은 말 재롱을 전혀 살리지 못한 번역이 되고 만 것이다. 무슨 뜻인지도 감이 오지 않는다. load를 양쪽 다 같은 말로 표현할 수

있는 방법을 찾아보자. '취했다'는 말 대신에 술이 많이 '올랐다'는 표현도 쓴다. 또 딸은 자신을 부자 영감에게 팔아넘기려는 엄마가 죽이고 싶도록 밉다. 이런 상황을 파악한 뒤 '올랐다'는 말에서 힌트를 얻어 딸의 대사에서 뭔가가 올랐을 경우 위험한 것을 찾아본다. 독이 오르면 위험하다. '독이 올랐을 때 가장 위험한 것은?' 이런 논리적인 사고의 과정을 거쳐 '뱀'을 생각해 내고, '알바 너 많이 올랐구나', '네 독 오른 뱀처럼요'로 번역해 보았다.

예 5) 007 시리즈 <옥토퍼시(Octopussy)> 중 본드와 그를 유혹하는 여자의 대사

Girl   My name is Plenty.
Bond   Oh, you looks plenty.

여자는 보석을 휘감고 호화로운 옷차림을 하고 있다. 그래서 이렇게 번역해 보았다.

여자   제 이름은 부티에요.
본드   어쩐지 부티가 난다 했죠.

예 6) <햄릿(Hamlet)> 중에서(이태주 번역)

King   How is it that the clouds still hang on you, son?
         네 얼굴엔 어째서 항상 먹구름이 어려 있느냐?
Hamlet   No so, my lord, I am too much in the sun(1막 2장 66~67).
         천만의 말씀을. 햇볕을 너무 많이 쬐고 있어 탈인걸요.

sun과 son이 같은 음을 갖고 있는 것을 이용해 말 재롱을 한 것이다. 햄릿 왕자는 왕이 자기를 son이라고 자주 부르는 것을 빗대어서 "제발 아들이라고 부르지 말아 달라"는 뜻으로 'too much in the sun'으로 표현한 것이다. 책이라면 주를 달아서 중의적인 의미를 설명해 줄 수 있을 것이다. 그러나 영화화된 작품이 방송을 통해 나간다고 하면 얘기는 달라진다. '단순히 햇볕을 너무 많이 쬐고 있어 탈인걸요'로만 번역해

서는 비아냥거리면서 말하는 중의적인 의미가 살지 않는다. 따라서 다소 설명적이지만 '천만에. 폐하의 사랑의 햇볕을 너무 많이 쬐어 탈 인걸요' 이렇게 번역해 주어야만 왕을 비아냥거리는 대사가 될 수 있다.

예 7) <로미오와 줄리엣(Romeo and Juliet)> 중에서 피를 흘리며 죽어 가는 머큐쇼가 하는 말
Ask for me tomorrow and you shall find me a grave man(3막 1장 101행).
"내일 나를 찾으면 난 말없는 신중한 사람이 되어있을 걸세"

이 'grave'라는 말 속에는 '신중한' 외에도 '무덤', '죽음'의 뜻도 들 어있어서 머큐쇼는 자신의 죽음을 이야기한 것이다. 책이라면 이렇게 번역해 놓고 주를 달아 두면 이해할 수 있을 것이다. 그러나 일회적으 로 지나가는 영화관이나 TV의 수용자들은 이렇게 해서는 죽음을 암 시하는 대사로 생각할 수가 없다.

'말없이 잠들어있을 걸세' 또는 '무덤에서나 만날 걸세'(김재남 번역) 로 번역하는 편이 낫지 않을까 생각된다.

예 8) 공약(公約)이란 원래 공약(空約)인거 몰랐나?
예 9) 주인공 A: 난 이해가 안 가는데./ B: 난 이 해가 왜 이렇게 빨리 가지?/
예 10) 같이 사는 사회, 가치 있는 사회
예 11) <죽은 시인의 사회> 중에서
우리 학교는 Welton이 아니라 Helton이다. 이 경우에는 '좋은 학교 웰 튼'이 아니라, '지옥 같은 헬튼'이라고 하고 싶지만 Hell이라는 말이 지 옥이라는 것을 웬만한 영화 관람객이라면 다 알고 있다고 보고 그대로 음역을 해도 무방할 듯하다.

예 12) 영화 <여인의 향기(Scent of a Woman)> 중에서
Frank   Where's Daphne? Let's get her down here.
Charlie   She's in the back.

Frank   A tail is in the tail. Hah!

동음이의어 tail로 말 재롱을 부린 것이다. 'tail'에는 '꼬리'라는 뜻도 있지만 속어로 '여자', '아가씨'라는 뜻도 있다. 예쁜 스튜어디스가 비행기 꼬리 부분에 가 있다는 뜻이므로, '나비가 뒷날개에 가서 앉았군'으로 해보았다.

프랭크   다프네 어디 있지? 이리로 오라고 하자.
찰리   저 뒤쪽에 가 있어요.
프랭크   나비가 뒷날개에 앉았구나.

예 13) 영화 <해피 텍사스(Happy Texas)> 중에서
HARRY   It's the cops. It's the cops. Come on.
WAYNE   Pop?

'cop(경찰)'이란 말을 'pop'으로 잘못 알아듣는데서 오는 말 재롱이다. 우리말에서 속어로 경찰을 '짭새'라고 부르므로 이렇게 바꿔보았다.
해리   짭새다! 짭새가 왔어. 어서 튀자/
웨인   잡새?/

대사는 맛깔스런 구어체로

영화 대사는 문어체가 아닌 실생활에서 쓰는 자연스런 구어체여야 한다는 뜻이다.

① Suddenly Jenny stopped.
② I saw her face turn pale at the moment she saw him.

이 대사를 대명사를 살려서 다음과 같이 번역했다고 가정해 보자.
① 갑자기 제니는 멈췄습니다.
② 난 그녀가 그를 본 순간 그녀의 얼굴이 창백해지는 것을 보았습니다.

이 번역은 뜻은 통하지만 자연스런 우리말이 아니어서 영화의 대사로서는 적절하지 못하다. 특히 우리말에서 흔히 쓰지 않는 대명사를 그대로 번역해서 어색하다. 따라서 위 대사의 번역은 이렇게 하는 것이 어떨까 한다.

① 갑자기 제니는 멈춰 섰어요.
② 그 남자를 본 순간 얼굴이 파랗게 질리더군요.

①번 대사가 있기 때문에 ②에서 she는 생략해도 좋을 것이다. 또 'I saw' 부분은 '질리더군요'에서 '내가 봤다'는 뜻이 나타나므로 굳이 '나는 봤어요'를 넣지 않아도 된다.

대명사 그녀와 그, 당신, 그들은 우리말 대사에서는 어색하게 들리므로 꼭 필요한 경우 그이, 그 여자, 그 남자, 그 사람들로 쓰고 그런 대명사를 빼고도 말이 된다면 굳이 넣지 않아도 된다. 영어에서는 you처럼 쓰기 편한 대명사도 없지만, 우리말로 번역할 때는 '당신'으로 번역하는 경우가 드물다. 부부사이에, 또는 싸움이 붙었을 때나 검사가 범인에게, 또는 '당신께서는'에서처럼 웃어른에 대한 존경심을 나타낼 때만 쓰인다. 그밖에는 '선생님'이나 직함을 부를 수도 있고, 이름을 부르는 방법이 있다.

you는 또 일반적인 사람을 가리킬 때도 흔히 쓰이므로 그럴 때는 '우리' 라든가 '사람들은' 이라든가 일반적인 의미로 바꾸어 번역하든가 대명사를 빼고 번역해 주어야 한다.

또 한 가지는 'as you know'처럼 외국인들이 구어체 대사에서 말버릇으로 하는 말을 모두 '당신도 알다시피'로 번역하는 것이다. 이 경우 꼭 그 뜻으로 쓴 경우가 아니라면 다른 말로 바꾸어 말을 이어주는 것이 좋다. '왜 있잖아', '그런데 말야' 등 구어체에서 우리나라 사람들이 잘 쓰는 말 습관을 찾아내 바꾸어주는 것이다.

외국어의 생경한 표현은 자연스런 우리말로

'우리도 이제 문화에 좀 노출돼야겠어(We are supposed to be exposed to culture)'는 '우리도 이제 문화생활을 좀 해야겠어'로 바꾸는 것이 자연스럽지 않을까?

예 1) <하버드 대학의 공부벌레들(Paper Chase)> 중에서
결혼해서 아이까지 딸린 여학생이 킹스필드 교수와 면담을 하고 나온 뒤 착잡해 하자 친구가 묻는다. '교수님이 무슨 말씀을 하시더냐'고. 그러자 그 여학생은 이렇게 대답한다.
"Things I don't want to face with."
말 그대로 번역하면 "내가 직면하고 싶지 않은 것들"이 된다. 그러나 몹시 딱딱하고 번역 티가 나서 자연스럽지 않다. 한 번 더 생각을 해서 "내가 외면하고 싶은 것들"로 바꾸어보았다. 아직도 역시 일상 대화체로는 어색하다. 자구에 얽매이지 않고 이런 상황에서 가장 알맞은 생활적인 우리말 대사는 어떻게 될까 다시 생각해 보았다. 그 결과 다음과 같은 번역 대사를 얻게 되었다.
"남의 아픈 데를 찌르시잖니."

예 2)
어느 시민이 자기와는 별 이해관계도 없는 일이지만 공익을 위해 공무원에게 꼬치꼬치 캐고 들자 친구가 충고를 한다.
"Stop being your own worst enemy."
이 대사도 역시 글자를 따라 '네 자신의 최대의 적이 되는 짓은 그만둬.'로 번역해서는 의미가 전달되지 않을 뿐더러 우리말이 이상하게 꼬인 듯한 말이 된다. 이런 상황에서 우리는 어떤 식으로 말하는가를 생각해 보아야 한다. 몇 차례 머리회전을 한 뒤에야 다음과 같은 번역을 얻게 된다.
"공연히 반감 사지 마."

<제트 래그> 아펙스 엔터테인먼트 제공. 미용사인 로즈(줄리엣 비노쉬)와 요리사 출신 사업가 펠릭스 (장 르노)가 조종사들의 파업으로 공항에 갇혀 어쩌다 한 방에서 생활하게 된다.

예 3) 영화 <제트 래그(Zet Lag, Décalage horaire)> 중에서
<프렌치 키스 2>로 비디오 출시된 이 영화에서, 공항에서 어쩌다 같은 방을 쓰게 된 남녀는 성에 대한 솔직한 대화를 나누게 된다.
로즈 How long's it been since you pushed the right buttons in bed?
여기서 buttons를 말 그대로 '단추'로 생각해서 "잠자리에서 알맞은 단추를 눌러본 지가 얼마나 되었느냐"고 번역한다면 난센스 번역이 될 것이다. "잠자리에서 짜릿한 맛을 느껴본 지가 얼마나 됐어요?"로 해야 알아듣기 쉽고 적절한 번역이 될 것이다.

예 4)
"바스티유 오페라 단원들은 정명훈의 지휘봉에 율동을 되찾아 주기 위해 파업에 들어가기로 결정했다."
이것은 라디오 방송에 나온 외신 뉴스이다. "지휘봉에 율동을 되찾아 주기 위해"라는 표현이 생경하고 뉴스로서는 얼른 전달이 되지 않는다. '정명훈이 다시 지휘봉을 들 수 있도록' 혹은 '정명훈이 다시 지휘대에 설 수 있도록' 이렇게 번역하는 것이 보다 자연스러운 문장이 될 것이다.

16. 편안하고 자연스러운 번역에서
잃어버린 것

　서로 다른 문화권의 작품을 번역하는 과정에서 때로는 동일화
(domestication)도 시키지만 필요하다면 이질화(foreignization, exoticize)시키
기로 원작의 향기를 살려야 한다. 문학적인 텍스트의 번역에서는 자
연스럽고 매끈하며 유창해서 술술 읽힌다고 반드시 잘 된 번역이 아
니라는 주장이 있다.[49]

　로렌스 베누티는 자신의 저서 『번역가의 투명성(The Translator's
Invisibility)』에서 다소 껄끄럽고 읽기 힘들더라도 원본의 결이 그대로
살아 있으며 이색적인 맛과 분위기가 풀풀 풍기는 번역이라야 한다고
주장한다. 그동안 우리는 너무 번역의 자연스러움과 유창함만을 강조
하느라 원본의 이질적인 요소를 중시하지 않는 경향이 있었다고 반성
하면서 외국 작품은 이질화시키기(foreignize)를 지향해야 한다고 말했
다. 영상 번역에서는 이 이론을 어떻게 적용해야 할까? 영상 번역은
전달을 우선으로 생각해야 하므로 선별해서 적용할 필요가 있다. 앞
서 고유명사의 번역에서 '봅슬레이'라는 썰매경기 이름을 그대로 음
역하는 것이 이국적인 맛을 살릴 수 있다고 한 것과 같은 맥락이다.
가끔은 'Thank you'나 'sorry' 등과 같은 뜻의 다른 나라 말을 음역해서

그대로 녹음하고 자막을 달아주어 그곳이 이국적인 장소임을 나타내는 것도 한 가지 방법이다. 우리의 김치나 태권도, 치마저고리가 그대로 음역되기를 바라는 것과 마찬가지다.

또 다른 문제는 문화적으로 생경한 표현이나 관용구를 우리말로 자연스럽게 동일화시킨답시고 지나치게 토속적인 것으로 바꾸어 화면과 유리되게 하는 것이다.

예를 들면 'a piece of cake'을 '누워서 떡 먹기'로, 'I'll bet against his winning'을 '그 녀석이 이기면 내 손에 장을 지지겠다'로 번역하는 것이다. 'There is no room for premature celebration'을 '떡 줄 놈은 생각도 않는데 김칫국부터 마신다'고 번역하거나 '날 찬밥 신세로 만들고'나 '사돈 남말 하는군' 등과 같이 토속적인 냄새를 진하게 풍기는 번역 대사들이 TV 외화에 자주 등장한다. 이런 번역은 의미전달은 잘 되지만 화면과 유리되어 우스꽝스럽게 들린다. 이때는 버터 냄새나 김치 냄새를 피한 중립적인 번역이 낫지 않을까. '식은 죽 먹기야.' '그 녀석이 이기면 내 성을 갈지.' '샴페인을 너무 일찍 터트렸어.'

영화 <반지의 제왕(The Load of The Rings)>에서는 '오크족'을 번역자가 '괴물'로 번역한 것이 마니아들의 지적을 받았다. 이것은 특정 종족의 이름인 만큼 고유명사로 보고 그대로 음역을 해주어야 한다는 주장이었다. 어떤 것을 그대로 음역하고 어떤 것은 의미를 살려 번역하는 편이 나을 것인지에 대한 판단 기준은 명확하지 않다. 다만 원작의 의미를 많이 살려 주어야 할 필요가 있고 관객들이 그 원작의 배경에 대한 지식이 충분하다고 여겨질 경우에는 원래의 분위기를 살리기 위해 음역을 해주는 편이 나을 것이다. 어린이들이 보는 만화영화라면 생소한 외래어 이름보다는 '괴물족'이 전달이 더 잘 될 수도 있다. 상황에 따른 선택의 문제이다. 번역극에서도 이런 고유명사를 어떻게 해야 할 것인지에 대한 문제가 제기될 수 있다. 어떤 경우에는 우리말로 동일화시켜서 토속적인 대사들이 자주 눈에 띄기도 한다. 학전에서 공연된 셰익스피어의 <한여름밤의 꿈(A Mid-summer Night's Dream, 최형인 역)>에서도 '내 손에 장을 지지겠다', '갑돌이', '갑순이', '예쁜이', 개똥이' 등과 같은 토속적인 대사들이 구사되었다.

그러나 이것은 우리 배우들이 제한된 수의 관객을 앞에 두고 공연하는 연극으로서 관객을 무대 가까이 끌어들이려는 데 목적이 있는 것이므로 어색하지 않고 재미있게 들릴 수도 있다.

그러나 외국을 배경으로 화면에 외국 배우들이 나와 연기를 하는 외국 영화의 경우에는 우리 문화의 토속성을 짙게 풍기는 대사는 영화의 분위기와 맞지 않아 난센스 코미디로 들리게 된다. 노랑머리 푸른 눈에서 김치나 된장 냄새가 나게 되는 것이다. 이 문제에 대해서는 로렌스의 『채털리 부인의 연인(Lady Chatterley's Lover)』에서 버터를 된장으로 번역할 수 있는가를 논한 김용옥의 주장을 음미해 볼 필요가 있다.

> 채털리 부인 코니의 생활공간 전체가 된장이라는 개념과 일관성을 이루도록 번역되기에는 너무나 어려운 난점을 갖고 있을 뿐 아니라 그렇게 될 수 있다 하더라도 채털리 부인의 삶의 체험 그 자체의 원 문맥이 드러났는가 하는 데에는 의심의 여지가 남는다. 채털리 부인의 버터가 된장으로 번역되는데 이의를 제기하는 사람의 생각 속에는, 즉 된장이라는 번역이 버터라는 원의를 오히려 왜곡시킬 수 있다는 생각 속에는, 이미 버터가 버터라는 음역만으로도 충분히 우리에게 의미를 가질 수 있다는 사실이 주장되어 있다.
> 버터는 이미 영국인의 것만이 아니라 버터라는 존재가 갖는 영국인의 도구 연관구조가 상당 부분 이미 우리 한국인의 생활공간 속에 침투되어 있다는 사실, 우리가 그들의 체험에 공감할 수 있다는 사실이 주장되어 있다.
> 이것은 거꾸로 버터가 의미를 갖는 도구연관이 우리의 체험세계 속에서 발견되지 않을 때에는 버터가 버터로 음역될 수 없다는 사실을 반증한다.

만약 백 년 전에 한국에서 서양 작품이 번역됐다면 버터는 된장으로 번역될 수밖에 없는 운명에 놓이게 된다.[50]

영화 <7년 만의 외출(The Seven Year Itch)>에서 여주인공은 와이셔츠에 여자 립스틱이 묻어도, 남편이 워낙 착실한 가장이기에 '라스베리 소스'가 묻은 걸로 굳게 믿는다는 대사가 나온다. 여기서 라스베리 소스는 우리나라 사람들의 생활공간에 아직은 많이 침투되어 있지 않다고 할 수 있다. 따라서 주를 달 수 없는 방송의 경우에는 색깔이 비슷한 '딸기 잼'이나 '토마토 케첩'으로 바꾸어주는 것이 나을 것이다. 그렇다고 '고추장'으로 바꾸면 곤란하다. 지나치게 토속적인 냄새를 풍겨서 외화의 맛을 죽일 수가 있기 때문이다. 때로는 그 표현을 살리고 싶을 때 더빙 영화라면 자막을 넣는 방법도 있긴 하지만 역시 감상에 방해가 되기 쉽다.

이러한 예를 보아도 번역은 확실히 단순한 문자기호만 옮기는 과정이 아니라 문화와 문화가 만나 융합되면서 의미가 발생하도록 하되 원작의 향취와 분위기를 해치지 않도록 노력해야 하는 작업이다.

영화 <반지의 제왕>에서 'Middle-Earth'를 '중원'으로 번역한 것이 중국의 황허 유역을 가리킬 수도 있다고 해서 '중간 대륙'이나 '중부 대륙' 또는 '중간계'로 바꿔야 한다는 지적이 나온 것도 역시 문화적인 요소가 변질될 것을 우려한 때문이다.

17. 아차 하면 오역하기 쉬운 대동사, 대명사

영화 <딥 임팩트(Deep Impact)>에서 지구를 향해 돌진해 오고 있는 혜성을 막기 위해 우주에 파견된 지구구조작전 대원들은 혜성을 두 동강 내는 데는 성공하지만 큰 덩어리는 여전히 지구를 향해 오고 있다. 이때 메시아호 선장은 혜성의 표면에 내려가 폭파용 핵무기를 심고 돌아오는 작전을 행하려 한다.

그러나 내려갔다 하면 연료가 모자라 다시 이륙을 할 수가 없다. 대원들은 운명의 순간을 두고 고민한다.

예 1)

Tulchinski We may not have enough life support left to get back in to the cargo bay for the nukes, much less to go down to the comet.

Simon   We sure as hell don't have enough propellant left in the Messiah to manoeuvre with…….

            How are we supposed to get back off the surface, once we've gotten down there?

Baker   (pant)

Monash	We don't.
Baker	Well, look at the bright side. We'll all have high schools named after us.

툴친스키	생명유지장치가 부족해서 혜성에 내려가기는커녕/ 핵무기를 가지러 갈 수도 없습니다./
사이먼	현재 메시아호엔 추진연료도, 충분하지 않습니다./ 일단 혜성 표면에 내려간다 해도/ 어떻게 돌아오려구요?/
베이커	(호흡)/
모나쉬	돌아오지 않는 거야./
베이커	(한숨) 밝은 면을 봐요./우리 이름을 딴 학교가 생길 거니까./

여기서 작전 대장이었던 모나쉬의 결정적인 대사 "We don't"를 따로 떼어서 생각할 경우 자칫하면 반대로 "(작전을) 하지 말자"로 해석할 수도 있다. 이 대동사는 위의 사이먼의 대사 "We don't get back off the surface"의 준말이다. 다시 말해 혜성 표면에서 이륙해서 돌아오지 않는다는 뜻이다. 모나쉬의 영웅적인 이 한마디로 대원들은 자신들의 목숨을 희생하면서 지구를 구하겠다는 숭고한 결심을 하게 된다.

예 2)
<아메리칸 뷰티>에서 리키가 바람에 흩날리며 춤추는 봉지 장면을 찍은 비디오를 제인에게 보여주며 말한다. 이 대목은 레스터의 마지막 대사와 함께 이 영화의 주제를 다루고 있어서 매우 조심스럽게 정확하게 번역해 주어야만 영화의 깊이를 잘 살려낼 수 있다.

Ricky
It was one of those days when it's a minute away from snowing. And there's this electricity in the air, you can almost hear it, right? And this bag was just …… dancing with me. Like a little kid begging me to play with it. For 15 minutes. That's the day I realized that there was this entire life behind things, and this incredibly benevolent force that wanted me to know there

was no reason to be afraid. Ever.

Video is a poor excuse, I know. But it helps me remember……. I need to remember…….

Sometimes there's so much beauty in the world I feel like I can't take …… and my heart is going to cave in.

밑에서 두 번째 줄의 "I can't take……"에서 'take' 다음에 'it all'이 생략되었다. 여기서 'it'은 'so much beauty'를 받는다. 그 모든 아름다움을 다 감당할 수가 없을 것 같아서 가슴이 무너져 내린다는 뜻이다. 비디오 번역대로만 감상할 경우 조금씩 뜻이 달라지면서 영화의 감동을 약화시킬 수 있다.

비디오 번역	대안
그 날은 마치 첫눈이 내릴 듯했어 공중엔 자력이 넘실댔고 춤 소리가 들렸어/이해하지?	금세라도 눈이 쏟아질 듯한 날이 었어 대기 중엔 기가 넘쳤지 소리도 들리지 않아?
저 봉지는 나랑 춤추고 있었어 같이 놀자고 떼쓰는 애처럼 무려 15분 동안이나	
그 날 난 체험했어 눈에 보이지 않는 세상과 신비롭도록 자비로운 힘을! 내게 두려울 게 없다는 것을 깨우쳐줬지 영원히/	그 날 난 깨달았어 세상 모든 것엔 보이지 않는 생명력이 있다는 걸 그 놀랍도록 자비로운 힘은 내게 두려울 게 없다는 걸 알려주었어, 영원히
비디오로 보면 느낌이 약해	비디오는 생생하진 않지만

기억을 되살려주긴 하지만	기억을 살려주긴 해
꼭 간직하고 싶어	
너무나 아름다운 것들이 존재해	세상엔 아름다움이 너무 많아
이 세상엔 말야	때론 그걸 다 감당할 수가 없어
그걸 느끼면 참을 수 없어	내 가슴은
나의 가슴이……	무너져버릴 것 같아
움츠러들려고 하지	

예 3)

레스터의 마지막 대사 중에 나오는 it도 오역하기 쉽다. 여기서는 앞에서 말한 so much beauty를 받고 있다. 총격을 받아 죽는 순간 딸과 아내를 떠올리고 자신의 인생에서 보았던 아름다운 것들을 회상하면서 그런 아름다움을 보았기에 보잘것없는 삶의 순간순간들에 감사한다는 내용이다. 빗물처럼 흘러내리는 것은 '희열'이 아니라 '아름다움'이다.

Lester   Jane, and Carolyn. I guess I could be pretty pissed off about what happened to me……. but it's hard to stay mad, when there's so much beauty in the world. Sometimes I feel like I'm seeing it all at once, and it's too much, my heart fills up like a balloon that's about to burst……. and then I remember to relax, and stop trying to hold on to it, and then it flows through me like rain and I can't feel anything but gratitude for every single moment of my stupid little life……. You have no idea what I'm talking about, I'm sure. But don't worry……. You will someday.

비디오 번역	대안
살다 보면 화나는 일도 많지만	살다 보면 울화통이
분노를 품어선 안 된다	치밀 수도 있지만
세상엔 아름다움이 넘치니까	세상엔 아름다움이 넘친다
아름다움을 느끼는 순간……	그게 한꺼번에 몰려올 때면

가슴이 벅찰 때가 있다	가슴이 벅차올라
터질 듯이 부푼 풍선처럼	풍선처럼 터질 것만 같다
하지만 마음을 가라앉히고	하지만 마음을 가라앉히고
집착을 버려야만 한다는 걸	거기에 매달리지 말아야지
깨달으면	하고 생각하면
희열이 몸 안에 빗물처럼 흘러	그 아름다움이 내 몸을 타고
오직 감사의 마음만이 생긴다	빗물처럼 흘러내리고
소박하게 살아온 내 인생의	보잘것없는 내 삶의
모든 순간들에 대하여	순간순간들에 감사하게 된다
여러분, 무슨 뜻인지 어렵나요?	무슨 얘긴지 당신은 모르리라
하지만 걱정 마세요	하지만 염려 말라
언젠가는 알게 될 테니까/	언젠간 당신도 알게 될 테니

예 4) 영화 <그랜드 캐넌(Grand Canyon)> 중에서
1992년 베를린 영화제 각본상을 받은 영화 <그랜드 캐넌>은 가진 자와 못 가진 자 사이에 깊어가는 골을 보면서 그래도 그것을 메우려는 이웃의 작은 노력이 있는 세상은 아름답지 않느냐는 이야기를 담고 있다. 목숨을 구해 주고 서로 도와주면서 인생의 동지가 된 매크와 사이먼 두 사람은 가족들을 데리고 그랜드 캐넌을 다시 찾는다. 두 사람은 협곡 가장자리에 앉아 아래를 내려다본다. 그때 사이먼이 하는 말이다.

Simon Isn't it beautiful?
여기서 it 은 세상을 가리킨다. '그래도 세상은 아름답지 않아?' 하는 뜻이다.

흔히 나오는 They도 주체가 누구인지를 파악하고 번역해야 한다. 정부, 경찰, 당국, 적, 학교 당국, 부모, 학생, 또는 막연한 사람들을 가리킬 때 They로 나타내는 경우가 많다.

예 5) 성적인 의미가 담긴 it

<애니씽 엘스> 아펙스 엔터테인먼트 제공. 발랄하고 까다로운 애인을 만나 난감한 제리가 친구 도벨 (우디 알렌)에게 훈수를 받는다. 청춘 영화 <아메리칸 파이>의 크리스티나 리치와 제이슨 빅스가 출연.

Rough kid 1 You want to see it, don't you?
Adam Just keep it in your pants.

영화 <아름다운 세상을 위하여>에서 몸집이 큰 깡패 학생이 어린 아담에게 다가와 자기가 비밀리에 간직하고 다니는 잭나이프를 보여줄까 물어본다. 그러자 아담은 구경꾼들에게 깡패가 자기 성기를 보여주려고 하는 것처럼 큰 소리로 떠든다. 이때 아담이 말하는 it은 깡패의 성기를 뜻한다.

깡패 내 물건 한번 볼래?
아담 그건 팬티 속에나 넣어둬!/

예 6) 영화 <애니씽 엘스(Anything Else)> 중에서
2002년에 나온 우디 앨런 감독, 제이슨 빅스와 크리스티나 리치 주연의 로맨틱 코미디에도 'it'이 성을 암시하고 있다.

Amanda	But I didn't do it because I care about him.
Jerry Falk	No? What then? To punish him?
Amanda	No, I did it because I had to find out if there was something wrong with me. (중략) I had to know if I could even get aroused anymore and have an orgasm.

아만다의 대사는 '하지만 걔가 좋아서 같이 잔 게 아니야'라는 뜻이다.

예 7) 다큐멘터리 <초현실주의자 달리(Salvador Dali)> 중에서

Meredith Smith	He was a voyeur who liked to watch other people at it.

여기서 'at it'은 다른 사람들이 성행위를 하는 장면을 말하고 달리는 그걸 훔쳐보기를 즐기는 관음증이 있었다는 뜻이다.

18. 종교적인 상징은 어떻게?
— 십자가를 지게로?

자주 인용되는 괴테의 어록 중에 "눈물 젖은 빵을 먹어보지 않은 사람은 인생의 참다운 맛을 모른다"는 말이 있다. 여기서 '빵'을 '밥'으로 번역한다면 우리나라 사람들에게 더 절실하게 다가갈까?

성서에는 "너희는 떡으로만 살 게 아니라 하느님의 말씀으로 사느니라"라는 구절이 나온다. 초기 성서 번역자들은 아마도 빵이 우리 문화 속의 떡과 흡사하다고 생각한 모양이다. 이런 번역은 수없이 많이 있다. 초원의 양떼를 보기 힘든 에스키모 문화권의 사람들에게 "lamb of God(하느님의 어린 양)"을 신의 어린 물개(seal)로 하자는 주장도 있었고, 눈이 오지 않는 아프리카 적도 부근의 사람들에게는 '네 죄를 눈처럼 희게'를 '백조의 깃털처럼 희게'로 번역해서 더 쉽게 이해될 수 있도록 하자는 주장도 나왔다.[51] <황색의 그리스도>라는 고갱의 회화 작품도 있지 않은가.

우리나라에서도 초기 성서학자들은 십자가를 '지게'로 하는 게 어떨까 하는 주장이 대두되기도 했었다. 그렇게 된다면 성서는 각 지역마다 다른 버전이 나오게 될 지경이었다. 그래서 성서 번역에서 종교적인 상징을 어떻게 할 것인가를 두고 국제 성서 번역 회의가 열렸고, 결국 종교적인 상징은 그대로 두기로 합의를 보았다. 그 문화권에 맞게 설명을 해주는 것은 목회자의 몫이라는 것이다. 성서 번역기준에 대한 합의가 없었다면 어쩌면 "너의 십자가를 지고 나를 따르라" 하는 구절이 "너의 지게를 지고 나를 따르라"로 번역될 수도 있었을 것이다. 문학평론가 김병익은 1960년대 후반에 교회가 십자가 대신 '지게', '빵과 포도주' 대신 '떡과 막걸리'로 상징을 바꾼 곳도 있었다고 말한다.

> 서구 기독교의 토착화를 위한 의욕이라고 할 수 있었던 이 시도는 그러나 십자가, 빵, 포도주는 기독교의 핵심적 본질기호로서 다른 유사물로 대치될 수 없다는 신학계의 판단에 따라 보류되었다.[52]

마찬가지로 서양 문화 속의 빵은 이미 우리 문화 속에 깊숙이 침투해 있는 단어가 되었다. "빵을 벌기 위해 그는 새벽부터 밤늦도록 돌아다녔다"고 번역을 해도 '밥벌이'를 뜻하는 말로 알아들어서 소통에 지장이 없는 시대가 된 것이다. 이것을 굳이 '밥'으로 번역할 이유가 있을까?

그러나 일상생활을 다룬 외국 영화의 더빙에서 파란 눈의 엄마가 아이들에게 "얘들아, 밥 먹자"로 하는 것은 토속적인 분위기를 풍긴다. "저녁 먹자" 또는 "아침 먹자"로 하는 편이 나을 것이다.

19. 화학적 변화가 필요한 번역

자국어와 언어 구조가 완전히 다른 언어를 번역할 때는 언어 기호나 문법 규칙만 바꾼다고 번역이 되는 것이 아니다. 같은 상황에서도 그 언어 특유의 표현방식이 있으므로 상황과 의미를 완전히 소화한 뒤 자국어로 재창조해 내야 한다.

영화 <고독한 여인, 샤넬(Chanel, the Solitude)>에서 샤넬이 동성애 관계에 있던 미시아와 함께 향수 이름 '샤넬 넘버 파이브'를 지어내는 순간의 대사가 그런 경우에 속한다.

Chanel	But the most important part of this riotous evening……./
Misia	Mad passion and love?/
Chanel	No. Try this Misia. The woman who wears no scent has no future.
Misia	Hm, It has soul.
Chanel	Damn the soul! Describe the smell.
Misia	Abstract. Nothing and everything gardens.
Chanel	They are 80 different ingredients now. I have tried 5 times to get the everything nothing garden smell. I think it's right at last.

Misia	I'll call it Misia No. 5. Why not?/
Chanel	No. 5? That's a good idea. I was always been lucky with 5.
Misia	What about 'Misia'?
Chanel	Luckier with just myself.

여기서 가장 번역이 어려운 부분은 미시아의 대사 "Abstract. Nothing and everything gardens"이다. 샤넬의 대사에서 80가지 성분을 섞어 드디어 명품을 얻었다는 말이 나오는 것으로 보아 온갖 꽃향기와 수액을 채취해 섞었다는 이야기가 된다. 말 그대로 'abstract'를 '추상적'이라고 번역하면 무슨 소리인지 알 수가 없다. 향기가 추상적이라는 말은 어울리지도 않는다.

여기서 'abstract'는 향기에 알맞은 말로 바꾸어 깊고도 신비롭다는 뜻의 '오묘해'로, 'Nothing and everything gardens'는 '뭐라 꼬집어 말할 수 없는 꽃향기'로 번역해 보았다.

2001년에 작고한 데니카 셀레스코비치(Danica Seleskovitch) 교수의 말을 빌리면 "통역과 번역은 구워내도 형태가 변하지 않아 알아볼 수 있는 건포도와 같은 부분과, 빵 반죽처럼 구워내면 형태가 변해 밀가루, 우유 등 반죽 재료를 알아볼 수 없는 부분으로 구성되어 있다."

예를 들어 영어 'rice'를 쌀이라 한다면 이는 건포도에 해당되고, 프랑스 영화에서 승객이 버스에서 내리려는데 문이 닫히면 "porte(문)"라고 소리치는데, 자막에 "열어줘요!"라고 나온다면 이는 반죽에 해당한다. 화학적인 변화가 일어난 번역이라는 것이다.

셀레스코비치는 드골·퐁피두·미테랑 대통령에 이르기까지 수십 년간 현장에서 통역한 경험을 바탕으로 "언어를 대상으로 연구하는 언어학과는 달리 통역 번역학의 연구 대상은 의사소통 과정이며, 통역 번역에서 언어는 메시지를 전달하는 도구일 뿐이다"라고 정의했다.

또한 그는 번역에서 물리적 변화와 화학적 변화 이론을 전개했다.

원본 텍스트의 단어에서부터 추상적인 개념을 취합해 언어가 없는 정신적인 이미지(mental image)로 바꾼 다음 이것을 다시 목표 언어의 말들로 언어화한다. 이러한 변형과정은 정보 전달만을 목표로 하는 경우에는 도움이 될 수 있다. 하지만 화학적인 변용이 됨으로써 완전히 새로운 것이 되어버렸기 때문에 다시 뒤집어서 입증해 볼 수 없는 언어가 되어버린다.

그러나 그의 이러한 멘탈 이미지 이론은 문학 번역 이론가들의 반대에 부딪치고 있다. 문학 번역에서는 작가가 쓴 단어 하나하나가 모두 이유가 있으며 매우 중요한 가치를 지닌다고 보기 때문이다. 롤랑 바르트는 지식인과 작가를 분명히 구별하고 있다.

작가는 언어 그 자체가 목적인 사람이며 지식인은 언어를 정보의 전달 도구로 생각하는 사람들이라는 것이다.[53]

단어의 중요성

화학적인 변용을 하다 보면 단어를 무시함으로써 오류를 범할 수 있다고 경고하는 학자들도 있다. 의미를 찾아내기 위해서 단어를 무시하는 중요한 실수를 하지 말 것을 권하기도 한다.

햄릿에 나오는 구절을 예로 들어보자.

"I am able to distinguish between a hawk and a handsaw."

이 말은 "I am able to distinguish between a hawk and a handsaw, between the bird and the tool"이라는 뜻이다. 이탈리아 트리에스터 대학 스넬링(David Snelling) 교수에 따르면 이탈리아어 번역자인 세르피에리(Serpieri)는 'handsaw'는 셰익스피어가 왜가리라는 뜻의 'hearnshaw'를 갖고서 말장난한 것임을 알아차렸다고 했다. 그러니까 햄릿의 말엔 이런 두 가지 뜻이 담겨있다. "I know how to distinguish a hawk 1) from another

bird of its own kind, and 2) from a craftsman's tool." 세르피에리는 이것을
훌륭하게 번역해 냈다. hawk는 쉽게 바꿀 수 있었다. 이탈리아어로
sparviero는 sparrow-hawk(새매)이기 때문이다. 그런 다음 새 이름도 되고
연장 이름도 되는 단어를 찾아낸 것이다. 그래서 영어로 번역하자면
"I know how to distinguish between a sparviero(새매) and a spatola.(해오라기,
흙손)"가 되었다. 'spatola'는 이탈리아어로 긴 부리를 가진 해오라기란
말이면서 미장이가 쓰는 '흙손'이라는 뜻도 있기 때문이다. 단어를 존
중하면서 원문의 의미에 충실하게 번역한 좋은 예이다. 결국 햄릿이
한 말은 "나는 같은 범주 안의 두 가지 사물을 구별할 수 있을 뿐
아니라 서로 범주가 다른 것까지도 구별할 줄 안다(I know how to dis-
tinguish between two things of the same category and I know how to distinguish
between one category and another)"는 뜻을 넌지시 표현한 것이다. 이탈리아
번역은 시적인 함축 효과는 그대로 살린 채 두 가지 의미를 모두 포함
시켰다고 할 수 있다. 우리말 번역(이태주)에서는 이렇게 되어 있다.
길드스턴에게 하는 말이다.

"북북서 쪽에서 바람이 불어오면 나는 광기가 일거든. 바람이 남쪽
에서 불어오면 그래도 매와 해오라기쯤은 구별할 수 있다네."(2막 2장)
두 가지 의미를 다 살리진 못했다. 해오라기(또는 그 비슷한 종류의 새)
의 뜻을 가진 말이면서 흙손처럼 어떤 도구의 뜻을 가진 우리말을
찾아내야 한다. 조류 도감을 찾아보면 새의 이름이면서 도구 이름도
되는 것에 물총새가 있다. 따라서 "물닭과 물총쯤은 구별 할 수 있다
네"로 하는 것이 어떨까 한다.

20. 문화를 알아야 번역이 보인다

문화와 문화, 지평과 지평이 만나(cross-cultural event) 융합하는 데서 의미가 발생할 때 이것을 번역이라고 말한다. 문화는 전달 기능이 있을 때는 이국적인 요소를 그대로 살리는 이질화(foeignize) 번역을, 전달이 되지 않을 때는 동일화(domesticate)를 하는 것이 일반적이다.

(1) 나는 패사디나 출신 아가씨를 신부로 맞고 싶어

패사디나는 LA 근교 중산층이 사는 고급 주택가이고 미국의 명물인 슈퍼볼이 열리는 곳이다. 이때는 꽃차가 등장하고 그 앞에 패사디나 출신의 늘씬한 미녀들이 서서 퍼레이드를 벌인다. 따라서 이런 미국 문화를 잘 모르는 사람들을 위해 '양갓집 규수'라는 표현을 쓰는 것이 더 이해하기 쉽다.

(2) 저 녀석은 스타트랙의 데이터 같은 녀석이야

'데이터'는 공상과학 시리즈물 <스타트랙>에 나오는 로봇인간으로서 감정 칩이 들어 있지 않아 남의 마음을 헤아릴 줄 모른다. <스타트랙>이라는 영화를 알아야만 번역이 가능하다. 더빙일 경우에는 '데이터 - 스타트랙에서 감정 칩이 들어있지 않은 로봇'이라고 자막을 넣어줄 수가 있다. 마니아층이나 TV 앞에 앉아 열심히 영화를 보는 시청자들에게는 그것이 친절한 가이드가 될 수도 있지만 편안하게 영화를 감상하는 데는 방해가 될 수 있다. 대사 속에 녹여서 '감정이라고는 전혀 없는 녀석이야'로 번역해 주는 것이 어떨까 한다. 이렇게 지나간 영화나 만화, 쇼 등의 주인공들을 거론할 때는 당대의 시청자들에게 전달기능이 있는가를 고려해서 그대로 살리면서 자막을 넣어줄 것인지 전달 기능이 있는 단어로 바꿀 것인지 판단해야 한다.

(3) 나는 데이비드 크로켓(David Crockett)만큼 부자야

영화 <포레스트 검프(Forrest Gump)>에 나오는 검프의 대사이다. 데이비드 크로켓은 서부개척시대에 알라모 요새를 지키다 숨진 정치인이자 무인이다(1786~1836). 가죽 셔츠와 바지, 모피 모자를 쓴 모습으로 각인되었고 유머가 풍부하고 모피장사로 부자가 된 인물이다. 현대인은 잘 모르는 인물이어서 현대적인 부자의 대표 인물로는 전달능력이 없다. 이럴 때에는 우리나라 사람들도 아는 카네기나, 록펠러로 바꿔주는 게 낫지 않을까 생각된다. 그러나 최근의 세계적인 갑부인 빌 게이츠로 바꾸어주면 영화 속 시대(베트남 전)와 맞지 않아 우스꽝스런 번역이 된다.

(4) When I see a colonial home, I always think of Frank, um delicious! (혀로 입술을 핥는다)

식민지풍의 집을 보면 프랭크가 생각난다는 뜻인데, 말 그대로만 번역해선 무슨 얘기인지 알 수가 없다. 그 집이 어떻게 생겼는지 문화적인 이해가 있어야 한다. 영화 <아웃 오브 아프리카> 등에서 보듯 식민지풍의 집들은 앞에 통통하게 살찐 육중한 기둥들이 죽 늘어서 있다. 이것이 프랭크 소시지를 연상시킨다는 뜻이다.

'식민지풍 저택의 우람한 기둥만 봤다 하면 소시지 생각이 나서'
이렇게 번역해야 전달이 된다.

(5) 영화 미세스 다웃파이어(Mrs. Doubtfire) 중에서

아내에게서 쫓겨난 실업자 다니엘(로빈 윌리엄스)은 아이들과 함께
있고 싶어 교양 있는 영국 부인으로 분장하고 가정부로 들어간다. 어
느 날 아내 미란다에게 접근하는 스튜(피어스 브로스넌)를 떼어내기 위
해 이런 짓궂은 말을 한다.

Doubtfire	I hope you bring cocktail sauce.
	She's got crabs. And I don't mean Dungeness.

이 대사를 말 그대로 번역해보자.

다웃파이어	칵테일 소스는 가져왔겠죠?
	미란다한테 게가 있거든요. 던지니스 대게 말구요/

이렇게만 번역해서는 도저히 무슨 말인지 알 수가 없다. 이 대사는
미국 문화에서 두 가지 사실을 알아야만 제대로 번역할 수 있다. 첫째,
크랩(crab)에는 먹는 바다 게라는 뜻 외에 '매독'이라는 뜻이 있다는
것, 둘째는 던지니스(Dungeness)는 워싱턴 주에서 맛있는 게 생산지로
서 던지니스 대게를 의미한다는 것이다.

칵테일 소스는 대게를 먹을 때 찍어먹는 새콤한 소스로 음식을 비
유로 삼은 것을 살려주면 만족스럽겠지만 거기까지 갈 수 없는 것이
안타까웠다. 하는 수 없이 이렇게 번역해 보았다.

다웃파이어	장화는 가져왔겠죠?/
	미란다가 몹쓸 병이 있거든요. 발에 신는 거 말구요/

<제트 래그> 펠릭스가 식사 도중 햄이 신선하지 않자, "이 돼지는 죽은 보람도 없군"이라고 말하며 익살을 떤다.

(6) 영화 <제트 래그> 중에서

조종사들의 파업으로 샤를 드골 공항에서 발이 묶인 펠릭스(장 르노)와 로즈(줄리엣 비노쉬). 로즈가 휴대전화를 빌려 쓰는 것을 계기로 둘은 대화를 시작한다. 펠릭스가 여행하면서 혼란스러운 세계를 접하게 된다고 말하자 로즈는 그런 세계가 맘에 든다고 말한다.

펠릭스	There are other cultures, we've come a long way since the Popular Front, you know? The Web, globalization, terrorists, war, have you heard about that?
로즈	But I like them, these odors. Perfume sure, but I like em all uh …… stale tobacco, uh, I don't know, the newspaper, sweat ……. it's life. The web uh is odorless.

펠릭스의 대사를 제대로 번역하기 위해서는 인민전선(Popular Front)

이 무슨 뜻인지 알아야 한다. 1930년대에 나치에 대항하기 위해 프랑스에서 공산당과 사회당, 그리고 노동계급까지 합해서 결성된 통일전선이다. 그러므로 '30년대 격동기 이후로 큰 변화가 있었다'라고 번역하면 적절할 것이다. 로즈의 대사에 나오는 web은 가상의 세계인 월드와이드 웹을 가리킨다. 그러나 많은 사람들이 익히 알고 있는 '인터넷'이라는 말을 써야만 제대로 전달이 된다. "인터넷의 세계엔 삶의 냄새가 없죠"라는 뜻이다.

(7) 영화 <해피 텍사스> 중에서

HARRY   So we're gay. How hard can that be?

WAYNE   It might not be hard for you, Rock Hudson, but I have got heterosexual —

영화에선 두 주인공이 게이 역을 해야 되는 상황이 된다. 해리가 그게 뭐 그리 어렵겠느냐고 말하자 웨인이 해리를 록 허드슨에 비유하면서 그가 게이였던 사실을 떠올리게 만든다. '록 허드슨'을 번역에서 살려줘야 하느냐 마느냐의 문제가 생긴다.

"록 허드슨, 너한테야 어렵지 않을지 모르지만 난 게이가 아니야." 록 허드슨이 얼마나 전달능력이 있을지를 생각해 보아야 한다. 나이든 세대는 그가 미남에다 게이였던 사실을 알고 있지만 젊은 세대는 거의 알지 못한다. 따라서 굳이 록 허드슨을 살려줄 필요는 없을 것이다.

해리   우린 이제 게이야. 그게 뭐 어렵겠어?

웨인   자네 같은 미남은 그게 쉬울지 몰라도
               난 게이가 아냐

(8) 범문화적인 단어들

비슷한 것을 가리키지만 언어 외의 다른 의미(connotation, 내포)가 함축된 말로서 가장 전형적인 것이 식료품이다. 'bread, rice, wine bread, rice'는 빵이나 쌀보다는 일용할 양식을 의미하고, 와인(wine)은 꼭 포도주가 아니고 그저 술을 뜻할 때가 많다. 한잔 하자는 뜻으로도 많이 쓰인다.

(9) 내가 찰스 맨슨인줄 알아?

찰스 맨슨(Charles Manson)은 1970년대 미국에서 일어난 희대의 엽기적인 살인 사건의 범인이다. 이름 그대로 음역해선 아무도 못 알아듣는다. 시대가 너무 오래 흘러서 음역만 해서는 전달 기능이 없으므로 보통명사화해서 살인마로 바꿔주는 편이 전달에 도움이 된다.

(10) 영화 속의 법대생들이 변호사 실습을 하면서 'Clarence Darrow!' 하고 건배를 한다.

말 그대로 '클래런스 대로우를 위해!' 이렇게 번역해선 아무도 알아듣지 못한다(대로우는 1880년대 미국의 유명한 인권 변호사로서 정의, 진실을 찾기 위해 애썼고, 사형제의 폐지 등을 주장한 인물이다). 따라서 '정의를 위해!'로 번역하는 편이 더 나을 듯하다.

(11) the year 1499, millennial anxiety

새로운 세기에 대한 불안? 아니다. millennial이란 새 천년이란 뜻이다. 그럼 새 천년에 대한 불안일까? 역시 아니다. 1499년은 세기가 바뀌어 1500년을 앞두고 있는 해이다. 이것은 적그리스도가 나와 세상을 혼란케 한다는 기독교의 천년왕국에 대한 배경지식이 있어야 이해가 가능하다. '천년왕국에 대한 불안'으로 번역해야 적합하다.

(12) Save the bucket and spade for later, we got to save the dog!(<개구쟁이 데니스> 중에서)

서양 아이들이 모험을 나갈 때 양동이와 삽을 가져간다는 데서 비롯된 말이다. '모험은 뒤로 미루고 강아지부터 구해야겠어' 하는 뜻이다. 서양 어린이들의 문화를 모른다면 단어에 집착하다 이상한 번역을 하게 된다.

(13) a Hitler — 히틀러와 같은 독재자, an Edison — 에디슨과 같은 발명가
그 친구는 우리 동네의 셰익스피어다 — '우리 동네에서 알아주는 문인'이라는 뜻이다.

"Your firm is, hands down, the Rolls Royce of local Real Estate firms."
부동산 업계의 롤스로이스란 말은 "부동산 업계에서 제일 잘 나가는 회사잖아요"라는 뜻이다.

(14) No, no, I stop. stop it. My God, woman, you who could sell sour milk to cows[영화 <진주 귀고리를 한 소녀> 중에서]
화술이 너무 좋아, 자기 몸에서 젖을 내는 소한테 상한 우유를 팔 사람이라는 뜻이다.

"오 그만, 그만, 맙소사, 소한테 상한 우유라도 파시겠군."
이 비유를 우리말로 동일화시킨다고 가정하면 "에스키모한테 냉장고를 팔 사람이군" 또는 "아프리카에 가서 히터를 팔 사람이군"으로 바꿀 수 있겠지만 17세기 유럽의 공간에서 냉장고나 히터는 맞지 않는다. 따라서 이 말은 그대로 번역해도 전달 기능이 있기 때문에 굳이 우리 속담으로 바꾸지 않아도 될 듯하다.

(15) 문화적인 차이를 어떻게 극복할까

예 1) We were like carrot and peas(영화 <포레스트 검프> 중에서).
양식에 반드시 달려 나오는 당근과 완두콩처럼 단짝이란 뜻이다. 말 그

대로 번역해서 '우린 당근과 완두콩 같은 사이'라고 번역했다간 우리 문화에선 얼른 머리에 들어오지 않는다. '바늘과 실'처럼 붙어 다니는 것으로 바꿔줘야만 전달 가능하다.

예 2) I know New York like back of my hand.
뭔가를 훤히 잘 알고 있다고 얘기할 때 서양 사람들은 손등을 보면서 이야기한다. 그러나 우리말에서는 '뉴욕이 내 손등처럼 훤하다'는 표현은 어색하다. 이것은 '손바닥처럼'으로 해주는 것이 순간적인 전달에 더 효과적이다.

예 3) We babbled like monkeys (영화 <포레스트 검프> 중에서).
'원숭이처럼 재잘댔다'는 표현은 우리 문화 속에서 전달기능이 없거나 전달될 때까지 시간이 걸린다. '종달새처럼' 또는 '참새처럼'으로 바꿔주는 게 좋다.

예 4) 만화 시리즈 <우주 가족 젯슨> 중에도 비유가 우리 문화와 맞지 않아 전달 기능이 없는 표현이 있다.

"Tummy down on that table and we'll have you purring like a kitten!"
말 그대로 번역하면,
배 깔고 누우세요. 그럼 고양이처럼 옹알거리게 해줄게요.
이 번역으로는 뜻이 살지 않는다. 마사지를 받으면 기분이 좋아져서 콧노래가 나오거나 잠이 솔솔 올 것이라는 뜻이다.
"테이블에 엎드리세요. 그럼 저절로 잠이 솔솔 오도록 해드릴게요."

예 5) You are a mess. Ugh, but don't ever let anybody tell you don't have nice eyes, mediterranean blue, aren't they?
'지중해 빛 푸른 빛'이라는 표현이 우리 문화에서 전달기능이 있을까를 생각해 보아야 한다. 세계화가 더욱더 가속화되어서 그 짙푸른 색깔의 지중해를 동해안에 가듯이 쉽게 갈 수 있는 때가 오면 그대로 번역해도 되겠지만 아직은 전달 기능이 약하다고 할 수 있다. 일회적이고 순간적으로 지나가는 영화 번역에서는 더욱 그렇다.

"몸은 엉망이군요. 하지만 손님 눈만은 호수처럼 파랗다는 소리를 듣지 않으세요?" 아니면 '보석처럼 반짝인다'로 바꾸어도 좋을 것이다.

영화 번역은 문화의 전달 기능도 있지만 의미의 전달이 우선되어야 하기 때문이다.

예 6) But by 1982 the dragon of inflation had been slain.

아시아에서는 용을 상서로운 짐승으로 여기지만 서양에서는 해롭고 두려운 존재로 여기는 경우가 더 많다. 따라서 "인플레이션이라는 용은 1982년 퇴치되었다"로 번역하기보다 "괴물은 퇴치되었다"로 해주는 편이 뜻을 제대로 살리는 번역이 될 것이다.

"호랑이도 제 말하면 온다"는 영국에서는 "Speaking of ghost, ghost comes"로 러시아에서는 "Speaking of wolf, wolf comes", 중국에서는 "Speaking of Jojo, Jojo comes"로 표현한다.[54]

21. 김억의 번역 이식(移植)론

春望詞 (춘망사)

風花日將老 (풍화일장노)　佳期猶渺渺 (가기유묘묘)
不結同心人 (불결동심인)　空結同心草 (공결동심초)

지은이 — 薛濤 (설도), 시대 — 唐 (당)[55]

아마도 원문에 충실하게 번역한다면 이런 번역이 나올 것이다.

해는 지려 하는데 바람에 꽃은 지고
약속을 한 사람과 만날 날은 아득하네
사람과 사람 사이 마음은 잇지 못하고
헛되이 풀잎만 하나로 엮으려 하네

그러나 김억 선생은 이 시를 멋진 노래 가사로 바꾸어놓았다. 이규도, 조수미의 음성으로 아직까지 즐겨 불려지는 가곡의 가사가 되었다.

동심초

> 꽃잎은 하염없이 바람에 지고
> 만날 날은 아득— 타 기약이 없네
> 무어라 맘과 맘을 맺지 못하고
> 한갓되이 풀잎만 맺으려는고
> 한갓되이 풀잎만 맺으려는고

이 가사의 어디에도 번역을 한 티라고는 찾아 볼 수가 없다. 김억 선생은 그래서 번역은 모국어 속의 완전한 이식이 되어야 한다고 주장했다. 자신의 번역시집 『투르게네프 산문시』(1959, 홍자출판사) 머리말에서 그는 이렇게 번역론을 펴고 있다.

> 이 시에서는 거의 대담하다고 할 만치 해행문어법식(蟹行文語法式)을 무시하고 주격(主格)과 객격(客格) 같은 것은 물론, 자유로운 견지에서 될 수 있는 대로 한국어법식을 취하노라 하였습니다. 그러나 그것이 얼마만한 정도의 것이었는지는 역자로서 알 수 없습니다. 여하간 소위 '이식냄새'만은 없애보려고 노력한 것만은 거짓 없는 사실이외다. 그렇지 않고서는 이식작품이 독자에게 주는 감명이란 극히 적다고 깊이 자신하기 때문에서외다. 그리고 이식품은 반드시 독자적 가치를 가질 것이라 역자는 믿습니다. 서두에도 말하였거니와 역자가 이 산문시를 옮긴 것은 원작품을 존경하고 사랑하는 심성의 한 표시에 지나지 않는다고 다시 일언해 둡니다.[56]

세계화로 인해 지구촌이 점점 더 가까워지면서 이질적인 외래문화를 그대로 받아들이면서 낯선 것을 도리어 즐기는 분위기 속에서 김억의 번역 이식론이 현재에도 얼마나 호소력이 있을지는 알 수 없지만 번역작업에서 모국어의 자연스러움과 창의성을 최대한 발휘하려 했던 그의 노력은 높이 평가해야 하지 않을까 하는 생각을 해본다.

여기서 김억이 말한 해행문어법식(蟹行文語法式)이란 게가 걷는 모습대로 외국어의 문법을 따라 번역하느라 화학적인 변용을 이루지 못하고 단어 대 단어 식으로 번역하는 것을 말한다.

한시 번역 얘기가 나온 김에 중국 영화 <화양연화(花樣年華)> 중에서 마지막으로 화면에 뜨는 자막은 어떻게 번역되었는지 소개하고자 한다. 영화를 한마디로 요약해 주고 있는 이 마지막 자막은 한 편의 시나 다름없이 아름답다.

那些消逝了的歲月, 仿佛隔着一塊,
記着灰塵的琉璃, 看得到, 口不着.
他一直在懷念着過去的一切.

如果他能衝破 那塊記着灰塵的琉璃,
他會走回早已消逝的歲月.

나사소서요적세월, 방불격착일괴,
기착회진적유리, 간득도, 구불착.
타일직재회염착과거적일체.

여과타능충파 나괴기착회진적유리,
타회주회조이소서적세월.

지나가버린 그 시절은
희뿌연 유리창에 가로막힌 것처럼
볼 수는 있어도 잡을 수는 없는 것.

그는 지나가버린 모든 것들을 그리워했다.
세월을 가로막은 유리창을 깰 수만 있다면
그는 지나가버린 그 시절로 되돌아갔을 것이다. (이정원 번역)

22. 오역은 언제 일어나나

(1) 텍스트에 대한 이해와 원본언어에 대한 독해력이 부족할 때

외국어 실력과 작품에 대한 인식이 없다면 오역은 당연한 결과라고 할 것이다.

영화 <아메리칸 뷰티>에서 독선적이고 이중인격자인 아버지 때문에 스트레스를 받고 있는 리키가 레스터를 자기 방으로 데려가서 마약을 판 뒤에 집안에 있는 스테레오며 가구와 집기를 보여준다.

Ricky   My dad thinks I pay for all this with catering jobs.
Never underestimate the power of denial.

비디오 번역
리키   아버진 접시 닦아서 산 줄 아세요
현실을 부정하면 속 편하죠.

말 그대로 번역하면 '부정의 힘을 결코 과소평가하지 마세요'이다. 이 말은 딱 잡아떼면 아버지도 아무 말 못한다는 뜻이다. "딱 잡아떼는 게 상책이죠"로 번역하는 게 나을 듯하다.

어른을 위한 우화와 같은 영화 <빅 피쉬>의 비디오 번역에서도

작품에 대한 이해 부족이 눈에 띈다. 1만 송이 수선화를 심어 청혼에 성공한 에드워드는 산드라와 행복한 가정을 꾸미게 된다. 자신을 항상 큰 물고기로 생각해 온 에드워드는 몸이 자꾸 메말라온다고 말한다. 그러자 산드라가 "I don't think I will be ever dry out"이라고 답을 한다.

	대본	비디오 번역	대안
에드워드 산드라	I was drying out. I see I think we ought to get you a plant, mister so we can just spray you like a fern.	물이 필요해 알아요 꽃에 물 주듯 당신한테도 가끔씩 물 좀 줘야겠어요	몸이 자꾸 메말라와 알겠어요 당신 곁에 화초를 둬야겠어요. 꽃에 물 줄 때 같이 촉촉해지게
에드워드 산드라	Come, now. I don't think I'll ever dry out.	울지 마 난 물 마를 날이 없을 거예요	걱정 마 내가 마르지 않는 강물이 될게요

'물 마를 날이 없을 거예요' 하면 일하느라 언제나 젖어있는 손이 생각난다. 남편이 물고기이므로 곁에서 마르지 않는 물이 되겠다는 뜻이다. 이 대목에서는 '강물'이라는 말을 넣어야 뒤쪽에서 에드워드가 강물에 서 있는 산드라를 바라보며 말하는 "My girl in the river"라는 대사와 연결이 된다.

(2) 맥락을 이해하지 못했을 때(context)
예: We will bury you.[57] (러시아어 통역 내용)

이 말이 '우리는 당신들을 매장할 것이다'로 번역되면서 냉전이 쓸데없이 오래 갔다는 이야기가 전해지고 있다.

소련 서기장을 지낸 흐루시초프는 기행(奇行)으로 유명했다. 그가 1960년 유엔총회에서 서방측의 제국주의를 비난하자, 필리핀 대표가 '그러는 소련은 왜 동구 쪽을 집어삼키고 있느냐'고 반문했다. 그러자 흐루시초프는 화를 내면서 구두 한 짝을 벗어 테이블을 칠 듯한 자세를 취했다고 전해진다. 테이블을 치지는 않았지만 그의 이런 돌출행동을 본 서방 측 정치 분석가들은 소련이 곧 해빙이 될지도 모른다는 예측을 하기도 했다. 실제로 흐루시초프는 스탈린 사후에 개인숭배를 맹렬히 비난한 것으로 유명하다.

따라서 "We will bury"는 "We will outlive you" 또는 "We will be present at your burial"로 이해하고 번역해야 한다고 알란 K. 멜비는 주장한다.[58] 마르크스 이론에 따라 자본주의가 자체의 모순으로 멸망하게 되면 공산주의가 '더 오래 살아남을 것'이라는 뜻이다. 문맥과 상황을 이해 못한 통역자가 단순하게 글자 따르기 식으로 번역한 데서 오역이 나왔다고 할 수 있다. 한번 오역된 것은 쉽게 수정되지 않고 두고두고 그대로 인용되고 있다.

(3) 동음이의어를 착각했을 때

bank — 강둑을 은행으로, 은행을 강둑으로 잘못 번역하는 경우.

ring — I will give you a ring(전화를 반지로 잘못 알아듣는 경우).

magazine — 잡지도 되고 총알을 넣어두는 탄창도 된다.

bus — 타는 버스와 컴퓨터의 모선(母線).

(4) 상징이나 비유인 줄을 몰랐거나 잘못 이해했을 때

영화 <Mr 히치; 당신을 위한 데이트 코치> 중에서

Hitch	Michelangelo, Sistina Chapel.
Albert	So can you do this?
Hitch	My name is Alex Hitch, Let's go paint that ceiling.

히치가 여기서 '그 천장을 그려보자'고 하는 말은 미켈란젤로의 '천장화'를 뜻한다. 두 사람이 미켈란젤로와 시스틴 성당 같은 사이니까 '함께 작품을 만들어봅시다'하는 뜻이다. 다시 말해 알버트의 데이트 코치가 되서 사랑이 이루어지도록 해주겠다는 얘기다.

(5) 언어가 쓰인 상황에 대한 판단이 잘못 됐을 때

Carpe Diem(Seize the day)은 두 가지로 해석될 수 있다.

대상이 학생일 때는 '오늘을 잡아라'로 해석하는 편이 무리가 없고, 황혼기를 맞은 노인일 때는 '오늘을 즐겨라'로 번역하는 편이 알맞은 번역이 될 것이다.

(6) 대사의 의미가 완전하게 파악되지 못했거나 모국어의 표현방법이 잘못됐을 때

영화 <데코레이션 데이(Decoration Day)> 중에서

I wondered how you started to be a judge as a boy.

이것을 말 그대로 "당신은 판사가 되기 위해 소년 때 어떻게 시작했는지 궁금했어요"로 번역한다면 우스운 번역이 되고 만다. 이것은 "판사님은 어릴 때 어떻게 놀았는지 궁금했는데"라는 뜻이다. 판사가 어릴 때 고향의 강가에서 미역 감고 송사리 잡고 놀았다고 하자 이웃 여자가 하는 말이다. 드라마의 자연스런 대사를 위해 "판사님도 이제 보니 어릴 땐 개구쟁이였군요"로 번역해 주어도 크게 오버했다고는 할 수 없다.

<지옥의 묵시록> 감자영화사 제
공. 1979년판의 포스터. 월남전을
소재로 한 코폴라 감독의 첫 작품
이며 최대 문제작으로, 칸느 그랑
프리를 수상하면서 코폴라 감독
영화의 이정표 역할을 했다.

(7) 외국어의 생경한 표현을 모국어로 동일화시키지 못했을 때
I wanted to tear my teeth out (<지옥의 묵시록> 중에서).

미군이 가서 소아마비 접종을 해준 아이들의 팔을 베트콩이 와서
다 잘라버려서 팔무덤을 만든 것을 보고 커츠 대령이 충격을 받았다
는 뜻으로 한 말이다.

"이를 다 뽑아버리고 싶었다"보다는 "내 머리를 다 쥐어뜯고 싶었
다"가 더 낫지 않을까 한다.

(8) 텍스트의 문화에 대한 배경 지식이 부족할 때
영화 <굿 윌 헌팅(Good Will Hunting)> 중에서

Will   So what is this? A Taster's Choice moment between guys?

여기서 Taster's Choice는 커피 브랜드이다. 따라서 '남자들끼리 커피 타임 갖자는 건가요?'로 번역하는 것이 좋다.

(9) 단어의 뜻 파악이 잘못 됐을 때

Brad   That's why we're having everyone write out a job description, mapping out in detail how they contribute. That way, management can assess who's valuable and

Lester   Who's expendable.

영화 <아메리칸 뷰티>에서 주인공 레스터의 회사에 경영 컨설턴트가 와서 직원들에게 업무계획서를 제출하라고 말한다. 고참 사원인 레스터가 여기에 발끈하면서 말을 중간에 끊고 들어간다.

비디오 번역

브래드   각자의 업무계획서를 받아 공헌도를 판단할 계획이오.
           평가 기준은 누가 가치 있고⋯⋯.
레스터   누가 회사 돈을 잘 쓰나?

오역이 나온 이유는 'expendable'을 '돈을 잘 쓰는'으로 잘못 파악한 것이다. 대사의 본 뜻은 '소모성 직원' 다시 말해 '이제는 쓸모가 없어진'이라는 뜻이다.

"누가 쓸모가 없나?"로 번역해 주어야 한다.

23. 번역, 기계에게 맡겨도 될까?

시스트란 소프트웨어

예 1) 영화 <실비아> 중에서

I don't mean to sound disloyal, but there were a lot of other boys, but they didn't scare her. She rather frightened them, I think. You're very different. But I think you frightened her, and that's why she likes you.

"나는 불충하 소리가 난것을 의미하지 않는다, 그러나 많았다 다른 소년 있었다, 그러나 그들은 그녀를 위협하지 않았다. 그녀는 오히려 그들을, 나 생각한다 두려워하게 했다. 너는 다르다. 그러나 너가 그녀를 두려워하게 하고 저것이 그녀가 너를 좋아하는 까 왜 이다 것 을 나는 생각한다."

미국 시인 실비아 플라스의 일대기를 그린 영화다. 영국 케임브리지로 유학을 간 실비아는 캠퍼스에서 나중에 영국의 계관시인이 되는 테드 휴즈를 만나 사랑에 빠져 결혼한다. 그러나 미남에다 시적인 감성이 풍부한 테드는 항상 수많은 여성들에게 둘러싸이면서 실비아의 질투를 부르게 된다. 실비아는 두 아이의 어머니로 주부 일을 하는

<실비아> 시상이 잘 떠오르지 않아 때로는 고민스럽지만, 시인 휴즈와 결혼해 행복한 생활을 하고 있는 실비아 플라스

틈틈이 시를 쓰지만 이미 문단의 주목을 받고 있는 남편에 비해 자신의 문학적 성취가 지지부진해 보이자 절망한다. 게다가 날로 유명해지는 테드에게 염문이 끊이지를 않아 실비아는 심한 노이로제에 걸리게 되고 결국 그와 이혼하고 만다.

그러나 실비아는 이때부터 주옥 같은 시를 써서 사후에 퓰리처상을 받는 등 문단에 큰 업적을 남긴다. 실비아는 헤어진 뒤에도 계속 그를 원하지만 테드는 파경의 원인이 되었던 아시아가 임신했기 때문에 돌아올 수 없다고 말한다. 우울증에 시달리던 실비아는 두 아이의 아침상을 차려놓고 젊은 나이에 자살로 생을 마감한다.

이것은 실비아가 결혼해서 미국으로 돌아오고 난 뒤, 그녀의 어머니가 사위인 테드에게 하는 대사이다. 기계 번역으로 나온 대사는 도저히 알 수 없는 번역이 되고 말았다. 인간 번역자로서 번역해 보면 다음과 같은 번역이 된다.

자네가 탐탁치
않다는 애긴 아닐세
하지만 걔가 많은
남사를 사귀었지만

아무도 걔 가슴을
뛰게 하진 못했어/

도리어 남자들이
가슴이 뛰었지./

자네는 달라. 자넨
걔 가슴을 뛰게 했어/

그래서 좋아하나봐/

예 2)
Save the bucket and spade for later. We've got to save the dog first.
(모험을 뒤로 미루고 강아지부터 구해야겠어.)

이 대사를 기계 번역기 시스트란 소프트웨어(systran software)에 맡겨
보았다.

'를 제외하고 물통 그리고 삽을 위해 늦게, 우리 얼 저장하 개'
(2005, 시스트란)

문장조차 되지 않는 번역이 나왔다. 우선 인간이라면 오랫동안 쌓
인 생활 풍습과 전통으로 인해 '양동이와 삽'이 의미하는 것이 아이들
의 모험이라는 것을 알아낼 수가 있지만 기계는 거기까지 유추해 내
지는 못한다.

예 3) (미국에서 시험)

(히브리 원어의 뜻)	컴퓨터 번역(90년대)
The spirit is willing,	The whiskey is agreeable
The flesh is weak.	but the meat has gone bad.

시스트란(2005)
정신은 기꺼이 한다, 살 약하다.

이 말은 신약성서에 나오는 예수의 말이다. 최후의 날이 가까워지고 있을 때 예수는 제자들을 데리고 겟세마네 동산으로 올라가 때가 가까웠으므로 기도에 힘쓰라고 말했다. 이때 베드로가 꾸벅꾸벅 졸고 있자 이렇게 말했다. 이 말을 우리 선조 번역 작가들은 맛깔스럽게 번역해 놓았다.

"마음은 원이로되, 육신이 약하도다."

Hydraulic Ram(수압 피스톤)	Aquatic Male Sheep (물에 사는 숫양)
	물 램

'ram'에는 거세하지 않은 숫양이란 뜻이 있긴 하지만 컴퓨터는 이렇게 어처구니없는 번역을 해냈다.

Out of sight	Invisible,
Out of mind.	imbecile.
	보이지 않으면 저능하다.

눈에서 멀어지면 마음에서도 멀어진다는 속담이지만 컴퓨터는 알아차리지 못했다.

시스트란(2005)
마음에서 광경에서.

예 4) 국내 번역 소프트웨어(1996년 실험)

Bill Clinton talked about foreign policy for a minute last week, but even that was too much for American voters. His subject was NATO enlargement an issue of considerable import to the world.(*Time*, 1996, 11월 첫째 주 기사)

앙꼬르

잠시동안 외교정책에 대해 법안 Clinton은 지난주에 이야기했습니다. 그러나 그것은 미국 투표자에 너무 많았습니다. 그의 주제는 세계에서 상당한 수입의 논점 NATO 확대였습니다

워드

빌 클린턴은 지난주에 분 동안 외교정책에 대하여 말했습니다. 그러나 조차이다 미국의 투표자를 위하여 너무 많은 그의 주제는 NATO 확대였습니다. 세계에 중요한 의미의 발행

트레디

계산서 Clinton은 유권자 지난주에 한 분 동안 외교 정책에 대해 위하여 얘기했고, 그러나 조차 저것은 너무 많이 아메리카의 이었습니다. 그의 주제는 상당한 것의 북대서양 조약기구 확대와 발행이 세계에 수입하는 것이었습니다

시스트란(2005)

빌 클린턴은 작은 지난주를 위해 외교 성책을 말했다. 그러나 조차 저것은 미국 투표자를 위해 너무 많이 이었다. 그의 주제는 세계에 상당한 수입품의 문제점 북대서양 조약기구 확대 이었다.

1996년의 소프트웨어에서 별로 달라지지 않았다. 여전히 뜻을 파악하지 못하고 있다. 기계는 'too much'와 같은 어구를 상황에 따라 '너

무 많다', '너무 벅차다' 등으로 다르게 해석할 줄을 모른다. 또한 'for a minute'에서 'for'를 '위해서'로밖에 해석하지 못하는 소프트웨어도 있다. 'import'도 '수입'이라는 뜻도 있지만 '중요한'이라는 뜻도 있음을 놓치고 있는 것이다. 순간순간 선택하고 결정해야 하는 번역가의 자질을 컴퓨터는 키울 수가 없다. 자동차의 매뉴얼처럼 용어가 특정한 의미로 고정되어 있는 분야를 번역할 때 보조수단으로 이용하는 것은 몰라도 인간의 희로애락을 담은 텍스트를 감성이 풍부한 인간의 뇌만큼 정확하게 번역해 낼 수 있는 번역기의 발명은 아직은 불가능한 것이다. 그 이유를 알랜 K. 멜비는 컴퓨터에는 인간 번역가가 갖고 있는 주체성(agency)이 없기 때문이라고 말했다.[59] 언어철학을 바탕으로 오랫동안 번역공학과 컴퓨터를 이용한 기계 번역(machine aided translation)을 연구해온 멜비는 인간이 갖고 있는 주체성을 정서적인 면(emotion)과 이성(reason), 그리고 어떤 요구에 부응하기 위해 선택할 줄 아는 능력(the ability to choose how we will respond to demands placed on us by others)이라고 말했다. 그렇다면 컴퓨터에게 그런 주체성을 주면 되지 않겠느냐고 말할지 모른다. 그러면 아마도 컴퓨터는 어느 화창한 날 번역하라는 주인의 지시를 거부하고 '나도 오늘은 찰리 채플린 영화나 보겠다'고 나올지 모른다고 멜비는 동화 같은 결론을 내리고 있다.

4부 번역 비평의 시대를 위하여

24. 번역 비평의 시대를 위하여

안타까운 오역 사례들─번역자는 반역자인가

　필자를 비롯해 번역자에게 오역은 병가지상사라고 할 수 있다. 그 누구도 오역의 굴레에서 자유롭지 못하다. 번역자는 세상의 모든 것을 알 수 있는 신이 아니기 때문이다. 오죽하면 '번역자는 반역자'라는 이탈리아의 경구가 있겠는가. 필자 자신도 오역에서 자유롭지 못할 진데 누구의 오역을 가리는 일이야말로 결코 마음 내키지 않는 일이다. 그러나 번역 문화의 발전을 생각하며 누구든 왜 오역이 이루어지는지를 밝히고 그 원인을 제거할 수 있다면 우리 모두에게 도움이 되리라는 생각에서 비디오로 나온 영화 중에서 몇 편을 골라 살펴보았다. 요즘에 와서 알려진 일이지만 우리가 즐겨 듣는 비틀스의 「노르웨이의 숲」이라는 곡의 이름은 소설가 하루키의 어이없는 오역에서 비롯되었다는 사실이 영문학도에 의해 밝혀졌다.[60] 청년 시절에 음악다방의 디스크자키를 했던 소설가는 이 노래 속의 가사 'Norwegian Wood'를 '노르웨이의 숲'으로 번역한 것이다. 원래 가사를 살펴보면 다음과 같다.

I once had a girl, or should I say she once had me.
She showed me her home, isn't it good Norwegian Wood?
She asked me to stay and she told me to sit anywhere.
So I looked around and I noticed there wasn't a chair.
I sat on the rug, biding my time, drinking her wine.

'내게도 한때 한 소녀가 있었지, 아니 그 소녀에게 내가 있었다고 해야
할까 그녀는 내게 자기 집을 보여주었어, 멋지지, 노르웨이산 가구야.'

여기서 방을 보여주면서 하는 말 "isn't it good, Norwegian Wood?"가
어떻게 해서 '노르웨이의 숲'이 되었는지 알 수가 없다. 노르웨이산
가구보다는 노르웨이의 숲이라는 말이 더 문학적인 영감을 불러왔기
때문일까? 그 번역은 그의 소설의 제목이 되었고(우리말로『상실의 시
대』로 번역됨) 노래가 소설 첫머리에 등장하면서 세계 독자들에게 깊
은 울림을 주는 문학작품이 되었으니 오역도 창작에 어엿한 역할을
한다고 해야 할까.

그러나 영화에서의 오역은 좋은 영화의 빛을 퇴색시킬 수 있다는
점에서 매우 뼈아픈 실수가 되고 만다. 원작자의 의도를 잘못 해석해
서 영화의 참뜻을 전해주지 못하고 따라서 원작자나 감독이 노렸던
어떤 인식의 지평 열기를 수행하지 못하게 될 수도 있기 때문이다.
그러한 예를 원작이 있는 문예영화나 문제 감독의 작품들에서 쉽게
찾아볼 수 있다.

좋은 번역이란 어떤 것인가? 좋은 번역이란 무엇보다도 먼저 원작
의 의미와 의도가 정확하게 전달돼 원작의 감동을 훼손하지 않고 그
대로 전달하는 번역이다. 독자나 시청자에게 전달이 되지 않는 번역
은 커뮤니케이션으로서의 기능을 할 수가 없기 때문이다.

둘째로는 원작의 향취가 그대로 살아 있어야 한다. 그러기 위해서는
가능한 한 원작의 문체나 형식 뉘앙스 등을 존중하고 살리는 번역이

되어야 한다. 지나치게 토속적인 냄새를 풍겨서는 안 된다는 뜻이다.

셋째로는 번역본에 모국어의 자연스러움이 흘러넘쳐야만 한다. 원본을 존중한답시고 번역투가 나는 문장이나 대사를 그대로 쓰는 것은 잘 된 번역이라고 할 수 없다. 번역이 단순한 의미의 전달에 그치지 않고 문학적으로 승화되고 영상매체에 알맞게 번역되어야만 수용자에게 미적인 감흥을 줄 수가 있기 때문이다.

롤랑 바르트의 말대로 언어를 전달 도구로만 생각하는 지식인과는 달리 언어 그 자체를 갈고닦는 문학적인 자세를 가질 때 번역가는 비로소 작가의 대열에 들어서게 될 것이다.

현재 비디오로 출시되는 영화의 번역은 주로 자막 번역으로 이루어져 있으나 오역과 졸속 번역으로 국민의 정서 생활에 적지 않은 폐해를 끼치고 있다. 그것은 작품을 내놓는 비디오 프로덕션들이 자본의 영세성을 내세워 번역을 전문 번역 작가에게 의뢰하지 않고 영세 번역회사나 학생, 주부 등에게 맡겨 아르바이트 수준으로 취급하고 있기 때문이다.

현재 대다수 비디오 프로덕션들은 세계 영상 문화의 도입과 수렴이라는 책임감과 사명감은 아랑곳없고 기업 경영적인 측면만을 고려해 운영되고 있어 번역의 질에는 무감각한 상태이다. 따라서 비디오 자막 번역에서는 오역은 물론이고 모국어의 체계를 깨뜨리고 국민의 언어생활에 악영향을 끼칠 비속어와 폭력적인 언어가 난무하고 있다. 앞으로 케이블 TV와 위성 방송이 활성화되고 지상파 방송의 종일 방송 등이 실현될 경우, 외국의 영상 콘텐츠가 물밀듯 들어올 것은 분명하다. 그때를 대비해 비디오를 비록한 모든 영상물 번역의 문제점은 시급히 개선되어야 할 것이다. 그동안 파악된 비디오 번역상의 문제점을 지적해 볼까 한다.

여기에서 논의된 작품들은 다음과 같다.

1. 비포 선라이즈(Before Sunrise) 배급 ─ 콜롬비아

2. 잉글리쉬 페이션트(English Patient)

3. 밀리언 달러 호텔(The Million Dollar Hotel)

4. 폭풍의 언덕 (Wuthering Heights) 배급 ─ 스타맥스

5. 지옥의 묵시록(Apocalypse Now) 배급 ─ 감자

6. 진주 귀고리를 한 소녀(Girl with a Pearl Earring) 배급 ─ 코랄 픽처스

7. 로미오와 줄리엣(Romeo and Juliet)(김재남 옮김) 휘문 출판사

8. 아메리칸 뷰티(American Beauty) 배급 ─ 드림웍스

9. 7일간의 사랑(Man, Woman and child) 배급 ─ 대우

10 죽은 시인의 사회(Dead Poet's Society) 배급 ─ 드림 박스

11. 폭풍의 언덕(Wuthering Heights) 배급 ─ 스타맥스

12. 포레스트 검프(Forrest Gump) 배급 ─ CIC(삼화 프로덕션)

13. 해리가 샐리를 만났을 때(When Harry met Sally)
    배급 ─ 금성 미디 아트

14. 양들의 침묵(The Silence of the Lambs) 배급 ─ 대우

15. 늑대와 춤을(Dances with Wolves) 배급 ─ 동아 수출 공사

16. 마리아 브라운의 결혼(Die Ehe der Maria Braun) 배급 ─ 시네마테크

1. 비포 선라이즈(Before Sunrise)

유레일을 타고 따로 여행을 하던 두 청춘 남녀가 비엔나에서 함께 내려 이튿날 해가 뜨기 전까지 하루를 보낸다. 두 사람은 비엔나라는 공간 속에서 젊음과 인생, 사랑과 성에 대한 대화를 나누면서 사랑에 대한 예감을 하기 시작한다.

여기서 비엔나의 거지 시인이 돈을 받고 지어준 시가 있다.

Daydream delusion/

"Limousine eyelash / Oh, baby, with your pretty face

Drop one tear in my wine glass,/ Look at those big eyes

See, what you mean to me?"/ "Sweet cakes and milkshake

I'm a delusion angel."/ "I'm a fantasy parade

I want you to know what I think,/Don't want you to guess

anymore

You have no idea where I came from,

You have no idea where we are going.

Lodged in life like branches in the river.

Flowing down stream, caught in the current.

I'll carry you, you will carry me that is how it could be?

Don't you know me, don't you know me by now?"

비디오 번역	대안
허망한 꿈	백일몽
리무진과 속눈썹	검고 긴 속눈썹
귀여운 얼굴에서	아름다운 그대 얼굴에서
와인 잔에 흘리는 눈물	내 와인 잔에 떨어지는 눈물
저 눈을 보라	저 큰 눈을 보라
그대는 어떤 의미인가	그대 내게 무엇인가?
달콤한 케익과 밀크셰이크	달콤한 케이크와 밀크셰이크
난 꿈속의 천사	난 꿈속의 천사, 환상의 축제
난 환상의 축제	더 이상 맴돌지 말고
내 생각을 맞춰봐요, 추측은 말아요	내 마음을 알아주오
고향을 모르듯	내가 어디서 왔는지
목적지를 알지 못해요	우리가 어디로 가는지
삶에 머물며	그대는 모르리
강물에 떠가는 나뭇가지처럼	강물에 떠가는 나뭇가지처럼

흘러가다 현재에 걸린 우리　　　잠시 머무는 인생
그대는 나를　　　　　　　　　물결 따라 흐르다
나는 그대를 이끄네　　　　　　급류에 걸리면
　　　　　　　　　　　　　　그대는 나를, 나는 그대를
　　　　　　　　　　　　　　업어 건네고
그것이 인생　　　　　　　　　그것이 인생
그댄 날 모르는가?　　　　　　그대 날 모르는가
아직도 날 모르는가　　　　　　아직도 날 모르는가

젊음과 인생에 대한 얘기를 나누던 프랑스 여대생 셀린느와 미국
청년 제시는 어느새 연인들 사이의 타성에 대해 이야기한다.

Jesse　　　　I've never had a kiss when I wasn't one of the kissers. You know,
　　　　　　I've never gone to the movies when I wasn't there in the
　　　　　　audience. I've never been out bowling if I wasn't there, you know,
　　　　　　making some stupid joke.

비디오 자막　내가 키스하지 않고
　　　　　　키스한 적은 없어.
　　　　　　내가 관객이 되지 않은 영화는
　　　　　　본 적이 없고
　　　　　　내가 치지 않은 볼링은
　　　　　　친 적이 없어./

이 번역으로는 무슨 말인지조차 알 수가 없고, 이 영화의 참뜻을
전달하지 못한다. 여기서는 사랑하는 두 연인이 결혼해서 같이 살게
된다고 하면, 타성(매너리즘)에 빠져서 서로에게 건성으로 대하게 된다
는 것을 솔직하게 얘기하고 있다. 따라서 이렇게 번역해야만 그 뜻을
살릴 수 있을 것이다.

제시   내 마음이 딴 데 가 있었다면
            난 키스를 한 게 아니었어./
            객석에 푹 빠져있지 않았다면
            난 영화를 본 게 아니야./

            볼링장에 가서도 농담이나 하면서
            마음이 딴 데 가 있었다면/

            난 볼링을 친 게 아니야./

2. 잉글리쉬 페이션트(English Patient)

1997년 골든 글러브 작품상, 작곡상 수상을 시작으로 아카데미 14
개 부문 중 9개 부문을 휩쓴 작품.

감독: 안소니 밍겔라
원작: 마이클 온다체
주연: 랄프 파인즈, 줄리엣 비노쉬(1997년 작)

줄거리

모래폭풍이 몰아치는 사하라 사막을 배경으로 포화 속에 펼쳐지는
전쟁 로망스. 비행기가 추락하면서 화상을 입고 기억까지 잃어버린
조종사, 그의 이름은 단지 "잉글리쉬 페이션트"라고만 기록돼 있다.
그의 치료를 맡고 있는 간호사 한나(줄리엣 비노쉬)는 중얼거리는 그의
회상을 듣는다. 조종사는 국제 지리학회의 일원인 알마시(랄프 파인스),
그에게는 사하라 사막을 탐험하던 중에 만나 운명적인 사랑을 하게
된 여인이 있었다. 영국 귀족 클리프턴의 아내인 캐서린. 두 사람의

<잉글리쉬 페이션트> 알마시는 캐서린을 만나 첫눈에 반해 운명적인 사랑을 나누게 된다.

관계를 알아차린 남편은 아내 캐서린을 태우고 경비행기를 몰고 가다 알마시를 덮쳐 죽이려 하지만 자신은 죽고 캐서린만 살아남는다. 알마시는 부상한 캐서린을 사막의 동굴 속에 남겨두고 구조대를 불러 오겠다고 떠난다. 그러나 알마시가 돌아왔을 때 캐서린은 이미 싸늘한 시체가 되어있고 쓰다가 만 편지만이 발견된다. 인용한 부분이 그 편지 내용이다.

Katherine   We die, we die rich with lovers and
tribes, tastes we have swallowed⋯⋯.
⋯⋯ bodies we have entered and swum up
like rivers, fears we have hidden in
like this wretched cave⋯⋯.
⋯⋯ I want all this marked on my body.
We are the real countries, not the
boundaries drawn on maps with the
names of powerful men⋯⋯.

<잉글리쉬 페이션트> 싸늘해진 애인의 시신을 발견하고 미어지는 가슴으로 안고 나오는 알마시. '꼭 오리라 믿어요. 나를 품에 안아 바람의 궁전으로 데려다 줘요. 내 소원은 그뿐……'이라는 그녀의 마지막 편지가 귓가에 쟁쟁하다. 랄프 파인즈의 내면 연기가 돋보이는 장면.

비디오 번역   우리는 죽어요
　　　　　　 우리는 죽어가요/

　　　　　　 많은 연인들과 사람들이
　　　　　　 우리가 맛본 쾌락들이/

　　　　　　 우리가 들어가 강물처럼
　　　　　　 유영했던 육체들이/

　　　　　　 이 무서운 동굴처럼
　　　　　　 우리가 숨었던 두려움이/

　　　　　　 이 모든 자취가
　　　　　　 내 몸에 남았으면…….
　　　　　　 우린 진정한 국가예요

강한 자들의 이름으로
지도에 그려진 선이 아녜요

대안   비디오 자막과 똑같이 일곱 화면으로 나누어 자막을 넣으
면서 원뜻을 그대로 살려보았다. 이 대목에서는 그냥 죽어
가는 것이 아니라 그 모든 것이 있어 '풍요롭게 죽어간다
(die rich with)'는 말이 중요한데 자막에서는 그 말이 전혀
나타나 있지 않다. 때로 동사는 문장 전체의 내용을 좌우하
기 때문에 세심한 주의를 기울일 필요가 있다.

사랑하는 연인, 다양한 부족들
우리가 맛보았던 그 감미로움

우리가 들어가 강물처럼
유영했던 서로의 몸들

그리고 이 비참한 동굴 속에
숨어 있는 공포

그 모든 것이 있기에
우린 풍요롭게 죽어가요

제 몸에 그 모두를 새겨
두고 싶어요.

우리의 몸이야말로
진정한 국가예요.

권력자들이 지도 위에
그어놓은 선이 아니고요

3. 밀리언 달러 호텔(The Million Dollar Hotel)

한때는 호화로웠던 고급 호텔이 이제는 부랑자들이 우글거리는 슬럼가로 전락한 L.A.의 밀리언 달러 호텔. 이 호텔 옥상에서 부호의 아들 이지가 떨어져 죽는 사고가 발생한다. FBI 요원 스키너(멜 깁슨)는 호텔에 거주하는 부랑자 모두를 용의자로 보고 수사를 해나간다. 이지는 부자인 아버지의 집에서 나와 이 호텔에서 빈민들과 어울려 지내며 그림을 그려왔다. 그와 친구로 지내던 바보 청년 톰톰도 역시 용의선상에 오른다. 이 호텔엔 톰톰이 사랑하는 창녀 엘로이즈도 살고 있다. 가난하지만 개성적이고 자유롭게 살아가고 있는 주민들의 면면이 사랑스러우면서도 웃음을 자아내고 범인을 추리해 나가는 과정이 재미있지만 영화는 국내 흥행에 참패했다. 언제나 주제가 강한 빔 벤더스의 영화여서일까. 이 영화에서도 보다 정확한 번역이 아쉬웠다. 바보 톰톰이 엘로이즈를 보고 하는 대사이다.

TomTom   She was something to live for.
             I guess that means something to die for.

비디오 번역
톰톰   그녀는 삶의 희망이었다.
             죽음이 아깝지 않은 여자/

'죽음이 아깝지 않은 여자'라는 번역은 곰곰이 생각해 보면 뜻을 짐작할 수는 있지만 순간적인 전달은 약하다. 자칫 반대로 '그 여자에게 죽음이 아깝지 않은'으로 해석될 수도 있다. "목숨도 걸 만한 여자"라는 뜻이다.

아들이 타살되었다고 생각하는 이지의 아버지는 FBI 요원 스키너에게 빨리 사건을 수사해 줄 것을 요청한다.

Father He came from money and power.
Lived with bums and indians.
Died mysteriously. Easy headlines.
'Far from the golden gates of Bel Air.'
It'll be a circus…….

비디오 번역 상류층에서 자라나
빈민과 인디언과 살았다
의문의 죽음이란 제목과 함께
"벨 에어의 부귀에서 낙오되다"

여기서 '벨 에어의 부귀'라는 말이 순간적으로 전달되지 않을 수 있다. '벨 에어'는 L.A. 근교의 부촌 이름이다. 유명한 할리우드 스타들과 부자들의 대저택이 즐비한 동네이다. 'Far from'이란 말은 반드시 '낙오되었다'는 뜻이 아니다. '부촌 벨 에어와는 거리가 먼 이야기'라는 뜻이다.

이 영화에서는 톰톰에게 이지가 생전에 가르쳐 주었다는 시가 몇 편 나온다. 그 시들이 영화의 메시지나 주제와 큰 관련이 있다. 그 시의 번역이 잘못되면 영화의 메시지가 제대로 전달이 안 될 수 있다.

Love can never be portrayed the same way as a tree…….
or the sea or any other mystery.
It's the eyes with which we see.
It's the sinner in the saint.
It's the light inside the paint.
I always knew those lines would come in handy one day.
I had to thank Izzy for that.

비디오 번역
사랑은 표현될 수 없는 것
마치 나무나 바다
미스터리와도 같다
우리의 눈과도 같으며
성자 안의 죄인
그림 속의 빛과 같은 것

죽은 이지는 엘로이즈의 진정한 모습을 보지 못하고 헤프고 쉬운 여자라고 생각했지만 톰톰은 그렇지 않았다. 이 시를 톰톰에게 가르쳐 줬으면서도 이지 자신은 그 시를 잊고 있었다고 톰톰은 생각한다. 그런 정황을 파악한다면 이 시는 다음과 같이 번역되어야 한다고 생각한다. 사랑은 보이지 않는 것을 제대로 볼 줄 아는 눈이라는 뜻이다.

사랑은 나무나 바다처럼
쉽게 그릴 수 없는 것
사랑은 사물을 제대로
볼 줄 아는 눈이라네
사랑은 성자를 죄인으로도
만들 수 있는 것
물감 속에 들어있는
빛과 같은 것

이지가 톰톰에게 가르쳐준 또 한 편의 시가 있었다.

The heart is a sleeping beauty
And love the only kiss it can't resist.
Even as eyes lay open wide there is a heart that sleeps inside
And it's to there you must be hastening

For all hearts dream
They dream only of awakening
And Izzy……
He, he knew all that but he went ahead and forgot it……
And Izzy……
He, he knew all that but he went ahead and forgot it……
But I, I didn't forget and that's why I pushed him off the roof.
That's it.

비디오 번역
마음은 숲 속의 잠자는 공주
거부할 수 없는 키스를 원한다
눈은 뜨고 있지만
마음은 잠들어 있다
거기 모든 마음이
꿈꾸는 곳으로 가야 한다
깨어나기만을 바라면서

이지는 그걸 다 알면서도
다 잊어버리려 했다
하지만 난 그럴 수 없었고
그를 옥상에서 밀었다

시를 읊고 나서 대사에서 톰톰은 자기가 왜 이지가 옥상에서 떨어지는 것을 막지 않았는지 밝히고 있다. 이지가 입으로는 선량하고 올바른 말을 하고 다니지만 엘로이즈에게 하는 행동이나 태도는 톰톰이 보기에 양심을 가진 사람처럼 보이지 않았다. 따라서 이 시 역시 정확하게 전달을 해야만 영화를 이해하는 데 큰 도움이 된다.

마음은 잠자는 숲 속의 공주
거부할 수 없는 키스를 원하네

눈은 뜨고 있어도
마음은 잠자고 있어라
그대 빨리 달려가야 하리
모든 마음들이 깨어날
꿈만을 꾸고 있으니/
이지는 그걸 다 알면서도
서슴없이 잊어버렸다
하지만 난 그럴 수 없어
그를 옥상에서 밀었다

이 대사를 잘 이해하기 위해서는 'Sleeping Beauty'라는 잠자는 숲 속의 공주 이야기를 물론 알아야만 한다. 마녀의 마법에 걸려 잠들어 있다가 매혹적인 왕자의 키스를 받아 잠에서 깨어나는 공주다. 여기서 heart를 잠자는 숲 속의 공주에다 비유했는데 인간의 마음, 또는 양심을 가리키는 듯하다.

4. 폭풍의 언덕(Wuthering Heights)

감상 포인트

영국 작가 에밀리 브론테의 소설을 현대 감각으로 새롭게 영화화한 문예영화(1992)로 작가의 고향 요크서에서 촬영해 원작의 서정적인 분위기를 흠씬 풍기고 있으며 <퐁네프의 연인들>에서 열연해 주목받은 줄리에트 비노쉬가 캐시 모녀의 1인 2역을 생동감 있게 연기한다. 인간의 애증을 거의 악마적이라고 할 수 있을 정도로 격렬하게 묘사해 현대에 와서도 걸작이라고 높이 평가받고 있는 원작에 충실하게 영화화했다. 1950년대에 사무엘 골드윈 사가 제작한 로렌스 올리비에

와 메리 오베론의 <폭풍의 언덕>에 비해 대사가 더욱 절제되고 빠른 속도로 진행되며 해설을 작가 자신이 직접 함으로써 브론테 특유의 감성과 인생에 대한 성찰을 보여주고 있다.

줄거리

영국 요크셔 지방의 황량한 황무지, 폭풍의 언덕에 사는 언쇼 가문에 집시 고아 히스클리프가 양자로 들어오자 단란했던 가정에 파란이 일어난다. 캐시의 오빠 힌들리는 히스클리프를 심하게 구박하지만 캐시는 유년기부터 히스 꽃이 만발한 들판에서 히스클리프와 추억과 고통을 함께 나누면서 자라나 그를 진정으로 사랑하게 된다.

언쇼가 세상을 떠난 뒤 힌들리의 구박이 더욱 심해지자 히스클리프는 마음속으로 증오심을 키워가는데 캐시마저 이웃에 사는 대지주의 아들 에드가에게 마음이 쏠리자 그는 집을 떠나고 만다. 히스클리프가 떠나자 캐시는 자신이 진정으로 그를 사랑했음을 알게 되지만 곧 에드가와 결혼해 행복한 생활을 시작한다.

그러나 외지에 가서 성공해 돌아온 히스클리프는 힌들리의 재산을 빼앗고 캐시의 마음을 돌리려 하다 뜻대로 되지 않자, 복수심에서 에드가의 여동생 이사벨라와 결혼해 에드가의 재산을 자기 손에 넣을 계략을 꾸민다. 캐시는 결국 고통에 못 이겨 딸 캐서린을 남기고 세상을 떠난다. 히스클리프는 캐서린을 자기의 아들과 강제 결혼시킨 뒤 에드가의 재산마저 완전히 자기 것으로 하는데 성공하지만 죽기 직전 그 모든 것이 덧없는 짓이었음을 깨닫고 참회하게 된다. 악마와 같이 철저한 복수를 노렸던 히스클리프는 작가의 손에 이끌려 영혼이 빛 가운데로 인도되는 가운데 눈을 감는다.

제작 스타맥스

히스클리프와 꼭 결혼해야겠느냐고 유모 넬리가 묻자 캐시는 어릴 때부터 함께 자라면서 사랑이 깊어진 히스클리프에 대한 사랑을 절절히 고백한다. 이 부분은 영화의 클라이맥스라고도 할 수 있다.

Cathy   My love for Linton is like a foliage in the woods.
Time will change it. As winter changes the trees.
My love for Heathcliff is like eternal rocks beneath a source of little visible delight, but necessary.
Nelly, I am Heathcliff!

비디오 번역	대안
린튼에 대한 내 사랑은 숲에 있는 안개와 같아./	린튼에 대한 내 사랑은 숲 속의 나뭇잎과 같아
시간은 모든 걸 변하게 해./ 겨울이 나무를	세월이 가면 변할 거야 겨울이 오면 잎이 지듯이
변화시키는 것처럼/	히스클리프에 대한 내 사랑은 마치 영원한 바위와 같아
히스클리프를 사랑해./ 히스클리프의 이면엔	잘 보이지는 않지만 없어서는 안 될
차가운 돌로 가득해./	내 소중한 기쁨의 샘
내가 이기적일지도 모르지만/ 그렇게 해야만 해/ 난 히스클리프를 사랑해./	히스클리프는 내 생명이야

사랑한다는 건지 아닌지 도무지 모르게 번역되어 있다. 이 부분은 적어도 대안에서 제시한 것처럼 번역되어야 원뜻을 살리고 영화의 감동을 자아내는 번역이 될 것이다.

브론테(해설)   Cathy was drawn to the silent, self-possessed boy.
               But it was hardness, not gentleness that kept him silent.

비디오 번역	대안
말이 없는 히스클리프에게 캐시는 그가 익숙해지도록 조용히 지켜보았다. 그는 가혹하고	캐시는 말이 없고 차분한 그 소년에게 끌렸다 그러나 그 과묵함은 온화함에서 나오는 게 아니라
사나우며 말수가 적었다.	굳어있는 마음에서 비롯된 것이었다.

Joseph   Then Rabshakeh stood and cried with a loud voice in the Jews language, Hear ye the words of the Great King, Hearken not to Hezekiah for thus faith the King of Assyria///
Make an agreement with me by a present and come out to me: and eat ye every one of his vine and every one of his fig tree and drink ye every one the waters of his own cistern.
Until I come and take you away to a land like your land a land of corn, wine, a land of bread and vineyards.
Beware lest Hezekiah persuade you/

우리를 제자리에 서게 했다.
유태인이 큰 소리로 외쳤다.
여기는 위대한 왕의 세상인데
어떻게 카야를 가질 수 있느냐?

시리아의 왕은 이런 운명으로 나에게 동의했다.
그리고 나를 변화시켰다.
그가 먹는 모든 열매와
그의 모든 승리와
그의 누이로부터 받은
모든 마실 물과
내가 갈 때까지 너의 나라에서
거친 땅을 개간하라.
풍족한 땅이 되게 하라.
조심하라. 그가 카야를 설득하게 하라/

이 부분은 구약성서의 이사야 36장 13절부터 17절까지를 인용한 것인데 성경구절이라는 것도 모르는 번역자가 번역한 듯하다. 성서를 찾아보는 성의도 들이지 않고 아무렇게나 번역한 것을 알 수 있다. 성서의 인물은 되도록 성서에서 번역된 대로 살려주는 것이 전달에 도움이 된다.

이에 랍사게가 일어서서
유다 방언으로 크게 외쳐 가로되/
너희는 히스기야에게 미혹되지 말고
대왕 앗수르 왕의 말씀을 들으라./
너희는 내게 항복하고 내게 나아오라./
그리하면 너희가 각각 자기의 포도와
자기의 무화과를 먹을 것이며/
각각 자기의 우물물을 마실 것이오.
내가 와서 너희를 너희 본토와 같이
곡식과 포도주와 떡과 포도원이 있는
땅에 옮기기까지 하리라./

Ellen   Where is obstacle?/
         사랑은요?/

'에드가와 결혼하는 데 무슨 장애물이 있느냐? 걸리는 게 있느냐?'
는 뜻인데 엉뚱한 번역이 되었다.

Cathy   Here in my soul, in my heart I am convinced I am wrong.
         내 영혼과 가슴속에
         묻어둘거야/

이것도 전혀 다른 번역이다. 다음과 같이 번역되어야 한다.

         내 마음과 영혼 속에서는
         잘못이라고 확신하고 있어/

         If my brother had not brought him so low
         I should not have thought of it.
         그는 내 오빠야
         난 히스클리프의 여자가 아냐/

이 번역은 완전 오역이다. 관계까지도 아랑곳하지 않고 아무렇게나
번역해 버렸다. 이 부분은 다음과 같이 번역되어야 한다.

         만약 오빠가 그일 그렇게
         천대하지만 않았어도
         이런 생각하지도 않았을 거야/

그밖에도 문예영화인데다 해설자를 작가 에밀리 브론테로 설정해
놓았기 때문에 언어 선택이나 언어의 절제에 많은 노력을 기울여야
하는데도 전혀 작가의 문학적인 감성이 고려되지 않고 무딘 언어로
번역되어 있어서 심금을 울리지 못하고 있다. 번역이 전달에 그치지
않고 문학적으로도 승화되어야 하는 이유가 여기에 있다.

5. 지옥의 묵시록(Apocalypse Now)

Kurtz   We are the hollow men
         We are the stuffed men
         leaning together
         Headpiece filled with straw. Alas!
         We whisper together
         Are quiet and meaningless
         As wind in dry grass
         Or rats's feet over broken glass
         In our dry cellar
         Shape without form, shade without colour
         Paralysed force, gesture without motion;

Photojournalist Do you know what the man is saying? Do you?
         It's very simple dialectics. One through nine, no maybe, no
         supposes, no fractions — you can't travel in space, you can't go
         out into space, you know, without, like, you know, with fractions
         — what are you going to land on, one quarter, three-eights —
         what are you going to do when you go from here to Venus or
         something — that's dialectic physics, OK? Dialectic logic is there's
         only love and hate, you either love somebody or you hate them.

비디오 번역 (1979년판)

커츠   우린 속이 빈 사람입니다
         우린 허수아비입니다
         머리는 볏짚으로 꽉 찼고
         슬프다
         우리의 속삭임은 무의미하고
         바람에 마른 풀잎 같이
         부러진 풀 밑에 들쥐 같이
기자   이건 방언입니다.
         아주 간단한 방언이지요./

<지옥의 묵시록> 감자영화사 제공. 끝없는 수렁에 빠져드는 지리멸렬한 전쟁에서 병사들은 회의를 느끼기 시작한다.

기자	하나에서 아홉까지 '아마'도 없고,
	'가령'도 없다./
	우주를 다니지 못하죠.
	우주로 나갈 수도 없죠./
	어디에 착륙할 건가요?
	금성에 도착하면
	무엇을 할 건가요?/
	방언의 세계에는
	사랑과 미움뿐이죠./

2002년 리덕스판

기자	아주 간단한 변증법이야
	숫자처럼 혹시 라든가 추측이나 일부는 없어
	우주로 여행하거나/ 우주로 갈 수 없어/
	부분으로 어디에 착륙해?
	1/4이나 3/8으로 금성 같은 데 어떻게 가?/
	이게 변증법적 물리학이야/

<지옥의 묵시록> 미 특수부대 윌라드 대위(마틴 쉰)는 베트남 밀림 속에서 자신의 왕국을 세우고 군림하는 커츠 대령을 제거하라는 임무를 띠고 현지에 파견된다.

기자   변증법 논리에선/ 사랑 아님 증오야/
                         사랑 안 하면 증오하는 거지/

이 대목은 커츠 대령이 T. S 엘리엇의 시 「텅 빈 사람들」을 읽는 장면이다. 본부에서는 자기를 죽이려고 윌라드 대위를 보낸 상황이다. 전쟁의 참상을 겪고 나서 인간세상의 공허함을 절감한 그가 엘리엇의 시로 자신의 감정을 표현하고 있다. 그때 사진 기자가 왜 저런 사람을 죽이려 하느냐고 윌러드에게 반문하면서 하는 대사이다. 중요한 시이자 주제를 나타내는 대목이어서 정확성이 요구된다.

커츠   우리는 텅 빈 사람들
                         그 안은 뭔가로 가득 채워져 있네
                         서로 기대고 있지만
                         머리통은 짚으로 꽉 차 있어라. 아!
                         모여서 수군댈 때면
                         그 메마른 목소리
                         아무 소리도 의미도 없네

커츠	마치 마른 풀섶 스치는 바람처럼
	메마른 지하창고에서 깨어진
	유리조각을 밟는 생쥐의 발처럼
사진기자	이건 간단한 변증법이야
	1에서 9까지 '아마도'나 '어쩌면'
	또는 '분수' 같은 건 없어
	분수로는 우주에 못 가니까
	4분의 1이나, 8분의 3 같은 걸로
	어디에 갈 수 있겠나?
	금성에 가서도 그걸로
	뭘 하겠어?
	그게 변증법적 물리학이야
	변증법적 논리엔 사랑과 미움뿐이야
	사랑 아니면 증오뿐이라구./

여기서 변증법이라는 말이 너무 어렵다고 생각되면 다시 한 번 손을 봐서 좀더 쉽게 해줄 필요가 있다. 길이도 짧게 다듬어보았다. 전쟁을 수행하기 위해서는 의문이나 회의, 판단 같은 것은 배제하고 오로지 적을 확실하게 죽일 생각만을 해야 한다는 이야기를 하고 있다.

사진기자	이건 간단한 논리야
	세상에 '아마도'나 '어쩌면'
	또는 '분수'같은 건 필요 없어
	분수 같은 결론 우주에 못 가
	4분의 1이나 8분의 3 같은 걸로
	어디에 갈 수 있겠나?
	금성에 갔을 때
	그걸로 뭘 하겠어?
	그게 변증법적 물리학이야
	변증법적인 논리에선
	사랑 아니면 증오뿐이야

6. 진주 귀고리를 한 소녀(Girl with a Pearl Earring)

요하네스 베르메르의 그림 <진주 귀고리를 한 소녀>에서 영감을 얻어 트레이시 슈발리에가 쓴 동명의 소설을 영화화한 작품이다. 17세기 네덜란드의 풍경을 수채화처럼 아름답게 그려냈다.

든든한 후원자인 라이벤이 베르메르의 하녀 그리트를 넘보면서 하는 말이다. 이 영화는 비교적 번역이 잘 되었다고 할 수 있다.

아내가 그리트를 모델로 더구나 자신의 진주 귀고리를 하게 해서 그림을 그렸다는 사실을 알고 아내가 보여달라고 채근하자 베르메르가 하는 말이다.

You will make yourself ill.

비디오 번역   당신한테 안 좋아

이것은 매우 적절한 번역이라고 할 수 있다. 말 그대로 "그걸 보면 당신 병 나"로 번역하는 것보다는 훨씬 자연스럽다. 단지 몇 군데 오역이 눈에 띈다.

베르메르의 장모는 화술이 좋아 사위의 후원자를 구워삶는 재주가 뛰어나다. 라이벤이 베르메르의 딸들을 보고 아름답다고 칭찬을 하자 장모는 안목이 높다면서 그를 추켜세운다. 그리고서 여자는 자주 바꾸더라도 예술에 대한 애정만은 변함이 없어야 한다며 설득을 한다.

장모   A connoisseur in everything. Master Van Ruijven.
But you should be faithful one mistress above all others. Art.
Your name surely will be famed as one of the great patrons.
With your exquisite taste, your subtle understanding of
allegory and illusion…….

Ruijven   No, no, I stop. stop it. My God, woman, you who could sell sour
milk to cows.

비디오 번역
장모   정말 다방면으로 대단한 안목이세요.
하지만 이 연인을 배신하면 곤란하죠.

예술.
위대한 후원자로 역사에 남을 거예요.

고상하고 세련된 감각과
상징과 암시에 대한 예민한 통찰력⋯⋯.

라이벤   됐습니다. 그만하세요.
두 손 들었습니다.

뭘 원하시죠?

장모의 대사는 정확하고 잘 정돈되어 있다. 한 가지 아쉬운 점은
재미있는 비유를 밋밋하게 "두 손 들었습니다"로 번역해 놓은 것이다.

"My God, woman, you who could sell sour milk to cows."

비유는 그 나라 문화나 당시의 생활상을 나타내기도 하고 들으면
잊혀지지 않으면서 대사를 풍부하고 재미있게 만든다. 순간적으로 지
나가는 대사여서 비유를 살릴 시간이 없었겠지만 아쉽다. "소한테 상
한 우유라도 팔 양반이군. 뭘 원하시오?" 이렇게 살려도 괜찮을 듯하
다. 자막을 나누어 넣어도 시간이 충분하다. 대사 속도가 너무 빨라서
그런 비유를 이해하고 넘어갈 시간이 없다면 위와 같은 뜻 전달만
하는 번역을 선택할 수도 있을 것이다.

라이벤	Ripe as a plum…….
	Still unplucked
	What he is playing at?

이 대사는 베르메르의 후원자인 라이벤이 마당에서 빨래를 널고 있는 그리트를 덮치려 하면서 하는 말이다.

비디오 번역	자두처럼 농익었는데
	아직 손을 안 댔군.
	지금 장난하나?

자두처럼 농익었는데 손을 안 댔다는 표현은 적절하고 맛깔스럽다. 그러나 "지금 장난하나?"는 마치 그리트에게 묻는 것 같다. "What he is playing at?"은 "너의 주인 베르메르가 너처럼 잘 익은 자두를 두고 어떤 장난을 치더냐?"하는 뜻이다.

대안	자두처럼 농익었는데
	아직 손을 안 댔군.
	주인이 무슨 장난을 하더냐?

자신의 진주 귀고리를 한 하녀의 모습을 그렸다는 것을 알고 아내가 불같이 화를 내자 베르메르가 말한다.

| Vermeer | It's just a commission. Gone in a few days. |
| | You need never see it. |

비디오 번역

| 베르메르 | 보내면 끝이라구 |
| | 볼 필요는 없어/ |

짧은 시간 안에 대사를 처리해야 해서 어쩔 수 없었겠지만 "It's just a commission"이라는 말을 빠뜨리면 안 될 것 같다. 따라서 이렇게 번역하는 것이 어떨까 한다. '볼 필요는 없어'라는 대사는 앞에서도 한 말이니까 되풀이할 필요가 없을 것이다.

대안   "주문 받은 거야
　　　　　　　보내면 끝이야"

7. 로미오와 줄리엣(Romeo and Juliet)

5막 1장

Balthasar   Her body rests in chapel monument, and her immortal part with the angels lives. I saw her laid low.

Pardon me for bringing these ill news.

Romeo   Then I defy you, stars!

김재남 번역   그렇다면 운명의 별들아, 네 멋대로 해라!
신정옥 번역   그렇다면 운명의 별들아, 너희들도 믿을 수가 없구나.

로미오는 발사발이 줄리엣의 죽음을 알려주자 이렇게 외치면서 줄리엣이 있는 곳으로 떠날 차비를 한다. 여기서 'defy'는 '해볼 테면 해봐라'라는 뜻으로도 해석되지만 '도전한다'는 뜻이 더 강하다. '네 멋대로 해라'는 자포자기 같은 느낌이 들어서 보다 비장하게 '운명아, 내 너에게 도전한다!'고 해줘야 뜻이 더 명확하지 않을까 한다. 아무리 운명의 별이 줄리엣과의 만남을 방해한다 해도 죽어서라도 줄리엣과 함께 하겠다는 단호한 결심이 서려있는 대사이다. 셰익스피어 작품에는 'star'라는 말이 자주 나온다. 불가항력적인 것, 타고난 신분으로 어찌할 수 없는 것 등을 이야기 할 때 'star'라는 말을 자주 쓰고 있다.

셰익스피어의 『줄리어스 시저』에도 star가 나온다.[61)]

시저에게 주눅 들어있는 브루투스에게 카시우스는 함께 힘을 모아 싸워보자고 말한다.

Cassius

Men at some point in time are in charge of their own destinies.

It is not the fault, dear Brutus, of our stars that we are inferiors, but it is our own fault. "Brutus" and "Caesar." What is so special about the name "Caesar"?

Why should that name be spoken more than yours?

Write them together: your name looks just as good.

Say them, yours sounds as good. Weigh them, it is as heavy. Call up spirits with them.

신정옥 번역

"우리가 열등하다는 건 우리 운명의 별이 나쁜 게 아니라 죄는 자신에게 있는 거요."

'fault'를 '죄'라고까지 번역할 필요는 없을 듯하다. "우리가 열등한 것은 별의 잘못이 아니라 우리 자신의 잘못이다." 이렇게 번역할 경우에 영화에서는 별이 얼른 이해되지 않을 수도 있다. 영화 <백색의 공포(Spell Bound)>에는 셰익스피어의 이 대사가 자막으로 뜨면서 시작된다. 거기에선 작가가 문장을 좀더 단순화시켜 "Fault is not in the stars, but in ourselves"라고 썼다. 순간적으로 스쳐가는 자막이니만큼 star를 그저 '별'로만 번역해서는 전달되기가 어렵다. 연극에서도 마찬가지일 것이다. 이럴 때는 운명이라고 바꿔주는 것이 어떨까 한다. 책이라면 주를 달 수 있을 것이다. 서양 문화에서는 예부터 별자리로 운명을 점치곤 했다. 요즘 10대에게 'star'가 뭘 뜻하느냐고 물으면 아마도 연예인, 가수, 배우를 떠올릴지도 모르겠다. 그러나 셰익스피어가 살던 그 시절에는 'star'라고 하면 곧 자신이 어쩌지 못하는 운명을 뜻했다. 그런 의미에서 언어는 세계관의 저장소라는 말이 실감난다. 이민으로 이루어진 나라 미국을 전에는 다양한 인종의 전시장, 인종의 용광로라는 뜻으로 'Melting Pot'이라고 불렀지만 요즘에는 소수민족의 개성을 존중하면서 함께 공존한다는 의미에서 샐러드 볼(Salad Bowl)이라는 말로 바뀌었다. 각기 특성을 지닌 다양한 민족들이지만 아메리카 정신이라는 소스로 버무려진 미국 시민이라는 뜻이다.

8. 아메리칸 뷰티(American Beauty)

독선적인 아버지 밑에서 이중생활을 하는 리키는 식당에서 레스터를 만나 이렇게 묻는다.

리키	Do you party?
레스터	what?
리키	Do you get high?

비디오 번역

리키	그거 하세요?
레스터	뭐라고?
리키	대마초 피우세요?

다른 사람도 듣고 있는 상황이어서 대마초라는 말을 곧장 뱉지는 않았다. 따라서 Do you get high? 는 직설적으로 대마초라고 하기보다는 "약 하세요?" 정도가 어떨까 한다.

부동산 중개사를 하는 레스터의 아내 캐롤린은 자신이 선망하는 업계의 왕, 버디를 만나 이렇게 말한다.

Carolyn

I'd love to sit down with you and just pick your brain, if you'd ever be willing.
I suppose, technically, I'm the competition, but I mean hey, I don't flatter
myself that I'm even in the same league as you······ .

비디오 번역
옆에 바짝 붙어서
뇌를 열어보고 싶어요.
허락만 한다면요.
전 당신 경쟁자지만
솔직히 말해
당신 아랫도리도
못 따라가요, 절대로

여기에선 공연히 성적인 냄새를 풍기려고 "아랫도리도 못 따라간
다"는 번역을 해놓았다. 원대사는 같은 "업계에 있긴 하지만 난 당신
발꿈치도 못 따라간다"는 뜻이다.

이번에는 무능한 가장으로 낙인찍힌 레스터가 잠자리에서 자위를
하다 아내에게 들키는 장면이다.

Lester	That's right. I was choking the bishop. Shaving the carrot.
	Saying hi to my monster.
Carolyn	That's disgusting.
Lester	Well, excuse me, but I still have blood pumping through my veins!
Carolyn	So do I.
Lester	Really? I'm the only one who seems to be doing anything about it.

비디오 번역
레스터   그래, 했다, 어쩔래?/
          내 걸 내 맘대로
          갖고 놀았다, 왜?/

똘똘이 마사지 좀 해줬지./
캐롤린　구역질 나.
레스터　난 수시로 피가 쏠리는
　　　　정상인이야./
캐롤린　나도야.
레스터　그럼 당신도 나처럼 해봐.

여기서 'choking the bishop, shaving the carrot, saying hi to my monster'
는 폭발하려고 하는 욕구를 억제하려고 자신의 성기를 달래줬다는 뜻
이다. 그런 뜻을 좀더 살려주면 좋을 것 같다.

폭발하려는 녀석 억지로
쓰다듬고 다독거려줬다, 왜/

난 아직 피가 끓는 청춘이야/

회사에 사표 던지고 돌아온 날 딸과 함께 앉은 식탁에서 레스터는
또다시 아내와 한바탕 설전을 벌인다.

Carolyn　Your father seems to think this kind of behavior is something to
　　　　be proud of.
Lester　And your mother seems to prefer I go through life like a fucking
　　　　prisoner while she keeps my dick in a mason jar under the sink.
Carolyn　How dare you speak to me that way in front of her?
　　　　And I marvel that you can be so contemptuous of me, on the same
　　　　day that you lose your job.

'섹스를 거부하며 청교도처럼 살기를 바래' 이 번역도 하나의 선택
은 될 수 있지만 너무 점잖고 거창한 표현이다. 딸이 듣기에 더 거북
한 말이 되도록 번역해야 한다.

	비디오 번역	대안
캐롤린	그걸 자랑스럽게 생각한다는 구나	꽤나 자랑스러운 모양이다
레스터	네 엄마는 섹스를 거부하며 내가 청교도처럼 살길 바래	네 엄마는 내가 죄수처럼 살길 바라 날 팔자에 없는 홀아비로 만들어놓고/ 내 물건 나도 못 건드리게 하면서
캐롤린	애 앞에서 그런 심한 말을? 일자리를 잃은 분풀이를 내게 하다니	애 앞에서 어떻게 감히! 실업자 된 주제에 나를 무시해?

9. 7일간의 사랑(Man, Woman and Child)

제작: 개이로드 프로덕션 컴퍼니
　　　엘리엇 캐스너/
감독: 딕 리차드
주연: 마틴 쉰, 블라이드 대너
배급: 대우

줄거리

　프랑스 유학을 다녀와 사우스 캘리포니아 인문대 교수로 있는 밥 배크워드는 출판사 일을 하는 아내 쉴라와 두 딸과 함께 단란한 가정을 꾸미고 있다. 어느 날 갑자기 파리에서 걸려온 친구의 전화로 그는 존재조차 몰랐던 자기의 아들이 어머니의 교통사고로 고아가 되었다는 소식을 접하게 된다. 그제야 그는 유학 시절 사귄 여의사와의 열애가 생각나 고민에 쌓이게 된다.

혼자서 고민하던 그는 아내에게 털어놓고 부활절 휴가에 아이를 집에 데려와 함께 지내기로 합의를 본다. 막상 아이가 오자 아내 쉴라는 이성과 감정 사이에서 고민하고 사실을 알게 된 두 딸도 아빠에게 심한 반발을 해 가정의 평화는 깨지고 만다.

일주일 만에 할 수 없이 아들 장 클로드를 돌려보내는 배크위드의 가슴은 찢어지는 듯하다.

Bob	'Something there is in the flow of the sight of things that provokes an out of the soul.' Now I re-examine philosophies and religions, they may prove well in lecture rooms, yet not prove at all in spacious clouds along the landscape that flowth currents.' I think Walt Whitman's trying to tell us something here, like maybe we should hold our class outdoors, or maybe we shouldn't hold it at all.

비디오 번역

밥	사람의 마음을 움직이는 여러 장면을 보여주는 거야./ 철학과 종교를 다시/ 생각해 보자고/ 그것들은 자연을 상대해서는/ 입증되지 않을 걸세./

이 대목은 주인공인 영문학 교수가 미국의 시인 월트 휘트먼의 말을 인용하고 자신의 코멘트를 가한 부분으로 문학 전공 교수인 주인

공의 배경을 드러내는 것이다. 인용된 것이라는 표시조차 없이 불성실한 번역에다 첫 구절부터 오역되어 있어서 전체적인 영화의 이미지를 훼손하고 있다.

월트라고 하는 것보다는 우리에게 잘 알려진 휘트먼으로 하고 다음과 같이 번역하는 것이 올바르고 전달도 잘 될 것이다.

대안

밥   "세상만사가 흘러가는 모습 속엔
우리 영혼을 일깨우는 것이 있다/
철학과 종교는 강의실에서는
훌륭한 것 같지만/

물결처럼 흘러가는 자연과 창공에
비하면 아무 것도 아니다"/

휘트먼은 수업을 노천에서 하거나/
아예 관두라고 하는 것 같군./

Ryan   'In the most high and palmy state of Rome/
A little ere the mightiest Julius fell,
The graves stood tenantless……./
And the sheeted dead /
Did squeak and gibber in the Roman Streets…….'/

비디오 번역

라이언   가장 번성하던 로마 제국의
강력하던 쥴리어스도 망했고/
주인 없는 무덤들만 서 있었다./
사자들이 거리를 중얼대며 다녔다
혜성들과 피고 진 이슬이 달리고……/

이 대목도 셰익스피어의 『햄릿』 중에 나오는 대사를 인용한 것인데 정확하게 번역이 되어 있지 않다. 이런 인용문의 오역은 번역의 신뢰도를 크게 떨어뜨릴 수 있다.

대안   "그 옛날 번성하던 로마에서도/

줄리어스가 멸망하기 직전엔
무덤이 텅 비고/

죽은 자들이 로마 거리로 나와
알 수 없는 소리를 지껄이며 다녔지./

별들엔 불의 꼬리와 핏방울이 달리고……."/

Bob   Louis, you are one charming gallant bullshitter.
비디오 번역 루이스, 자네는 매력 있고/
용감한 허풍쟁이네/

영화 속에서 루이는 밥보다 훨씬 연장자에다 선배로 나오는데 번역에선 친구처럼 반말을 쓰고 있다. 또 루이스는 영어식이고 프랑스인이므로 루이로 표기하는 것이 옳다. 자신을 과찬하는 것에 대해 응답하는 대사이므로 아래와 같은 번역이 알맞지 않을까 한다.

밥   선배님은 허풍이 좀 센 게 매력이죠./

Nicole   If necessary I will give him a brain transplant.
비디오 번역 필요하다면 뇌 이식을 시키겠어요./

이 대사는 이미 의사가 환자의 상태를 알고서 하는 말로서 꼭 뇌이식을 시키겠다는 뜻보다는 농담조로 한 말이므로 "필요하다면 뇌이식이라도 시킬게요"가 더 적절할 것이다.

| Nicole | And you'll go back to Los Angeles without experiencing the lovely village where Baudelaire wrote 'Le Voyage'? |
| Bob | I am afraid so. |

비디오 번역

| 니콜 | 보들레르가 여행이란 작품을
쓴 것도 안 보고요?/ |
| 밥 | 그러고 싶소./ |

이 번역은 정확하지 못하다. 보들레르가 쓴 시를 보고 가라는 뜻이 아니라 그 시의 배경이 된 마을을 구경하고 가라는 뜻이다. 그리고 "I am afraid so"는 "그러고 싶다"가 아니라 "그렇게 될 것 같다"는 뜻이다. 그래야만 다음의 대사 "그건 허락하지 않겠어요"와 연결이 된다.

대안

| 니콜 | 보들레르의 시 '여행'의/
배경이 된 마을도 안 보고 가요?/ |
| 밥 | 그럴 것 같소./ |

| Nicole | I have a tendency to use my studies and my patients as⋯⋯./ |
| Bob | as a shield against personal relationships?/ |

비디오 번역

| 니콜 | 난 내 연구와 환자를 방패로 이용하려는 게 있어요./ |

이 대사에서는 니콜이 말끝을 흐리자 밥이 끝맺음을 해주고 있다. 무슨 뜻인지 통하게 번역이 되어야 할 것이다.

대안

| 니콜 | 전 연구하고 환자를 돌본다는 핑계로⋯⋯./ |
| 밥 | 사람 사귀는 덴 관심도 없으시군요?/ |

Gavin   I really like that stuff you did on the Donnelly book, you know?/

"난 도넬리의 책에 대한 당신의 편집술이 마음에 들었소" 이런 식의 번역은 직역이어서 자연스런 국어화가 되어 있지 않다. 다음과 같이 자연스런 대사로 바꿔주어야 한다.

개빈   책 편집하신 솜씨가 맘에 쏙 들더군요.

Bernie   You're real close to being a free agent, Bob.
비디오 번역 자네는 자유로운 사람이 되기 일보 직전에 있네/

이 번역은 완전한 오역이다. 뜻을 생각지 않고 말만 그대로 옮겨놓게 되면 이런 결과를 낳는 경우가 많다. 외도해서 낳은 아이를 집에 데려왔으니 이제 곧 이혼 당해 홀아비가 되기 직전이란 뜻이다. 따라서 번역은 다음과 같이 하는 것이 옳다.

대안   자넨 홀아비 되기 직전이야.

Gavin   You are ready, you see, sometimes to break out. It's a good therapy.
Sheila   Are you making a pass at me?
Gavin   I'm not sure.

비디오 번역
개빈   당신은 소리를 지를 것만 같소./
        좋은 치료법이요./
쉴라   길 좀 비켜 주시겠어요?/
개빈   글쎄요./

이 대사 역시 오역이다. 'ready to break out'이란 탈출할 준비가 되어 있다는 뜻이다. 또 'make a pass at one'이란 '누구에게 구애하다. 지분

거리다'라는 뜻이다.

대안
개빈   때로는 일상에서 탈출을 꿈꾸는 것 같은데/
          그것도 좋은 치료법이죠./
쉴라   절 유혹하시는 거예요?/
개빈   글쎄요./

Sheila   I certainly wasn't prepared for all the surprises.
Mago   It's a long way from Vassar, isn't it?

비디오 번역
쉴라   난 놀라운 일에 대한 준비가 안 돼 있었어./
마고   굴레에서 벗어났구나./

말 그대로 옮겨놓아서는 안 된다는 것을 알 수 있다.
또 Vassar는 이들이 다닌 대학 이름이다.

대안
쉴라   난 그런 충격적인 일을 맞을 태세가 안 돼있었어./
마고   대학 졸업한 지도 오래 됐구나./

Margo   The kind that used to make us feel so good in college.
Sheila   Has our metabolism changed that much?/
Margo   I think we just felt pretty good to begin with in those days.

비디오 번역
마고   대학 다닐 때 우리 기분을 좋게 해주던 그 포도주야./
쉴라   우리 신진대사가 그렇게 크게 변했니?/
마고   그때는 조금만 마시면 기분이 좋았던 것 같아./

이 부분도 상당한 오역이 눈에 띈다. 'metabolism'이란 말은 물론 신진대사란 뜻이지만 여기서는 문맥상 '입맛이 그렇게 변했나'로 하는 것이 적합하다. 또 마지막 마고의 대사는 대학 시절엔 기분이 애당초 좋았다. 그러니 뭔들 맛이 없었겠느냐는 뜻이다.

대안

마고	대학 시절에 기분 좋게 마시던 그 술이야./
쉴라	우리 입맛이 그렇게 변했나?/
마고	그때야 뭔들 맛이 없었겠니?/

Jean	I'll bet you ten francs I can make you laugh before you count to ten.
Bob	I'll bet you a dollar you can't.

비디오 번역

장	당신이 열 세기 전에 당신을 웃기겠어요.
밥	할 수 없다는 데 1달러 거마.

아들뻘 되는 어린아이가 어른을 당신이라고 부르는 것은 어색하다.

대안

장	열 세기 전에 제가 아저씰 웃길 거예요./
밥	날 웃기면 1달러 주지./

전체적인 면에서 본 번역

주인공이 문학 전공 교수여서 문학적인 인용구가 많이 나오는데 거의 오역이 되어있다. 그리고 억지로 말만 옮겨 놓았지 우리말로 다듬어지지 않아 어색한 부분이 많다.

10. 죽은 시인의 사회(Dead Poets Society)

감독: 피터 웨어
주연: 로빈 윌리엄스, 로버트 숀 레오나드, 에단 호크
배급: 드림 박스

줄거리

전통적인 명문 사학인 웰튼 고교에 새로 부임해 온 키팅 선생은
학생들에게 주입식이 아닌 스스로 생각하며 삶의 진수를 깨닫게 하는
참교육을 하려 한다. 학생들은 모처럼 입시 위주의 획일적인 교육에
서 벗어나 개성을 찾고 문학을 통해 인생의 의미를 배워나간다.
　연극을 좋아하는 한 학생이 진로 문제로 부모와 갈등하다가 자살하
는 사건이 일어나자 교장은 키팅 선생의 영향이라면서 그를 파면시킨
다. 그러나 학생들은 자신들에게 참교육을 시키려 했던 스승을 끝까
지 옹호한다.

Principal	In the first year Welton Academy graduated 5 students and last year we graduated 51.

비디오 번역

교장	웰튼 아카데미가 설립된 해에/ 5명의 학생이 졸업했고/ 작년에는 51명이 졸업했습니다./

여기서 첫 해란 말은 설립한 해가 아니라 첫 졸업생을 낸 해라는
뜻이다. 설립된 해에 졸업생을 배출했다는 말은 말이 되지 않는다.
따라서 다음과 같이 바꿔주어야 할 것이다.

대안	우리 웰튼 아카데미는 5명의 첫 졸업생을 배출한 이래로
	작년에는 51명이 졸업했습니다./

Principal These high accomplishments is the result of stubborn dedication to the principles taught here.

비디오 번역 이런 업적은 우리 학교가 열성적으로 가르친 원칙들의 결과입니다./

이 번역은 원뜻과는 조금 다른 내용이다. 이 사립고교는 대학 입시를 위주로 한다는 것을 상기해야 한다.

대안	이러한 높은 성과는 이 학교의 교육 원칙을 고수한 결과입니다.

Teacher Carpe diem. Make your life extraordinary.

비디오 번역
교사	현재를 즐겨라. 네 인생을 독특하게 살아라.

라틴어의 'Carpe diem'을 '현재를 즐겨라'로 번역하면 현재를 실컷 놀라는 뜻으로 오해할 소지가 있으므로 '현재를 열심히 살아라' 혹은 '오늘을 잡아라'로 번역하는 것이 학생들에게 더 알맞은 번역이 될 것이다. 그러나 노인들이 노년에 하는 대사라면 상황에 따라 '오늘을 즐겨라'로 번역될 수 있다.

Teacher 'Dead poets dedicated to sucking the marrow out of life.'
비디오 번역 죽은 시인의 사회란 삶의 정수를 빨아들였지.

이것은 헨리 데이비드 소로우의 산문,『월든, 숲 속의 생활』을 인용한 부분인데 그런 표시가 없어서 대사와 혼동하기 쉽다. 그리고 '죽은 시인의 사회'란 이 교사가 재학 시절 친구들과 함께 조직했던 시 낭송 동아리를 뜻한다.

| 대안 | '죽은 시인의 사회'는 삶의 정수를
마시려고 했었지. |

| Teacher | Robert Frost said
'Two roads diverged in the woods and I took one less travelled by.
And that made all difference.' |

비디오 번역 숲 속의 두 갈래 길에서 왕래가 적은 길을 난 택했고
　　　　　그게 날 다르게 만들었다고 했다.

이 구절은 로버트 프로스트의「가지 않은 길(The road not taken)」중에 나오는 구절이다. 유명한 시이므로 정확하고도 시다운 번역이 되어야 겠다.

| 대안 | 단풍진 숲 속에 두 갈래 길이 나 있었네
난 사람들의 발길이 덜 닿은 길을 택했고

그것이 내 운명을 바꾸어놓았네 |

| Principal | What about realists?/ |

비디오 번역 현실주의는?/
　　　　　문학에서 말하는 'realists'란 사실주의 작가들을 말한다.

이 영화는 입시 위주의 주입식 교육을 하고 있는 미국 명문 사립고교의 획일주의적 교육을 은근히 비판하고 있다. 번역자는 그 점을 망

각했는지 다음 대사에서는 영화의 본뜻과는 전혀 다른 번역을 하고
있다. 키팅 선생은 학생들을 운동장으로 데려가서 맘껏 걸어보라고
말한다. 학생들은 그 뜻을 모르고 남들이 하는 대로 걷기도 하고, 자유
롭게 팔을 흔들며 걷기도 하며, 또 아예 걷지 않고 서서 다른 친구들
을 지켜보기도 한다.

Keating   I didn't bring them out to ridicule them up here.
I brought them out to illustrate a point of conformity.
The maintaining your own beliefs in the face of others. Those of
you I see the look in your eyes, like 'I would have walked
differently.' Ask yourselves why you were clapping.
We all have a great need for acceptance. But you must trust your
beliefs are unique, your own.

비디오 번역   우린 누굴 조롱하려고 여기 온 게 아니고
일체감을 보이러 온 거다.
즉, 타인과의 관계에서 자신의
신념을 지키긴 어렵다.

이 대사의 내용은 남과는 다르게 살 권리를 행사하라는 뜻이다. '일
체감'이 아니라 도리어 '획일성의 위험성'을 보여주려고 데리고 나왔
다는 뜻이다. 따라서 번역은 다음과 같이 되어야 정확한 뜻이 된다.

대안   누굴 조롱하려고 여기 온 게 아니라
획일성이란 문제를
생각하려고 나왔다./
남에게 인정을 받고 싶겠지만
자신만의 독특한 신념을 믿어야 한다./

전체적인 면에서 본 번역

아카데미 각본상을 받을 만큼 각본에 정성을 들인 작품으로서 문학적인 인용구도 많은 점을 감안해 좀더 세밀하고 문학적으로 번역되었으면 하는 아쉬움이 있다.

대체로 뜻의 전달에는 큰 무리가 없으나 시구를 번역한 부분에서 정확한 뜻이 파악되지 않고 말만 옮겨놓은 듯한 흔적이 보인다. 번역자가 문학적 소양이 있어야 한다는 것을 보여주는 작품이다.

11. 포레스트 검프(Forrest Gump)

제작: CIC(삼화 프로덕션)

Man	Are you telling me you are the owner of the Baba Forrest Gump Shrimp Corporation?
Forrest	Yes. We got more money than David Crockett.

이 부분의 비디오 자막 번역은 이렇게 되어 있다.

남자	자네가 바바 검프 회사 사장이란 말인가?
포레스트	네. 정주영보다 돈이 많아요./

데이비드 크로켓은 1800년대에 미국에서 서부 개척에 공을 세웠고, 교육을 많이 받지 못했지만 정계에도 진출했으며 알라모 전투의 영웅으로 유명하다.

1800년대 미국의 유명 변호사 클래런스 대로우가 현재 우리나라 사람들에게 전달이 안 되듯이 데이비드 크로켓도 마찬가지이다. 그러나 전달이 쉽도록 한다는 명목하에 이런 식의 번역을 하는 것은 원작에 대한 실례가 된다.

지나치게 토속적으로 해서 김치나 된장 냄새가 나는 것과 같다. 이 영화가 만들어진 사회의 생활공간에 정주영은 의미가 없다. 지나친 토속화보다는 미국인과 우리가 함께 공유할 수 있는 공간에서 인물을 찾아야 할 것이다. 예를 들면 "록펠러보다 돈이 많아요"나 "카네기보다 더 부자예요"가 알맞을 것이다.

12. 해리가 샐리를 만났을 때(When Harry met Sally)

주연: 빌리 크리스탈, 맥 라이언
감독: 로브 라이너
제작 배급: 금성 미디 아트

줄거리

오랜 세월을 두고 만남과 이별, 그리고 재회를 거듭하며 우정을 다져가는 두 남녀의 사귐을 통해 사랑과 우정, 결혼의 의미를 되새겨 본 로맨틱 코미디. 팁팁하면서도 풍부한 감성을 지닌 해리 역에 빌리 크리스탈, 청순하고 발랄하면서도 깔끔한 샐리 역에 맥 라이언이 열연, 솔직하면서도 건강한 젊은이들의 사랑의 풍속도를 그려 충격과 화제를 모았던 작품이다.

중간 중간 여섯 쌍의 노부부들의 결혼 이야기를 삽입, 인간의 다양한 사랑의 모습들을 보여주면서 우정으로 다져진 주인공들의 귀한 사랑 이야기를 돋보이게 한다.

사랑하고 미워하고 싸우고 화해하며 우정으로 다져간 끝에 진정한 사랑을 확인하고서야 결합하는 젊은이들의 모습이 아름답다.

번역상의 문제점

젊은이들의 성과 사랑, 결혼에 관한 관점을 다루고 있는 영화인만큼 '섹스'란 말을 알맞은 우리말로 옮긴다는 것도 힘든 번역이긴 하지만 섹스란 말이 수도 없이 나오고 직접적인 성행위를 묘사하는 대사도 거침없이 그대로 번역이 되어 있어 청소년에게 지나치게 자극적인 영화가 되지 않을까 우려된다.

'잠자리', '함께 지내다', '데이트하다', '사랑하다' 등 은근한 표현으로 바꾸는 것이 나을 것 같다.

좀더 순화되어야 할 노골적인 대사들은 다음과 같다.

"여러 번 멋진 섹스를 해봤단 말이에요."
"누구와 해봤냔 말이에요?"
"쉘던과는 멋진 섹스를 했을 리 만무해."
"두 번이나 했는걸요."
"내가 꼬였다고 칩시다."
"절대 꼬이려는 말이 아니야."
"섹스란 장애 때문에 남녀란 친구가 될 수 없어."
"예쁜 여자와는 친구가 안 돼. 꼭 섹스를 원하게 돼."
"여자 측이 섹스를 거부하면?"
"상관없소. 섹스와 우정 중 자연히 선택되니까."
"당신이랑 자지 않았던 게 손해라고는 안 봐요."
"그녀의 아파트에서 관계한 후 뭘 생각하는지 알아요?"
"사람들이 결혼을 하게 되면 관계도 섹스도 안 하게 돼서죠."
"더 이상 남편과 섹스를 못하겠대요."
"내가 만난 미인 중에 자고 싶지 않은 사람은 당신뿐이야."

"12살부터 섹스 환상을 가졌군."

"그녀가 관계 중에 고양이 소릴 낸 얘기도 해주지."

"여자랑 섹스가 끝나면 바로 가나요?"

"여자가 가짜로 오르가즘을 흉내 냈다는 거야."

오역된 부분들

Harry	You were going to be a gymnast?/
Sally	Journalist.

비디오 번역

해리	체조 선수인가요?/
샐리	신문 기자요/

이 부분은 발음이 비슷한 데서 비롯된 말장난이다. 이럴 경우 뜻만을 살려서 번역해선 발음 때문에 빚어진 언어유희가 살지 않는다. 우리말에서도 되도록 언어유희가 되도록 만들어야 한다.

해리	기수가 되겠다고 했던가요?/
샐리	기자요/

Woman	At that moment I knew.
	I knew the way you know about the melon.

비디오 번역 그때 알았죠.

　　　　　　　수박을 잘 고르겠더라고요.

이것은 할머니가 옛날을 회상하면서 자기가 남편감을 첫눈에 알아보았다는 얘기다. 참외 고르듯 임자를 알아봤다는 뜻으로 해석해야 한다.

대안   그 순간 제 임자임을 알았죠./
            맛있는 참외를 알아보듯이/

Marie   He didn't come. He forgot this charity thing his wife was chairman of.

비디오 번역 부인이 회장인 기부 단체
            자선 파티에 가느라고 안 왔어/

이 부분도 대사의 뜻 파악에 실패하고 있다. 유부남을 사랑하는 마리(샐리의 친구)가 하는 대사로서 'charity thing'이란 자기와 만나는 것이고 'his wife was chairman of'란 말은 '부인한테 꽉 잡혀 있다'는 비유적인 표현임을 번역자가 놓친 것이다.

이처럼 말 그대로 번역만 해서는 뜻이 통하지 않는 은유와 상징의 대사들이 많다는 것을 명심해야 한다. 따라서 번역은 다음과 같이 하는 것이 좋을 듯하다.

"마누라한테 잡혀서 오지도 않았어."

Harry   Oh Ingrid Bergman, she is low maintenance./
Sally   Low maintenance?/
Harry   There's two kinds of women. Low maintenance and High maintenance.
Sally   Which one am I?/
Harry   You're the worst kind. You are high maintenance but you think low maintenance.

비디오 번역
해리   잉그리드 버그만은 색깔 없는 여자야./
샐리   무슨 얘기야?/
해리   세상엔 두 가지 여자가 있는데
           색깔 있는 여자와 없는 여자./

샐리	난 어느 쪽이지?/
해리	가장 나쁜 경우지.
	색깔 있는 여자인데 본인은 없다고 생각하거든./

여기서 'high maintenance'란 말은 고집이나 자기주장이 강하다는 뜻이다. 잉그리드 버그만을 색깔 없는 여자로 해석하는 것은 잘못된 번역이다. 따라서 '까탈스럽다'와 '수수하다'로 해석해 주는 것이 대사의 앞뒤 문맥상으로도 어울리는 번역이 될 것이다. 또한 두 사람의 관계가 발전함에 따라 어느 시점에 가서는(둘이 다시 만나 친구로 지내기로 합의 본 시점) 서로 말을 놓고 친구처럼 대화를 하는 것이 더 자연스럽지 않을까?

대안

해리	오! 잉그리드 버그만 참 수수하지./
샐리	수수하다니?/
해리	여자는 두 부류가 있는데
	수수한 여자와 까탈스런 여자./
샐리	난 어느 쪽이야?/
해리	최악의 경우지. 까탈스러우면서도
	본인은 수수하다고 생각하니까./

Sally	He didn't love me.
Harry	If you can take him back, would you?
샐리	조는 날 사랑하지 않았어./
해리	돌아갈 수 있잖아?/

해리의 대사는 오역이다. 샐리가 전 애인 조의 결혼 소식을 듣고 울면서 하는 말에 위로해 주는 대사인데 뜻을 파악하지 못하고 번역한 것이다. 다음과 같이 번역해야 옳다.

Harry	조가 돌아온다면 결혼할 거야?/

Well the next time you are giving lecture series on the social graces, would you let me know? Because I will sign up.

비디오 번역 사회학 강의할 때 알려줄 테니
　　　　　등록을 해.

이 대사는 거꾸로 파악하고 있다. 샐리가 해리에게 때와 장소를 가려서 말을 하는 법이라고 얘기하자 해리가 예법을 강의하느냐고 비아냥거리는 대사이다.

대안	다음에 예절 강의 열거든 알려줘
	내가 신청할게/

13. 양들의 침묵(The Silence of the Lambs)

주연: 조디 포스터, 앤소니 홉킨스, 스캇 글렌
원작: 토마스 해리스
제작: 하워드 색슨, 케네스 웃, 론 보즈먼
감독: 조나단 뎀
제작 배급: 대우

줄거리

마을 경비대원이었던 아버지가 강도들에게 희생당한 뒤 FBI 요원이 되기 위해 훈련을 받던 스탈링은 심리학과 범죄학을 전공한 덕분에 상사의 지시로 식인종이자 연쇄 살인범인 정신과 의사 렉터 박사를 인터뷰하게 된다.

당시 동일범의 소행으로 보이는 엽기적인 연쇄 살인 사건이 발생하자, 연쇄 살인범들의 심리상태를 알아내기 위한 것. 렉터 박사에게서 힌트를 얻은 스탈링은 범인이 여자로 성전환하고 싶어 하는 정신이상자이며 첫 번째 희생자와 가까운 곳에 있다는 것을 알아내 누구보다도 먼저 범인의 소재를 알아내고 격투 끝에 검거하게 된다.

Crawford   You were pretty hard on civil right records in Hoober years.

비디오 번역
크로포드   자넨 후버 시절의 기록에 대해
            무척 신랄한 비판을 가했지/

이 대사에서 기록이라는 말이 무엇인지 잘 이해가 되지 않는다. 후버 대통령 시절의 인권에 관한 기록이라는 말을 넣어 주어야 할 것이다.

대안   자넨 후버 시절의 인권에 대해 /
            신랄한 비판을 가했지./

Crawford   Are you spooked easily Starling?
Starling   Not yet. sir.

비디오 번역
크로포드   자네 쉽게 겁먹나?
스탈링   안 그렇습니다./

'안 그렇습니다'는 자연스런 우리말이 아니다. '그렇지 않습니다'로 해야 한다. 여기서는 '아직은 아닙니다'가 옳다.

| Crawford | And you tell him nothing personal, Starling. |
| | You don't, Hannibal Lecter, inside your head. |

비디오 번역 개인적인 얘긴 하지 말고 머릿속에
　　　　　 한니발 렉터가 들어오는 걸 피해야 돼./

머릿속에 한니발 렉터가 들어오는 것을 피하란 말은 그에게 사로잡
히지 말라는 뜻이다. "렉터에게 넘어가지 않도록 조심해"가 더 자연스
런 번역이 될 것이다.

미그스　　네 성기에 냄새가 난다.

이 번역은 'I can smell your cunt'란 말을 그대로를 옮긴 것으로 일반
대중이 보는 비디오라는 점을 생각할 때 품위 있는 번역이 되지 못했
다. 과학 다큐멘터리라면 모를까 영화 대사에서는 일반적으로 성기란
말은 쓰지 않는 것이 보통이다.
　"몸에서 암내가 나는군"으로 번역하는 것이 어떨까 한다.

| Lecter | I didn't. |
| Starling | No, you ate yours. |

비디오 번역
렉터　　　난 그러지 않았어(희생자의 가죽을 벗기지 않았다는 뜻).
스탈링　 네, 박사님은 먹었죠.

그냥 '먹었다'고 해서는 얼른 뜻이 생각나지 않는다. 식인종이라고
평판이 난 렉터를 빨리 관중들에게 알려주어야 한다.

　"네, 박사님은 잡아먹었죠."

Lecter	You know how quickly boys found you.
비디오 번역	남자들이 널 빨리 발견했을 거야.

이 대사는 '남자들 눈에 빨리 띄었을 것'이라는 뜻이다. 좀더 자연스런 우리말이 되도록 고치는 것이 좋겠다.

Lecter	I can give you a chance what you love most.
Starling	What is that?
Lecter	Advancement, of course. Look deep within yourself.

비디오 번역

렉터	자네가 가장 좋아하는 걸 안겨 주겠어.
스탈링	그게 뭐죠?/
렉터	물론 승진이지. 네 자신을 깊숙이 들여다 봐./

정신과 의사와 FBI 요원인 스탈링의 대화인 점을 감안해서 번역이 되어야 할 것이다. 'Advancement'를 '승진'으로 번역해서는 그 뒤의 대사와 연결이 되지 않는다. 따라서 번역은 다음과 같이 하는 것이 나을 것 같다.

대안	"자네한테 좋은 기회를 줄 순 있어"
	"그게 뭐죠?"
	"성장의 기회지. 자신의 내면을 깊이 들여다 봐."

Starling	I don't know how I feel about this.
Crawford	You don't need to feel any way about this. Lecter did it to amuse himself.

비디오 번역

스탈링	기분이 어때야 될지를 모르겠어요.
크로포드	아무것도 느낄 필요 없어./
	렉터는 재미로 그런 거니까./

"기분이 어때야 될지를 모르겠다"는 말은 자연스럽지 못하다.

대안   "어떻게 생각해야 될지 모르겠어요"
                "생각할 필요소차 없어.
                렉터가 재미로 그런 거니까."/

Lecter   Our Billy wants change too.
비디오 번역 빌리도 달라지고 싶은 거야.

희생자의 입에서 나방의 번데기가 나왔다는 얘길 듣고 렉터 박사가 범인의 심리 상태를 얘기하는 것이다. 단순히 달라지고 싶다는 것만으로는 좀 약하다. 여성으로 성전환 수술까지 하고 싶어 하는 것을 감안, '변신을 하고 싶은 거야'로 하는 게 좋겠다.

Starling   There is no co-relation literature between trans-sexualism
               and violence, trans-sexual is very passive.
비디오 번역 하지만 변태와 폭력은 상관이 없잖아요?

'trans-sexualism'을 그저 변태라고 해서는 범인이 잘 이해되지 않는다. '성전환'이라고 분명히 못박아주는 것이 이해에 훨씬 도움이 된다.

대안   "성전환과 폭력은 상관이 없잖아요?
                성전환자는 수동적인데"

Lecter   Billy is not real trans-sexual, but he think he is, he tries to be.
               He tries to be a lot of things, I expect.

비디오 번역 빌리는 진짜 변태가 아니라
                 그렇다고 생각할 뿐이야./
                 여러 가지가 되려고 했었을 거야./

그저 '변태'라고 했는데 성전환자가 아니라 성전환자가 되려고 애를 쓰고 있다는 뜻이다.

대안   "빌리는 성전환자가 아니라
되려고 무척 애를 쓰고 있지"/

You have no more any vacations to sell.
비디오 번역 이젠 내놓을 휴가도 없어.

이 말은 이젠 더 이상 요리조리 피할 수가 없다는 뜻이다. 자기 자신의 일에 대해 솔직히 밝히라는 뜻으로 쓴 말이다.

대안   "이젠 더 이상 피할 수 없어"

They were slaughtering spring lambs?
비디오 번역 봄에 태어난 양을 죽이고 있었어?

이것은 주어가 나타나 있지 않아 누가 양을 죽였는지 모른다. 스탈링이 있었던 곳이 말 도살장이었다는 사실을 알려 다음과 같이 번역한다.

대안   "주인이 봄에 태어난 양을
도살하는 중이었나?"

What become poor lamb, Starling?
He killed.

비디오 번역 "그 양은 어떻게 됐나?"
"죽였어요."

여기서도 주체가 나타나 있지 않아 오해를 할 염려가 있다. 누군가를 밝혀 주어야 한다.

대안   "주인이 죽었어요."

Starling   What do you mean by flattering killer?
                Are saying that he would kill again?

비디오 번역
스탈링   애송이 살인자라면 또
            살인을 할 거라는 뜻인가요?/

'flattering killer'는 애송이 살인자라기보다는 이미 다섯 번이나 살인을 한 범인이므로 '우쭐해진 살인자'가 더 적당하지 않을까한다. 그래야 다음 대사와도 어울린다.

Starling   Now the negotiation is final, if Katherine dies, you get nothing.

비디오 번역 이 제안은 변경 부동이고/
             캐더린이 죽으면 무효가 됩니다./

'변경 부동'같은 한자어는 너무 딱딱한 느낌을 준다. 물론 작가의 선택에 달렸지만 좀더 쉬운 말로 바꾸어주는 것이 좋을 것이다.

대안   이 타협안은 최종적인 것이고,/
             캐더린이 죽으면 무효가 됩니다./

        My mother died when I was very young so,
        My father had become a whole world to me, and when he left
        behind nothing, I was ten years old.

비디오 번역 어머니는 제가 어렸을 때 돌아가셔서/

        아버지도 떠나시자 10살인
        저는 아무것도 안 남았어요.

이 대사에서 중요한 것은 당시 아버지가 자기 인생의 전부였다는 말이다. 주인공이 아버지가 마을 경비대원으로 일하다 강도에게 피살된 것을 늘 회상으로 떠올리고 있는 점을 상기해야 할 것이다.

대안   "어머니를 일찍 여의어서/
     아버지가 제 인생의 전부였는데/

     10살 때 아버지마저 돌아가시자/
     제겐 아무것도 남지 않았죠."/

Agent   Doesn't this random scattering site seem desperately random?
     Deliberation of bad lier? Hannibal Lecter.
Starling Desperately random? What is it mean?
Agent   There is some pattern here.

비디오 번역
요원   이 장소들이 지나치게 실없이 흩어져 있지?
     거짓말을 못하는 사람의 행동처럼? 한니발 렉터/
스탈링 지나치게 실없다는 게 무슨 뜻이지?
요원   실없는 게 아니라든가 무슨 패턴이 있다든가

이 대사들은 이 사건에서 결정적인 단서를 제공하는 것인데 정확하게 번역이 되지 않아서 이해가 잘 되지 않는다. 다음과 같이 번역해야 정확한 전달이 될 것 같다.

대안
요원   "일부러 애써서 아무렇게나
     흩어놓은 것처럼 보이지 않아?/

     사기꾼이 고의로 그런 것처럼?

스탈링 일부러 애써서?/

무슨 뜻이지?

요원   아무렇게나 한 게 아니란 얘기지.
거기에도 어떤 형태기 있어./

Starling   He is making himself a woman's suit. With real woman.
비디오 번역 그는 여자가 될 의상을 만들고 있어요./

대사가 자연스럽지 못하다. 다음과 같이 바꾸어줘야 무슨 뜻인지 이해가 될 것이다.

대안   "범인은 자기가 입을/
여자 옷을 만들고 있어요./

진짜 여자 몸으로요"/

전체적인 면에서 본 번역

추리물은 특히 대사 중에 사건의 단서가 들어 있으므로 정확하게 번역이 되어야 한다. 그런 면에서 번역자가 전체 내용을 정확하게 파악하지 않은 채 번역한 부분이 있었고 성에 관한 대사가 여과되지 않고 그대로 번역되어 있다. 또 우리말화 되지 않아 자연스럽지 않은 부분도 많이 눈에 띈다.

14. 늑대와 춤을(Dances with Wolves)

배급: 동아 수출 공사

He called me a bad names.

이것이 자막에선 "그는 나를 나쁜 이름으로 불렀다"로 되어 있다. 'call a person a bad names'라고 하면 관용어로서 '욕을 하다', '험담을 하다'는 뜻이다.

15. 마리아 브라운의 결혼(Die Ehe der Maria Braun)

배급: 시네마테크
감독: 파스빈더
주연: 한나 쉬글러

어머니　　The problem with people, Grandpa Berger, is that they always have to give all their love to just one person. If you don't have potatoes, you eat turnips. When you don't have any more turnips, you eat oatmeal. But in love it always has to be the one and only and then the husband goes to war. Five months later he's dead and you mourn for the rest of your life.
Now I ask you Grandpa Berger, does that make sense to you?

비디오 번역 마리아는 한 사람만 사랑하는 게 문제예요.
감자가 없으면 무를 먹고 무가 없으면 오트밀이라도 먹어야 하는 거지. 웃이 어때요?/

파스빈더 감독은 이 영화를 통해 인간의 결혼 제도도 비판하고 있다. 물론 마리아 때문에 이런 말을 하는 것이긴 하지만 여기서는 세상 사람들 생각이 문제라는 뜻이다. 일반적인 통념을 반박하고 결혼 제도에 회의를 표명하는 것이므로 다음과 같이 번역하는 것이 옳을 것이다.

대안	사랑은 왜 꼭 한 사람이어야만
	하는지 모르겠어요.
	감자가 없음 순무, 순무가 없음
	오트밀을 먹어야지./
	사랑은 꼭 한 사람뿐이라니까
	결혼 다섯 달 만에 남편이 전사하면
	평생을 수절해야 되잖아./
	제 말이 맞지 않아요?/
Vevi	Love is just a feeling, it's not real.
Maria	Of course love's a feeling. And a great love is a great emotion and
	a great truth.
Vevi	The only thing that's true is an empty stomach.
	And feelings! Feelings are something you have between your legs.
	They're like an itch that you relieve by scratch it.

비디오 번역

베비	사랑 같은 게 있다고 생각지 마.
마리아	아니야. 위대한 사랑이란
	꼭 있을 거야. 그게 진실이야/
베비	진실? 빈 뱃속이 진실이야. 제기랄!
	사랑은 섹스에나 있는 거야./
	그저 고프면 채워야 해./
	배 먼저 채우고 보는 거야./

이 대사 역시 전쟁을 겪으면서 인간의 가치관이 변화되어가는 것을 나타내는 말로서 영화 이해에 중요한 부분이므로 정확하고 올바른 대사로 번역되어야 한다.

대안

베비	사랑이란 느낌일 뿐 실제론 없어.
마리아	사랑은 벅찬 감정이고 진실이야./
베비	배고프다는 게 가장 절실한 진실이야./
	얼어 죽을 사랑은!/
	사랑은 잠자리에나 있는 거야./
	그것도 가려움증처럼
	긁어줘야 시원한 거라고./

비디오 번역 실태에 대한 평가

비디오와 DVD의 보급과 인터넷의 확산 등으로 이제 외국의 영상물은 우리 국민의 생활 속에 깊이 들어와 환경의 일부가 되었다고 해도 과언이 아니다. 영화산업이 크게 확대되면서 영상 번역 작가에 대한 선호도도 높아지고 수준도 많이 향상되고 있다. 무엇보다도 마음 든든한 것은 열악한 번역 현실 속에서도 정열을 갖고 번역에 종사하는 외화 번역 작가들이 많다는 사실이다. 그들이 없다면 관객이나 시청자, 비디오 수용자들이 전 세계에서 제작되는 영화를 편안하게 감상할 수가 없을 것이다. 그러나 아직도 오역과 저질 번역, 왜곡된 번역으로 작품의 아름다움이나 메시지가 올바르게 전달되지 못하는 경우가 종종 눈에 띈다. 대충 뜻은 전달했다고 해도 비유나 말재롱의 창의적인 표현이나, 언어구사의 심미적인 차원에서 볼 때는 미흡한 점이 많다.

액션물의 경우처럼 내용이 단순하고 대사에 큰 비중이 없는 경우에는 내용상의 오역은 별로 발견되지 않으나 비속어와 거친 표현 등으로 품위를 잃은 번역이 나돌고 있고, 자연스럽게 우리말화가 되지 않고 번역투에 머물러 있는 경우가 많다.

대사가 중요한 비중을 차지하고 있는 문예물이나 추리물인 경우에는 오역과 함께 부자연스런 대사 등이 두드러지게 많이 눈에 띈다. 이는 번역자의 문학적 소양과 영화에 대한 이해 부족, 또는 값싼 고료와 시간 부족으로 인한 졸속 번역의 결과라 하겠다. 번역 역시 번역가가 생산해내는 정신의 산물임을 생각한다면, 오랫동안 고민하고 다듬어 생명이 긴 작품이 되도록 본인은 물론 관계자들 모두가 번역에 대한 인식을 새롭게 할 필요가 있다.

에로물의 경우에는 선정적인 내용을 여과하지 않고 그대로 옮겨놓아서 대중문화로서의 품위를 잃고 있으며 이는 한창 영향을 받기 쉬운 사춘기 청소년들에게 지나친 자극과 해악을 끼칠 염려가 있다고 본다.

맺음말

이제까지 오랜 경험을 토대로 영상 번역의 이론과 실제 작업 시에 일어나는 일들을 살펴보았다. 영화, 다큐멘터리, 만화 등 영상작품의 번역은 불특정 다수를 대상으로 하는 매스 커뮤니케이션의 한 분야로서, 순간적이고 일회적으로 흘러가는 영상에다 모국어로 새로운 혼을 불어넣어 재창조하는 작업이다. 제한된 시간과 공간 속에서 수행해야 되는 작업이기에 순간적인 전달을 위해 어느 정도 수용자 쪽의 언어와 문화에 맞추어 번역될 수밖에 없는 한계가 있음을 시인하지 않을 수 없다. 그러한 한계는 영상 번역만의 특이한 형식을 띠게 하고 함축과 절제의 글쓰기를 지향하게 만든다. 그 한계가 작품을 감상할 때 장애가 되지 않고 예술적으로 승화되어 미적인 즐거움을 줄 때 진정으로 관객에게 다가가는 번역이 될 수 있을 것이다. 또한 전달만을 목표로 작품 속에 깃든 이국적인 요소를 모두 배제한다면 외국 영화가 지닌 새로움이나 낯섦에서 오는 즐거움이 그만큼 줄어들게 될 것이다. 그렇다고 이국적인 요소를 모두 살리다 보면 책의 경우에는 가독성이 떨어지고, 영상작품에서는 순간적인 전달이 원활하지 않아 감상에 큰 불편을 겪게 될 것이다. 번역에 대해 기대하는 수용문화 쪽의 요구와 작품 속에 깃들어 있는 타자성을 어떻게 조화 시키느냐가 영상 번역의 관건이라고 하겠다.

세계 번역계는 최근 앙트완 베르만이나 앙리 메쇼닉, 로렌스 베누티 등과 같이 이국적인 요소를 그대로 살리고, 작가가 선택한 단어를 중시하자는 원전주의 이론과 파리 통번역대학원의 데니카 셀레스코비치처럼 언어는 단지 의사소통의 수단일 뿐이라는 해석학적 통번역 이론으로 크게 나누어진다. 실제 작업에서 번역자가 맞닥뜨리게 되는 문제들에는 어느 한쪽의 이론만으로는 해결할 수가 없는 매우 복잡한 요소들이 얽혀 있다. 또한 번역가를 다른 이름의 작가라고 할 때 언어 그 자체를 경작하는 사람이어야 한다는 롤랑 바르트의 말이나, 작가는 언어의 성감대를 만드는 사람이라는 김현의 말에도 귀를 기울일 필요가 있을 것이다.

　영상 번역은 영화 속의 주인공들이 같은 인간으로서 겪는 삶의 애환을 다정한 우리말로 표현해 내어, 대사 내용은 물론 낯선 풍속과 사고방식 등 이국적인 요소가 일반 대중에게 쉽게 전달되도록 해야 하는 장르이다. 전달과 표현의 미학 두 가지를 함께 성취할 수 있어야 한다는 점에서 영상 번역을 소통의 미학으로 부르고자 한다. 그런 뜻에서 영상 번역은 엄격한 원전 위주의 문학번역 이론이나 실용주의적인 기술번역 이론과는 다른 역동적이고도 독자적인 규준을 갖는다. 그 규준을 만들어 가는데 이 책이 조금이나마 기여할 수 있기를 바란다.

참고 원본 텍스트

영화   Adaptation (어댑테이션)

Anne of Green Gables (빨간 머리 앤)

American Beauty (아메리칸 뷰티)

Anything Else (애니씽 엘스)

Apocalypse Now (지옥의 묵시록)

Before Sunrise (비포 선라이즈)

Before Sunset (비포 선셋)

Big Fish (빅 피쉬)

Blade (블레이드)

Chanel, the Solitude (고독한 여인, 샤넬)

Dances with Wolves (늑대와 춤을)

Dead Poets Society (죽은 시인의 사회)

Deep Impact (딥 임팩트)

Dennis Menace (개구쟁이 데니스)

Die Ehe der Maria Braun (마리아 브라운의 결혼)

English Patient (잉글리쉬 페이션트)

Forrest Gump (포레스트 검프)

Girl with a Pearl Earing (진주 귀고리를 한 소녀)

Good Will Hunting (굿 윌 헌팅)

Happy Texas (해피 텍사스)

Hitch (Mr. 히치: 당신의 데이트 코치)

Howl's Moving Castle (ハウルの動く城, 하울의 움직이는 성)

Image of Absence (아버지의 빈 자리)

Jetsons (우주가족 젯슨)

290

Man, woman and child (7일간의 사랑)

Million Dollar Hotel (밀리언 달러 호텔)

Mrs. Doubtfire (미세스 다웃파이어)

Mystic Pizza (미스틱 피자)

Paper Chase (하버드대학의 공부벌레들)

Pay it forward (아름다운 세상을 위하여)

Scent of A Woman (여인의 향기)

Sense and Sensibility (센스 앤 센서빌리티)

Sound of Music (사운드 오브 뮤직)

Splendor in the Grass (초원의 빛)

Sylvia (실비아)

The Lord of The Rings: The Return of The King (반지의 제왕:
왕의 귀환)

The Pianist (피아니스트)

The Seven Year Itch (7년 만의 외출)

The Silence of the Lambs (양들의 침묵)

When Harry met Sally (해리가 샐리를 만났을 때)

Wuthering Heights (폭풍의 언덕)

Zet Lag (Décalage horaire, 제트 래그)

책   Hamlet (햄릿) 이태주 번역, 신정옥 번역

Romeo and Juliet (로미오와 줄리엣) 김재남 번역, 신정옥 번역

Julius Caesar (줄리어스 시저) 신정옥 번역

Glass Menagerie (유리동물원)

A Mid-summer Night's Dream (한여름밤의 꿈)

다큐멘터리   Goya (고야)

History of Flight (비행의 역사)

Merchant of Cool (패션 마케팅, 10대를 잡아라)

Post-impressionism (후기 인상주의, 고흐와 고갱)

Salvador Dali (살바도르 달리)

The War on Terror (테러와의 전쟁)

주석

1) Robert Wechsler, *Performing without A Stage, The art of Literary Translation* (Catbirdpress, 1998).

2) Peter Newmark, *About Translation* (Multilingual Matters, 1991), pp.11~13.

3) 많은 이론가들이 동의하고 있듯이 영상 번역에서는 특히 수용자에 대한 고려가 중시되는 만큼, 작업할 때는 용인성에 대한 고민을 더 많이 할 수밖에 없을 것이다.

4) Walter Benjamin, *Selected Writings*, edited by Marcus Bullock, Michael W. Jennings (Belknap Press of Harvard University, 1996).

5) 안정효, 「번역은 보이지 않는 유리」(제3회 한국문학 번역 출판 국제워크숍 발제문 중에서, 2004), 한국문학번역원.

6) Serge Safran, 「Qu'est-ce Qu'une bonne traduction?」(제3회 한국문학 번역 출판 국제워크숍, 2004).
프랑스 쥘마 출판사 문학담당 편집장인 그는 춘향전의 불어판 출판 때 프랑스 독자를 고려해 제목을 『열녀춘향수절가』로 바꾸었으며, 도착언어의 자연스러움과 독자를 고려해 번역된 문장을 다시 다듬었다고 말했다.

7) 존 버거, 『영상커뮤니케이션과 사회』, 강명구 옮김(나남, 1993), 15쪽.

8) 최미경, 「문화 — 그 이국적 요소와 등가성 추구」(제3회 한국문학 번역 출판 국제워크숍, 2004).

9) Dirk Delabastita, "Translation and the Mass Media: Film and TV Translation," *History and Culture*, Eds. S. Bassnet and A. Lefevere (London and New York: Pinter Publishers, 1990), pp.97~109. 조성원의 논문에서 재인용.

10) 리차드 팔머, 『해석학이란 무엇인가?』, 이한우 옮김(문예출판사, 1988), 340쪽.

11) 14세기, 카를 4세 때 건축가인 팔레지가 지은 것으로 너비 10m, 길이 520m로 몰다우 강 위에 건설된 13개의 다리 중에 가장 유서 깊고 아름다운 석조다리. 난간 양옆으로 300여 년 뒤 200여 년에 걸쳐 좌우 15체씩 30체의 성상이 세워져 있다. 이 상들은 성서에서 비롯된 이야기들을 상징적으로

표현한 조각품이다.

12) Sanford Budick, "Crises of Alterity," *Cultural Untranslatablity and the Experience of Secondary Otherness*, edited by Sanford Budick and Wolfgang Iser(Stanford: 출판사, 1996), p.1.

13) 크롤러(W. Koller), 『번역학이란 무엇인가』, 박용삼 옮김(숭실대학교 출판부, 1990), 145쪽.

14) 최미경, 「문화, 그 이국적 요소와 등가성 추구」(제3회 한국문학 번역 출판 국제워크숍, 2004).

15) Mary Snell-Hornby, *Translation Studies* (Amsterdam/Philadelphia: John Benjamins Publishing Company, 1982), p.21.

16) W. Wilss, *The Science of Translation* (Gunter Narr Verlag Tübingen, 1982)

17) "The Arrow and the Song", by Henry Wadsworth Longfellow

18) 장 이브 타디에, 『프루스트 — 잃어버린 시간을 찾아서』, 하태환 옮김(책세상, 1996), 676쪽.

19) Werner Koller, 『번역학이란 무엇인가』, 박용삼 옮김(숭실대학교 출판부, 1990). V. G. Hecht, Dachau 편집, 『토마스 칼라일과 괴테의 서신교환』, 1827.

20) Walter Benjamin, "The Task of the Translator" *in the Walter Benjamin selected writings* (Boston: Belknap/Harvard, 1996).

21) George Steiner, *After Babel* (London: Oxford Univ. Press, 1975), p.245.

22) Wolfram Wills, *The Science of Translation, Problems and Methods* (지역: Gunter Narr Verlag Tübingen, 1982), p.31.

23) Eugene Nida, *The Theory and Practice of Translation* (Leiden E. J. Brill, 1982), p.4.

24) Mary Snell-Hornby, *Translation Studies* (Amsterdam/Philadelphia: John Benjamins Publishing Company, 1988)

25) 김학철, 「번역과 문화의 전이」(제3회 한국문학 번역 출판 국제워크숍, 2004).

26) Toury Gideon, "The Nature and Role of Norms in Literary Translation," in The Translation Studies Reader edited by Lawrence Venuti, Routledge, 2004, p.205.

27) Sung-won Cho, "Shakespeare Subtitled, Culture Untitled: Translation of Shakespeare Films in Korea," presented at the translation workshop session during the 16th Congress of ICLA (International Comparative Literature Association), held in Pretoria, South Africa, from Aug. 13 to 19, 2000

28) 김성곤, 『문학과 영상』(문학과 영상학회, 2000).

29) 민병숙 「번역실 25시」, 『만남』, 1988, p.29.

30) Jeremy Munday, *Introducing Translation Studies* (Routledge, 2001), p.73, 184.

31) Mary Snell-Hornby, *Translation Studies, An Integrated Approach* (Amsterdam/ Philadelphia: John Benjamins Publishing Company, 1988), p.32.

32) Peter Newmark, *About Translation* (England: Multilingual Matters, 1991), pp.11~13.

33) "태국에선 자국어 더빙이 필수", ≪조선일보≫(2005.3.25.), 14쪽.

34) Eugene Nida, *Toward a science of Translating* (Leiden E. J. Brill., 1964), P.177.

35) 안정효, 『번역의 테크닉』(현암사, 1996), 115쪽.

36) Mary Snell-Hornby, *Translation Studies*, p.69.

37) Kornei Chukovsky, "Art of Translation," *Korenei Chukovsky's A High Art*, (Univ. of Tennessee Press, 1984).

38) Delabastita, Dirk, "Translation and Mass-communication: Film and TV Translation," History and Culture, Eds. S. Bassnet and A. Lefevere (London and New York: Pinter Publishers, 1990), pp.97~109.

39) Dirk Delabastita, "Translation and the Mass Media, Film and TV Translation as Evidence of Cultural Dynamics," (Leuven: KUL Catholic University of Louvain Department Literatuurwetenschap, 1988).

40) 마르크 페로, 『역사와 영화』, 주경철 옮김(까치, 1999), 37쪽.

41) 롤랑 바르트, 『이미지와 글쓰기』, 김인식 편역(세계사, 1993), 155쪽.

42) Tracy Chevalier, *Girl with a Pearl Earring* (Penguin Putnam, 2001).

43) Antoine Berman, "Translation and the trials of the Foreign," in The Translation Studies Reader by Lawrence Venuti, 2004, p.284.

44) Abe Mark Nornes, "For an Abusive Subtitling," in The Translation Studies Reader, edited by Lawrence Venuti, 2003, Routledge, p.447

45) 앞의 책, p.460.

46) E. Nida, *Toward a science of translating* (Leiden E. J. Brill, 1964), p.177.

47) 한국 영화학 교수협의회, 『영화란 무엇인가』(지식산업사, 1988), 43쪽.

48) 엄정식, 『비트겐슈타인과 분석철학』(서광사, 1983), 24쪽.
    "비트겐슈타인은 단어를 보면 아예 그 의미를 찾으려 하지 말고 그 단어가 어떤 맥락에서 어떤 목적으로 쓰이는지 관찰하라고 가르쳤다. 의미의 성향설(disposition)이나 활용론(use theory)은 이렇게 해서 생겨난 것이다."

49) Lawrence Venuti, *The Translator's Invisibility* (Routledge, 1995), p.40.

50) 김용옥, 『동양학 어떻게 할 것인가』(통나무, 1986), 154쪽.

51) Mary Snell-Hornby, *Translation Studies, an Integrated Approach*, p.19.

52) 김병익, 「번역문학, 번역에서 문학으로」, ≪예술과 비평≫, 11호(1986년 가을호), 19쪽.

53) 뱅상 주브, 『롤랑 바르트』, 하태환 옮김(민음사, 1994), 98쪽.
"작가는 말 자체를 작업하는데(travaille), 지식인은 말을 이용한다(utilise)"

54) 김학철, 「번역과 문화의 전이」(제3회 한국문학 번역 출판 국제워크숍, 2004).

55) 이병한 엮음, 『치자꽃 향기 코끝을 스치더니 1』(민음사, 2000), 129쪽.

56) 김억, 『투르게네프 산문시』(홍자출판사, 1959), 12쪽.

57) Columbia University Press, *The Columbia World of Quotations* (Newyork: Columbia University Press, 1996).

58) Alan K Melby, *Some Difficulties in Translation* (Provo: Barker Lecture, 1995).

59) Alan K. Melby, *Why Can't a Computer Translate More Like a Person?* (Provo: Barker Lecture, 1995).

60) 강서일, 『비틀스 시집』(더불어책, 2004).

61) Shakespeare, *Julius Caesar* (The Riverside Press Cambridge, 1942), Act 1, Scene 2, pp.140~141.
카시우스가 시저에게 맞설 동지를 규합하기 위해 데키우스 브루투스를 설득하면서 하는 말이다. 브루투스는 시저가 죽으면서 남긴 유명한 말 '브루투스 너마저도'의 주인공이다.

찾아보기

지은이 _ **박찬순**

결혼 후 연년생 남매의 엄마가 되어 사회와 단절된 채 살아가다가 번역에 얹혀 겨우 세상으로 나가는 하나의 통로를 찾았다. 『나의 생애 골다 메이어』 등 몇 권의 역서를 낸 뒤 방송국에서 <맥가이버>, <미세스 다웃파이어> 외 천여 편의 외화를 번역했다. 30년 가까이 빵을 해결해 준 것 이외에도 번역은 두둑한 보너스까지 안겨 주었다. 가슴을 울리거나, 혹은 서늘하게 하는 명대사들을 바구니 가득 주워 담았고, 밤새 입을 맞추었던 영화 속 수많은 인물들과 삶의 고통과 기쁨을 함께 나누었으니 적어도 손해 본 장사는 아닌 듯하다. 더욱이 밤새워 주인공들과 함께 호흡하며 문장과 대사를 가다듬던 치열한 시간들은 오늘날 소설가가 되는 데 풍부한 자양분이 되었다고 확신한다.

후배들에게 경험을 전한다는 보람에 대학에 나가고 있지만, 아직도 가르치는 즐거움보다 대사의 뉘앙스를 가슴으로 느끼고 배우의 표정에 몰입되어서 그의 체취가 묻어나는 맛깔스런 표현을 찾아낼 때의 즐거움이 가장 크다.

연세대 영문학과, 서울대 신문대학원 졸업
MBC PD 역임
2006년 단편 「가리봉 양꼬치」로 조선일보 신춘문예 등단
2009년 첫 창작집 『발해풍의 정원』(문학과지성사) 발표
2013년 두 번째 소설집 『무당벌레는 꼭대기에 산다』(문학과지성사) 발표
현재 MBC 및 SBS 외화 번역 작가, 소설가
　　서울여대 영문과 교수, 이화여대 통번역대학원 겸임교수

영화 번역 작품: <아마데우스>, <맥가이버>, <하버드 대학의 공부벌레들> 외 천여 편
2011년 아이오와 국제창작프로그램(IWP) 참가, 2012년 서울문화재단 문학창작 기금 수혜
저서: 『방송번역작가의 세계』, 『발해풍의 정원』
역서: 『나의 생애 골다 메이어』, 『아이는 사랑의 손으로 키워라』, 『멍멍 의사선생님』, 『다락방의 등불』, 『입체주의』, 『초현실주의』 외 다수

방송문화진흥총서 69

그때 번역이 내게로 왔다

영상 번역, 소통의 미학

ⓒ 방송문화진흥회, 2005

지은이 | 박찬순
펴낸이 | 김종수
펴낸곳 | 도서출판 한울

초판 1쇄 발행 | 2005년 8월 17일
초판 4쇄 발행 | 2013년 10월 10일

주소 | 413-756 경기도 파주시 파주출판단지 광인사길 153(문발동 507-14)
　　　한울시소빌딩 3층
전화 | 031-955-0655
팩스 | 031-955-0656
홈페이지 | www.hanulbooks.co.kr (도서출판 한울)
　　　　　www.fbc.or.kr (방송문화진흥회)
등록 | 제406-2003-000051호

Printed in Korea.
ISBN 978-89-460-4773-0 93070

* 책값은 겉표지에 표시되어 있습니다.

이 책은 MBC의 공적기여금으로 조성된 방송문화진흥자금으로 출간되었습니다.